Ulrich Widmaier/Andrea Gawrich/Ute Becker
Regierungssysteme Zentral- und Osteuropas

Ulrich Widmaier
Andrea Gawrich
Ute Becker

Regierungssysteme Zentral- und Osteuropas

Ein einführendes Lehrbuch

Springer Fachmedien Wiesbaden GmbH 1999

Gedruckt auf säurefreiem und alterungsbeständigem Papier.

Die Deutsche Bibliothek – CIP-Einheitsaufnahme

Widmaier, Ulrich/Gawrich, Andrea/Becker, Ute:
Regierungssysteme Zentral- und Osteuropas : ein einführendes Lehrbuch. / Ulrich Widmaier; Andrea Gawrich; Ute Becker . - Opladen : Leske + Budrich, 1999

ISBN 978-3-663-11277-8 ISBN 978-3-663-11276-1 (eBook)
DOI 10.1007/978-3-663-11276-1

Ursprünglich erschienen bei Leske & Budrich, Opladen 1999.

Inhaltsverzeichnis

Abbildungsverzeichnis

Vorwort

Die vorliegende Veröffentlichung ist ein einführendes Lehr- und Studienbuch über die Regierungssysteme Zentral- und Osteuropas. Die Autorinnen und der Autor haben sich zum Ziel gesetzt, Studierenden sowie einer politisch interessierten Öffentlichkeit einen Eindruck von der Ausgestaltung und Entwicklung ausgewählter zentral- und osteuropäischer Regierungssysteme zu vermitteln. Maßgebend war hierfür die Überlegung, dass auch rund ein Jahrzehnt nach dem Systemwechsel grundlegendes Wissen über diese „jungen" Demokratien häufig fehlt.

Wir verstehen dieses Buch weniger als einen Beitrag zur Transformationsforschung, sondern vielmehr als eine Analyse der sich konsolidierenden Regierungssysteme in Zentral- und Osteuropa. Zugrunde gelegt werden dabei politikwissenschaftliche Konzepte, die in den vergangenen Jahrzehnten zumeist bei der Analyse westlicher Demokratien angewendet wurden.

Unser Ziel ist es, nicht nur den Leserinnen und Lesern ausgewählte zentral- und osteuropäische Regierungssysteme nahe zu bringen, sondern zugleich theoretische Grundlagen für die Analyse und den Vergleich politischer Systeme vorzustellen und mit diesen Instrumentarien einen Vergleich vorzunehmen. Damit ordnet sich unser Buch in die politikwissenschaftliche Teildisziplin der Vergleichenden Regierungslehre ein.

Der vorliegende Band gliedert sich folgerichtig in ein theoretisches, ein empirisches und ein vergleichendes Kapitel. Im ersten Kapitel werden ausgewählte theoretische Konzepte diskutiert, die als bewährte Instrumente der Analyse politischer Systeme sowie der Vergleichenden Regierungslehre gelten können. Im zweiten Kapitel werden die Regierungssysteme fünf zentral- und osteuropäischer Länder vorgestellt. Ausgewählt wurden mit Tschechien, der Slowakei und Ungarn zunächst drei parlamentarische Systeme. Als viertes zentraleuropäisches Land wird das semi-präsidentielle Regierungssystem Polens betrachtet. Des Weiteren wurde Russland einbezogen, das wir aufgrund der vorliegenden Verfassungswirklichkeit als präsidentielles Regierungssystem mit semi-präsidentiellen Zügen bezeichnen. Dieses osteuropäische Beispiel unterscheidet sich nicht nur durch die deutlich präsidentielle Prägung seines Regierungssystems erheblich von den ausgewählten zentraleuropäischen Ländern, sondern auch durch seinen vergleichsweise langwierigen Konsolidierungsprozess. Den fünf Länderanalysen dieses Buches liegt eine ähnliche Gliederung zugrunde. Neben den Verfassungsinstitutionen werden auch die Parteiensysteme, die intermediären Instanzen sowie die Charakteristika der politischen Kultur untersucht. Diese vier Dimensionen betrachten wir als zentrale Problemfelder der Konsolidierung demokratischer Regierungssysteme.

Im dritten Kapitel erfolgt schließlich eine vergleichende Betrachtung der fünf Länder, wobei wiederum die soeben genannten vier Dimensionen als Gliederungspunkte dienen. Bei den Länderanalysen und -vergleichen gehen wir davon aus, daß die zentral- und osteuropäischen Regierungssysteme durch „Erblasten" der kommunistischen Herrschaft und unterschiedliche Transformationsprozesse geprägt sind. Aus diesem Grund legen wir darauf Wert, mögliche Einflussfaktoren älterer Regimetraditionen (Demokratisierung oder Re-Demokratisierung), der vorhergehenden Diktaturen („Gulasch"- oder Sowjet-Kommunismus) sowie der Transformationsabläufe (z.B. Systemwechsel „von unten" oder „von oben") mit einzubeziehen.

Nicht zuletzt versuchen die Autorinnen und der Autor dieses Bandes, eine Lücke zu füllen zwischen den vielen verdienstvollen wissenschaftlichen Teilanalysen zentral- und osteuropäischer Regierungssysteme sowie eher allgemein gehaltenen Überblicksdarstellungen dieser Staaten.

Obwohl die hier vorgestellten Regierungssysteme einem Prozess der politischen und wirtschaftlichen Konsolidierung unterliegen, entbehrt der empirische Gegenstand dieses Buches nicht einer gewissen Dynamik. Mehr noch als beim Blick auf die westlichen Demokratien müssen sich die Leserinnen und Leser deswegen bewusst sein, dass sich einige der hier vorgestellten Regierungssysteme auch in nächster Zukunft noch verändern können.

Die Autorinnen und der Autor danken allen, die bei der Erstellung dieses Buches geholfen haben. Insbesondere sind wir Frau Angelika J. Hüpen für die Durchsicht und Korrektur des Manuskriptes zu Dank verpflichtet.

Bochum, im Mai 1999

Ulrich Widmaier | Andrea Gawrich | Ute Becker

Einleitung: Der Prozess der Transformation in den Ländern Zentral- und Osteuropas

Nach den zu Ende der achtziger Jahre auf unterschiedliche Weise über die politische Bühne gegangenen „Revolutionen" in den Ländern Zentral- und Osteuropas herrschte außerhalb und innerhalb der einzelnen Länder die Erwartung vor, dass sich ein rascher Übergang zu politisch-ökonomischen Systemen einstellen würde, die man als kapitalistische Wettbewerbsdemokratien bezeichnen könnte. Wie in den bis zu diesem Zeitpunkt existierenden Demokratien der nordatlantischen Hemisphäre, waren danach nur Variationen des Typus einer repräsentativen Demokratie mit marktwirtschaftlicher Ordnung und pluralistischer Gesellschaft zu erwarten. Im politisch-institutionellen Bereich lag damit die Spannbreite der Optionen zwischen einem präsidentiellen und einem parlamentarischen Typus von Regierungssystem. Auf ökonomischem Gebiet konnte eine marktwirtschaftliche Ordnung durch unterschiedliche Grade staatlicher Intervention gekennzeichnet sein. Das Gesellschaftsmodell sollte schließlich mehr oder weniger durch pluralistische oder durch korporatistische Strukturen der Interessenvertretung geprägt sein.

Die Vorstellung eines solchen kompletten und reibungslosen Transformationsprozesses mit einem in seiner Bandbreite durch die politischen Institutionen und gesellschaftlichen Strukturen der westlichen Demokratien festgelegten Endergebnis entpuppte sich zunächst im Hinblick auf die dafür notwendigen Zeiträume und dann zunehmend auch in Bezug auf die materiell-inhaltliche Resultate als eine Fehleinschätzung. Beides trifft nicht auf die Entstehung von vergleichbaren formalen Strukturen zu, da auf diesem Gebiet schon früh tatsächlich den westlichen Systemen entsprechende Weichenstellungen erfolgt sind. Die Probleme liegen eher in der Effizienz, Effektivität, Legitimität und Akzeptanz dieser formalen Strukturen und Institutionen. Einige Autoren und Wissenschaftler sprechen deshalb auch von einem dreifachen Fehlschluss bei der Analyse dieser Transformationsprozesse und der darauf aufbauenden Prognosen über das zu erwartende Ergebnis. Da wäre zunächst der institutionelle Fehlschluss, aufgrund dessen die Wirkungen formaler Institutionen auf individuelles und kollektives Verhalten überschätzt werden. Dies bedeutet zum Beispiel, dass der normative Rahmen eines parlamentarischen Regierungssystems nicht zur Bildung eines stabilen Parteiensystems führt. Selbst das Wahlrecht (Proporz oder Majorz) hat darauf nur einen sehr bedingten Einfluss, wie jüngste Wahlrechtsreformen (Italien, Japan) in westlichen Demokratien demonstrieren. Dann der ökonomische Fehlschluss, der vor allem die kurzfristigen Wirkungen marktwirtschaftlicher Strukturen und der Garantie privaten Eigentums auf die Wirtschaftsentwicklung überschätzt. Dabei handelt es sich auch um eine Überbewertung makroökonomischer Rahmenbedingungen für mikro-ökonomische Entscheidungen, die sehr häufig durch erhebliche Transaktionskosten und sozio-kulturelle Faktoren bestimmt sind. Außerdem ist bekannt, dass Märkte der politischen Konstituierung bedürfen und sich nicht ohne die vielzitierten politischen Regulationen (Eigentumsrechte, Wettbewerbsregeln) entwickeln können. Und schließlich der voluntaristische Fehlschluss, der irrtümlicherweise auf die Wirkung der „richtigen" Entscheidungen Vertrauen genießender, individueller und kollektiver Akteure setzt (der Havels, Wałęsas oder des IWF). Es ist zwar unbestritten, dass gerade in der Konsolidierungsphase einer neuen polit-ökonomischen Ordnung die legitimitätsstiftende Wirkung solcher Akteure sehr hilfreich ist, dass aber die charismatische Ausstrahlung dieser Akteure, wie man bei Max WEBER in seiner Analyse dieser Form legitimer Herrschaft nachlesen kann, angesichts der sozialen und ökonomischen Zumutungen während eines solchen Transformationsprozesses sehr schnell erodieren bzw. veralltäglichen kann. Vergleichbares gilt für das Prestige und den Ruf von Organisationen, wie zum Beispiel des Internationale Währungsfonds. Dies gilt natürlich in besonderem Maße, wenn die politischen und ökonomischen Strategien dieser Akteure nicht den Erfolg zeitigen, den sie ursprünglich versprochen hatten.

Diese Fehleinschätzungen gehen mehr oder weniger von einer Tabula rasa-Vorstellung aus, in der die Schaffung formaler politisch-ökonomischer Institutionen und die Übertragung von Herrschaftspositionen an Vertrauen genießende Entscheidungsträger Garanten einer vorhersehbaren Entwicklung sein würden. Diese Sichtweise vernachlässigt u.a. die Sozialisation der Menschen während vergangener politischer Regime. Insbesondere die vierzig Jahre sozialistische Einparteienherrschaft und Planwirtschaft wirken nach. In dieser Zeit erworbene Einstellungen und Werthaltungen lassen sich nicht durch formale Institutionen und die Auswechslung politischer Eliten kurzfristig verändern. Dies heißt natürlich nicht, dass neue formale Institutionen und die „richtigen" Entscheidungen durch kompetente wie legitimierte Personen und Organisationen für den erfolgreichen Verlauf eines Transformationsprozesses nicht von Vorteil wären. Im Gegenteil, sie sind notwendige, aber offensichtlich nicht hinreichende Bedingungen für die Transformation zu einer Wettbewerbsdemokratie westlicher bzw. nordatlantischer Provenienz.

Die Gründe, warum diese Fehleinschätzungen entstanden, sind auch in der bislang kaum aufgetretenen Komplexität, Multidimensionalität und Gleichzeitigkeit eines derartigen Transformationsprozesses zu suchen. Sozialwissenschaftliche Analysen bisheriger Systemwechsel – so ein aus der Transformationsforschung stammender Begriff – hatten es mit Veränderungen zu tun, die nicht durch die Gleichzeitigkeit des Wechsels von politischem und ökonomischem System gekennzeichnet waren (so zum Beispiel in Südeuropa oder Lateinamerika). Insofern gab es auch für die Sozialwissenschaften kaum empirische Beispiele, auf deren Grundlage man theoretische Konzepte zur Analyse des zentral- und osteuropäischen Systemwechsels hätte entwickeln bzw. überprüfen können. Claus OFFE betont deshalb in seinen Studien zur Transformation in Zentral- und Osteuropa in besonderer Weise den Zwang zum gleichzeitigen Umbau aller gesellschaftlichen Bereiche, der sowohl die Sozialwissenschaftler ohne empirisch abgesicherte Theorien als auch die Politiker ohne anwendbare Rezepte dastehen ließ.

Das Dilemma der Gleichzeitigkeit entsteht aufgrund des hohen Interdependenzgrades bzw. der starken Verflechtung moderner Gesellschaften. Eine funktionsfähige und nachhaltige Marktwirtschaft ist ohne legitime und handlungsfähige politische Institutionen nicht lebensfähig. Beispiele sind die Durchsetzung und Garantie von Eigentumstiteln und Verfügungsrechten oder der Schutz der natürlichen Lebensgrundlagen gegen opportunistischen Missbrauch. Umgekehrt sind Staat und Politik auf die Erfolge der Wirtschaft angewiesen, um die erforderlichen Mittel zur Bereitstellung von Kollektivgütern mit Hilfe von Steuern beschaffen zu können. Die moderne politikwissenschaftliche Literatur geht davon aus, dass diese Staats- und Wirtschaftsfunktionen nur durch vielfältige Interaktionsstrukturen von Akteuren aus beiden Bereichen – so genannten Netzwerken – erfüllt werden können. Die Entstehung bzw. der Umbau (es gab ja auch vielfältige Verbindungen zwischen Politik und Ökonomie während der sozialistischen Planwirtschaft) dieser Netzwerke lässt sich nicht ausschließlich mit formalen Institutionen und abstrakten Regulationen herbeiführen. Sie müssen sich vor allem aufgrund endogener Bedürfnisse entwickeln. Politik kann hier nur Infrastruktur bereitstellen und die Rolle des Moderators übernehmen.

In der Literatur zur Transformation der zentral- und osteuropäischen Länder wird trotz des Zwangs zur Gleichzeitigkeit versucht, analytisch mindestens drei Bereiche der Konsolidierung zu unterscheiden, die in einer systematischen Betrachtung jeweils Schwerpunkte des Transformationsprozesses darstellen. Allerdings ist der Versuch, sie in eine zeitliche Abfolge zu bringen, aufgrund der soeben geschilderten Gleichzeitigkeit der Problemlagen außerordentlich schwierig. Zum einen geht es um die Herstellung einer verfassungsmäßigen Ordnung, die durch entsprechende Institutionen die letztendliche Kontrolle politischer Entscheidungen durch das Volk sicherstellt. Dabei legt die Verfassung auch die Prinzipien der Wirtschaftsordnung zum Beispiel durch den Schutz des Eigentums fest. Umgesetzt werden soll diese formale Ordnung durch die Wahl der obersten Repräsentanten für die entsprechenden Ämter und Institutionen sowie die Privatisierung der sich überwiegend in staatlichem Besitz befindenden Wirtschaftsunternehmen. Hier sind verschiedene Verfahren und Modelle möglich, auf deren Vor- und Nachteile wir in den Kapiteln zu den fünf Ländern sowie beim Vergleich der Entwicklungen am Schluss des Buches hinweisen werden.

Die zweite Aufgabe, die sich mit der Herstellung einer konstitutionellen Ordnung überschneidet oder sich sogar je nach Land schon während des Zerfalls der sozialistischen Herrschaft stellte, besteht in der Entwicklung eines politisch-organisatorischen Unterbaus für die neu geschaffenen demokratischen Institutionen. Dazu gehören die Bildung von politischen Parteien, die zusammen ein hinreichend stabiles Parteiensystem bilden sollen, sowie die Formierung von Interessengruppen und -organisationen. Diese beiden Prozesse lassen sich wiederum analytisch getrennt betrachten, wenn man in systemtheoretischer Perspektive den Interessengruppen in erster Linie die Funktion der Artikulation gesellschaftlicher Interessen und den Parteien deren Bündelung bzw. Aggregation in politische Programme und Strategien zuschreibt. In der Realität eines demokratischen Gemeinwesens gehören beide Funktionen allerdings aufs engste zusammen, da nur eine umfassende Organisation gesellschaftlicher Interessenlagen und die Konkurrenz der Parteien um deren Unterstützung in Form von Wählerstimmen das in einer Demokratie funktional notwendige Maß an Einflussnahme auf politische Entscheidungen garantiert. Auf diese vorwiegend von der Systemtheorie getroffene Unterscheidung in Artikulation und Aggregation von Interessen werden wir noch ausführlicher zurückkommen.

Die dritte Aufgabe, wiederum zeitlich überlappend und nur analytisch von den zuerst beschriebenen trennbar, ist die Internalisierung der diese Institutionen tragenden Normen und Werte. Nur wenn dieser Prozess relativ erfolgreich abgeschlossen ist, kann ein politisches Gemeinwesen auf Dauer und über Krisen hinweg auf der Basis einer demokratisch-pluralistischen Zivilgesellschaft Legitimität gewinnen bzw. bewahren. Trotz zahlreicher empirischer Untersuchungen, die der deutlich überwiegenden Mehrheit der Bürger in den zentral- und osteuropäischen Ländern eine positive Grundeinstellung zur demokratischen Regierungsweise bescheinigen, scheint dieser Internalisierungsprozess der schwierigste und sehr viel mehr Zeit erfordernde. Hierbei handelt es sich nicht um die Etablierung von formalen Institutionen, sondern um einen Prozess der Verinnerlichung und Veralltäglichung ihres normativen Gehalts. Während die formalen Institutionen und Organisationen der sozialistischen Systeme relativ schnell durch die der marktwirtschaftlichen Demokratie abgelöst wurden, sind die Überzeugungen, Einstellungen und Verhaltensweisen der Menschen, die durch die politische Sozialisation im so genannten realen Sozialismus erworben wurden, offensichtlich resistenter gegenüber Änderungen.

Wir werden im weiteren Verlauf dieses Buches bei der Vorstellung der fünf Regierungssysteme Tschechien, Slowakei, Ungarn, Polen und Russland die analytische Unterscheidung in diese drei Bereiche verwenden, wobei der zuletzt angesprochene Problembereich unter dem Stichwort „Entstehung einer demokratischen politischen Kultur" diskutiert wird.

Die bis heute erkennbaren Ergebnisse der Transformationsprozesse in den Ländern Zentral- und Osteuropas haben angesichts der verfassungsinstitutionellen Wahlmöglichkeiten, der unterschiedlichen gesellschaftlichen Ausgangslagen für die Entwicklung eines Parteien- und Verbändesystems und nicht zuletzt aufgrund der divergierenden historischen Erfahrungen vor und während der sozialistischen Herrschaftsperiode sehr unterschiedliche politische Systeme entstehen lassen. Es ist das Ziel dieses einführenden Buches, diese Resultate darzustellen, aber auch miteinander zu vergleichen. Dazu dient uns das analytische Instrumentarium der Vergleichenden Regierungslehre als theoretisches Werkzeug. Wir wollen deshalb im nächsten Abschnitt eine kurze und selektive Vorstellung der theoretischen Ansätze dieser Teildisziplin der Politikwissenschaft vornehmen. Damit verfolgen wir die Absicht, nicht nur eine deskriptive Analyse der ausgewählten fünf Regierungssysteme abzuliefern, sondern auch die Relevanz des theoretischen Instrumentariums dieser Disziplin für die Analyse der jungen Demokratien zu demonstrieren.

Kapitel I: Theoretische Grundlagen

1. Die Vergleichende Regierungslehre als theoretisches Instrument zur vergleichenden Analyse der politischen Systeme Zentral- und Osteuropas

Die Vergleichende Regierungslehre beschäftigt sich als eines der Kerngebiete der Politikwissenschaft mit dem systematischen Vergleich unterschiedlicher Staats- und Regierungsformen sowie dadurch bedingter unterschiedlicher politischer Strukturen und Prozesse. Sie hat dabei kein einheitliches theoretisches Erkenntnisinteresse und zeichnet sich durch verschiedene Ansätze und Konzeptionen aus. Diese Ansätze lassen sich durch unterschiedliche Fragestellungen sowie durch unterschiedliche theoretische und methodische Grundlagen charakterisieren. Wir werden uns in diesem Band exemplarisch auf drei zentrale Ansätze beschränken. Dazu gehören die Verfassungssystematik, die strukturell-funktionale oder ältere Systemtheorie und die ökonomische Theorie der Politik.

Verfassungssystematik

Ein erster wichtiger und weit verbreiteter Ansatz der Vergleichenden Regierungslehre wird als Verfassungssystematik bezeichnet. Die Verfassungssystematik strebt eine systematische Typisierung, Beschreibung und Bewertung von Herrschaftsformen, Verfassungsstrukturen und institutionellen Regelungen an. Sie hat ihre wesentlichen Impulse aus der Staatslehre, d.h. aus der Rechtswissenschaft, und aus der Geschichtswissenschaft erhalten. Das Wissenschaftsverständnis und die Methodologie dieser Disziplinen prägen die Verfassungssystematik als einen Versuch einer synoptischen Beschreibung und normativen Bewertung institutioneller Strukturen. Sie ist der älteste der hier verwendeten theoretischen Ansätze und als ihr Begründer kann ARISTOTELES betrachtet werden. In seiner Typologie der Regierungsformen findet sowohl das normative Kriterium der gerechten versus ungerechten Herrschaft als auch das formale Kriterium der Zahl der Herrschenden Verwendung. Als bedeutender Vertreter dieses Ansatzes in neuerer Zeit und im deutschen Sprachraum ist in erster Linie Ernst FRAENKEL zu nennen.

Systemtheorie

Ein zweiter wichtiger Ansatz ist die systemtheoretische Konzeption von Vergleichender Regierungslehre. Während die Verfassungssystematik vor allem eine klassifizierend-beschreibende und normativ-bewertende Regierungsformenlehre darstellt, versucht der systemtheoretische Ansatz, die Vergleichende Regierungslehre theoretisch im Sinne eines Erklärungsmodells zu untermauern. Ziel ist es, durch einen Vergleich politischer Strukturen und Prozesse Erklärungen für Zusammenhänge zu finden. Die systemtheoretische Variante der Vergleichenden Regierungslehre lässt sich in die Tradition der soziologischen Systemtheorie Talcott PARSONS' einordnen. Diese Theorie hat auch die Politikwissenschaft stark beeinflusst. Vor allem David EASTON und Karl W. DEUTSCH haben in Anlehnung an PARSONS versucht, eine allgemeine Theorie politischer Systeme zu entwickeln.

Politische Systeme werden von EASTON als selbstregulierende Systeme mit bestimmten funktionalen Mechanismen für die Sicherung ihrer Anpassungs- und Steuerungsfähigkeit betrachtet. Von zentraler Bedeutung sind dabei die Leistungen des politischen Systems, bei der Umsetzung von Inputs (Forderungen) in Outputs (z.B. Regulation, Distribution) aufgrund seiner Fähigkeiten, Interessen zu bündeln bzw. zu aggregieren. Durch diese Fähigkeiten können politische Systeme Unterstützung (Legitimität) für unterschiedliche Systemebenen erzeugen. EASTON unterscheidet die Ebene der regierenden politischen Eliten (authorities), die Ebene des politischen Regimes (konstitutionelle Spielregeln und Institutionen) und schließlich die des Nationalstaates im Sinne seiner territorialen und kulturellen Integrität.

Während EASTON mit seinem systemtheoretischen Konzept in erster Linie die Stabilitätsbedingungen politischer Systeme in den Blick nimmt, steht bei DEUTSCH in seiner kybernetischen Systemtheorie durch die Betonung der Lernfähigkeit und der Notwendigkeit des Lernens der dynamische Aspekt der politischen Systementwicklung im Vordergrund. Demokratische Systeme haben dabei einen eingebauten Vorteil, da sie die Unfähigkeit der regierenden Eliten zu lernen und damit deren fehlende Anpassung an endogene und exogene Entwicklungen mit dem Verlust der Macht bestrafen. Sie besitzen damit einen institutionalisierten Anreiz zu Innovationen. Nur nicht-demokratische Machteliten können es sich leisten, für eine gewisse Zeit nicht zu lernen. Aber auch sie werden, wie zahlreiche Beispiele und nicht zuletzt die sozialistischen Ein-Parteien-Systeme zeigen, längerfristig durch Machtverlust bestraft.

Ökonomische Theorie der Politik

Beschränkt man den Gegenstandsbereich der Vergleichenden Regierungslehre nicht nur auf die Beschäftigung mit Verfassungsinstitutionen im engeren Sinne, dann fällt der steigende Beitrag der ökonomischen Theorie der Politik auch für dieses Gebiet auf. Aus politikwissenschaftlicher Perspektive ist es dabei von besonderem Interesse, wie aus individuellem rationaleigennützigem Verhalten kollektive, politische Entscheidungen entstehen können. Zum Ersten gibt es die Idee eines politischen Marktes, auf dem Wähler und politische Unternehmer (Parteien) in einen Tauschprozess eintreten. Dieses Konzept ist vor allem mit Anthony DOWNS und seiner ökonomischen Theorie der Demokratie verbunden. Zum Zweiten spielen die Regeln, mit deren Hilfe kollektive Entscheidungen getroffen werden, eine große Rolle (z.B. Einstimmigkeits- vs. Mehrheitsregel). Diesem Thema haben sich vor allem James BUCHANAN und Gordon TULLOCK zugewandt, die als Erfinder der „constitutional economics“ gelten. Die dritte Konzeption befasst sich mit der Organisation von Interessen und der Logik kollektiven Handelns. Dieser Ansatz ist eng mit dem Namen Mancur OLSON verbunden.

Mit diesen theoretischen Konzepten ist die ökonomische Theorie der Politik zwar keine spezifische Theorie der Vergleichenden Regierungslehre, aber ein Ansatz, der auf vielfältige Weise die vergleichende Analyse theoretisch anregen und auch systematisieren kann. Insbesondere gelingt es mit diesem Instrumentarium, grundlegende Annahmen über das Verhalten von Akteuren in variierenden institutionellen und kulturellen Kontexten als konstant zu betrachten, was Vergleiche in der Regel erleichtert.

Zusammenfassung

Die skizzierten Ansätze definieren die Vergleichende Regierungslehre über theoretische Strategien (die Konstruktion einer Verfassungssystematik, die Erklärung von Politik mit Hilfe systemtheoretischer Regelkreise, das theoretisch-axiomatische Konzept nutzenmaximierender Akteure). In dieser Sicht kann die Vergleichende Regierungslehre, ebenso wie andere Teilgebiete der Politikwissenschaft (z.B. die Wahlforschung, die Internationale Politik oder die Politische Soziologie), durch spezifische Gegenstandsbereiche (z.B. die Bewertung der Gewaltenteilung in unterschiedlichen demokratischen Regierungsformen, die Analyse der funktionalen Zusammenhänge zwischen Parteiensystem und Regierungsfähigkeit in verschiedenen politischen Systemen, die Untersuchung der Folgen bestimmter Abstimmungsregeln für kollektive politische Entscheidungen) bestimmt werden. Vergleichende Regierungslehre kann aber auch als reine Methode definiert werden. Aus dieser Perspektive kommt die Vergleichende Regierungslehre ohne ein spezifisches theoretisches Profil aus und lässt sich als Methode zur Entdeckung und Erfassung empirischer Zusammenhänge für die Verfolgung unterschiedlicher Fragestellungen nutzen. Sie ist damit inhaltlich offen und wird als quasiexperimentelle Forschungsstrategie zur empirischen Analyse von Zusammenhängen unter unterschiedlichen strukturellen Bedingungen definiert. In den letzten Jahrzehnten hat sich aus den bereits dargestellten Ansätzen heraus eine Analysestrategie entwickelt, die man als empirisch-analytische Regierungslehre bezeichnen könnte. Diese Strategie steht insofern der systemtheoretischen Variante der Vergleichenden Regierungslehre nahe, als dabei ebenfalls das Ziel verfolgt wird, Zusammenhänge zwischen institutionellen Strukturen und den Abläufen und Ergebnissen politischer Prozesse theoretisch zu erklären und empirisch zu überprüfen. Der empirisch-analytische Ansatz verwendet jedoch nicht nur das systemtheoretische Erklärungskonzept. Er besitzt folglich keine einheitliche theoretische Basis, sondern kann mit unterschiedlichen theoretischen Ansätzen – zum Beispiel auch politisch-ökonomischen Theorien und Modellen („rational choice“) und neo-institutionalistischen Konzepten – verbunden werden. Ein allgemeines Merkmal dieses Ansatzes ist, dass einerseits institutionelle Strukturen als Handlungsrahmen und andererseits das zielgerichtete Handeln individueller, aber insbesondere auch kollektiver Akteure als wichtige Determinanten von Politikinhalten und staatlichem Handeln verstanden werden.

2. Konstitutionelle Gestaltungsoptionen aus der Perspektive der Verfassungssystematik: Parlamentarismus und Präsidentialismus

Der Übergang von der sozialistischen Einparteienherrschaft zur Demokratie stellte neue und alte politische Eliten vor die Aufgabe, sich möglichst rasch für eine spezifische demokratische Staatsform und deren Institutionen zu entscheiden. Dabei handelte es sich um eine durch Randbedingungen begrenzte Wahlmöglichkeit. Zu den Randbedingungen gehören unter anderen die demokratischen Traditionen des jeweiligen Landes, die politischen Verläufe der sozialistischen Herrschaftsphase und die Formen des Übergangs („ausgehandelt" versus „erzwungen"). Die Entscheidung für ein bestimmtes Regierungssystem war neben diesen Randbedingungen logischerweise auch von der Palette der Optionen bestimmt.

Demokratie beruht immer auf dem Prinzip der Volkssouveränität, das heißt, politische Herrschaft ist sowohl allgemein als auch hinsichtlich ihrer konkreten Akte an die Zustimmung des Volkes gebunden. Dieses Prinzip kann in unterschiedlicher Weise institutionell umgesetzt werden. In direkten Demokratien wird die Volkssouveränität durch das Volk unmittelbar ausgeübt, in repräsentativen Demokratien dagegen wird die Volkssouveränität mittelbar durch legitimierte Institutionen wahrgenommen. Eine Mischform von repräsentativer und direkter Demokratie stellen Rätesysteme dar, in denen die Volkssouveränität teilweise durch Basisorganisationen ausgeübt wird, teilweise an übergeordnete Repräsentationsinstanzen delegiert wird. In repräsentativen Demokratien wird das Postulat der Volkssouveränität durch zwei prinzipiell unterschiedliche Formen umgesetzt: Sie kann, wie das in den präsidentiellen Regierungssystemen der Fall ist, funktionsteilig durch mehrere Verfassungsorgane (Präsident und Parlament) oder aber ausschließlich durch das Parlament repräsentiert werden. Wenn das Parlament allein Repräsentant der Volkssouveränität ist, sprechen wir von einem parlamentarischen Regierungssystem. Die unterschiedlichen Formen werden durch die in der Abb. 1 abgebildete Typologie dargestellt.

Abb. 1: Typologie der Demokratien

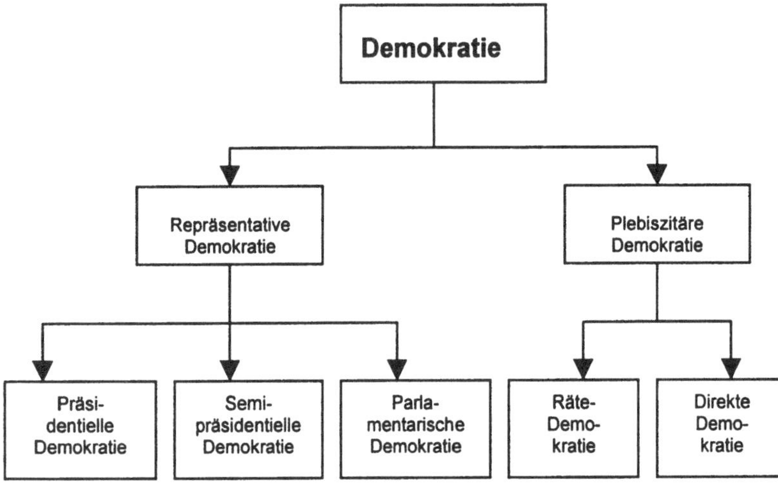

Überlagert werden die unterschiedlichen Formen repräsentativer Demokratie durch unterschiedliche Vorstellungen darüber, was die stellvertretenden Institutionen (Parlamente, Regierungen) tatsächlich repräsentieren. Diese Vorstellungen sind nicht unwichtig für die Entwicklung einer Verfassungswirklichkeit oder, noch weitergehender, einer politischen Kultur im Rahmen der konstitutionellen Regeln. Im angelsächsischen Demokratieverständnis ist die Vorstellung einer Treuhänderfunktion, die die repräsentativen Institutionen für die Interessen des Volkes wahrnehmen, verbreitet. Darauf bezieht sich zum Beispiel im britischen Kontext die Vorstellung der parlamentarischen Mehrheitsregierung mit einem inhaltlich relativ unspezifischen Mandat auf Zeit. Ihre Macht, die auf der Verschränkung von Regierung mit der parlamentarischen Mehrheit beruht, wird fast ausschließlich durch die Parteienkonkurrenz in periodisch wiederkehrenden Wahlen beschränkt.

Im amerikanischen Verständnis dagegen findet die politische Willensbildung und damit die Mehrheitsbildung durch einen pluralistischen Aushandlungsprozess unter den beteiligten Interessen und Institutionen statt. Die politische Machtausübung wird deshalb durch Institutionenkonkurrenz bzw. Gewaltenteilung und weniger durch Parteienkonkrrenz beschränkt.

In der französischen Tradition sind die repräsentativen Institutionen in der Tradition von Rousseau und der französischen Revolution unmittelbarer Ausdruck des Volkswillens. Sie verkörpern ihn geradezu. Die institutionelle Konsequenz eines solchen Verständnisses besteht u.a. darin, dass eine Beteiligung unterschiedlicher Interessen bei der Ausarbeitung politischer Vorhaben kaum erforderlich erscheint. Parlament bzw. Parlamentsmehrheit und Präsident handeln in Übereinstimmung mit dem allgemeinen Willen des Volkes.

In den meisten politischen Systemen finden sich diese unterschiedlichen Vorstellungen über den Charakter repräsentativer Institutionen gemischt. Dies trifft, so unsere These, auch für die Demokratien Zentral- und Osteuropas zu. Zunächst ist für die Länder Zentral- und Osteuropas anzunehmen, dass „kühne" Experimente mit dem Typus der direkten Demokratie – sieht man von der Möglichkeit durch Verfassungsorgane angeordneter Plebiszite einmal ab – nicht im Vordergrund der Überlegungen standen.

Allerdings wurden durchaus auch alternative Modelle der politischen Willensbildung angestrebt und praktiziert. Die in der Übergangsphase häufig auftretenden „Runden Tische" entziehen sich dabei der Einordnung in die beiden Grundkategorien demokratischer Staatsformen. Die Teilnehmer der „Runden Tische" repräsentierten weder im demokratischen Sinne eine „constituency" (Prinzip der Territorialität), noch waren sie über imperative Mandate funktional an eine spezifische Basis gebunden (z.B. im Sinne der Rätedemokratie). Sie waren in ihrer Mehrzahl Aktivisten der Gegeneliten und besaßen aufgrund ihrer Rolle, den Umbruch bewirkt oder befördert zu haben, eher eine moralische Legitimation als eine politische. Eine dauerhaftere Einbindung dieser Aktivisten und Gruppen in die politische Willensbildung im Rahmen repräsentativer Institutionen war deshalb nur über den Weg von Parteigründungen möglich.

Als real in Erwägung zu ziehende Verfassungsalternativen blieben deswegen nur die zwei Grundtypen repräsentativer Demokratie, die in der formal-deskriptiven Sichtweise der Verfassungssystematik unterschieden werden: das parlamentarische und das präsidentielle Regierungssystem. Das parlamentarische und das präsidentielle Regierungssystem basieren auf unterschiedlichen Verfassungsprinzipien und stellen als Typen unterschiedliche Modelle demokratischer Kontrolle staatlicher Herrschaft dar. Beide beruhen auf dem Prinzip der Volkssouveränität, d.h. auf dem Prinzip der Kontrolle von Herrschaft und staatlichem Handeln durch die Bürger, die in periodisch wiederkehrenden Wahlen unter mehreren Bewerbern für politische Ämter (Abgeordnete, Präsidenten) auswählen können. Während der Wahlperiode soll die Trennung der politischen Gewalt in Exekutive, Legislative und Rechtsprechung für eine gegenseitige Kontrolle sorgen und damit Machtmissbrauch verhindern.

Der wesentliche Unterschied der beiden Typen repräsentativer Demokratien liegt im Verhältnis von Exekutive und Legislative. Im parlamentarischen Regierungssystem kann das Parlament die Regierung stürzen bzw. abwählen. Im präsidentiellen System ist es dazu nicht in der Lage. Das präsidentielle Modell ist folglich durch eine Gewaltenteilung zwischen Exekutive und Legislative gekennzeichnet, das parlamentarische durch eine Gewaltenverschränkung. Gewaltenteilung und Gewaltenverschränkung markieren damit unterschiedliche Konzeptionen der Kontrolle von Regierungsmacht. Im Modell der Gewaltenteilung soll die Regierungsmacht durch eine Trennung und wechselseitige Kontrolle von Exekutive und Legislative, also durch Institutionenkonkurrenz, beschränkt werden. Im Modell der Gewaltenverschränkung dagegen sind Exekutive und Legislative über den Mechanismus der parlamentarisch gestützten Regierungsbildung miteinander verflochten und können sich deshalb nur beschränkt wechselseitig kontrollieren.

Im parlamentarischen Regierungssystem ist die Regierung ein „Ausschuss der Parlamentsmehrheit" und das Parlament in seiner Mehrheit ein Unterstützungs- und Akklamationsorgan der Regierung. Die politische Kontrollfunktion beschränkt sich auf die Minderheit des Parlaments, die aber, sofern andere Mechanismen der politischen Mitgestaltung fehlen (z.B. über föderale Elemente), aus dem politischen Entscheidungsprozess ausgeschlossen ist. Die Parlamentsmehrheit und die von ihr getragene Regierung haben in diesem Typus von Demokratie ein Mandat auf Zeit, das nur durch „interne" Zerfallserscheinungen (Verlust der parlamentarischen Mehrheit für die Regierung aus unterschiedlichsten Gründen) in Frage gestellt werden kann. Politische Macht ist damit im Wesentlichen über die Parteienkonkurrenz beschränkt. Folge der Parteienkonkurrenz und der daraus folgenden alternierenden Regierungsverantwortung ist ein politischer Konjunkturzyklus zur Bedienung der jeweiligen politischen Klientel und damit letztlich eine Grundtendenz zu redistributiver (umverteilender) Politik.

Somit zeichnen sich die parlamentarischen Regierungssysteme trotz institutioneller Unterschiede im Detail durch drei gemeinsame Prinzipien aus:

- die ausschließliche Repräsentation der Volkssouveränität durch das Parlament;
- die Abwählbarkeit der Exekutive durch das Parlament und die sich daraus ergebende funktionale Verflechtung von Exekutive und der Mehrheit der Legislative;
- die Gewährleistung der Kontrolle von Herrschaft durch den Mechanismus der Parteienkonkurrenz.

Diese drei Prinzipien sind die wichtigsten Definitionsmerkmale, durch die sich die parlamentarische Regierungsweise von anderen demokratischen Verfassungsformen unterscheidet. Bei einer strengen Auslegung dieser drei Prinzipien würde zum Beispiel zwar Großbritannien, nicht aber Tschechien oder Ungarn ein parlamentarisches Regierungssystem darstellen. In beiden Ländern unterliegen die vom Parlament beschlossenen Gesetze einer möglichen Kontrolle durch ein Verfassungsgericht, während es in Großbritannien keine derartige Revisionsmöglichkeit parlamentarischer Entscheidungen gibt. Eine so rigide gefasste Definition des parlamentarischen Regierungssystems wäre jedoch wenig sinnvoll. Wir fassen deshalb den Parlamentarismus-Begriff etwas weniger streng, ohne allerdings das Prinzip der ungeteilten Repräsentation der Volkssouveränität durch das Parlament als Definitionsmerkmal des Parlamentarismus aufzugeben. Wenn dieses Prinzip gilt, dann muss auch alle Exekutivgewalt aus dem Parlament hervorgehen und an das Parlament gebunden sein. Allerdings ist die Regierung in den meisten parlamentarischen Demokratien der Macht des Parlaments nicht völlig unterworfen, sondern verfügt über eine nicht unbeträchtliche Gegenmacht, zum Beispiel in Form eines Rechtes zur Parlamentsauflösung. Allerdings besiegelt sie mit einem solchen Akt auch ihr eigenes Ende.

Im präsidentiellen Regierungssystem dagegen hängt das politische Überleben der Regierung (des Präsidenten) nicht von einer parlamentarischen Mehrheit ab. Die generalisierte Unterstützungsfunktion einer Parlamentsmehrheit für die Regierung entfällt und die zu beobachtende Konsequenz ist das, was in der parlamentarischen Variante eher die Ausnahme darstellt: das Regieren mit wechselnden Mehrheiten. Die Gewaltenteilung bedeutet auch eine unabhängige politische Gestaltungsfunktion für das Parlament, die Entscheidungen über politische Programme zu einem Aushandlungsprozess zwischen Regierung und Parlament werden lässt.

Präsidentielle Regierungssysteme besitzen damit eine dualistische Verfassungskonstruktion. Parlament und Präsident (Regierung) verfügen über eine jeweils eigene direkte Legitimation durch die Wähler. Systematische Folge davon ist, dass der Präsident durch das Parlament nicht entlassen werden kann und umgekehrt der Präsident nicht das Parlament auflösen darf. Trotz formaler Unabhängigkeit und getrennter Legitimation von Exekutive und Legislative sind beide Verfassungsorgane jedoch miteinander verflochten und für die Durchsetzung politischer Entscheidungen aufeinander angewiesen. Es handelt sich also um eine Gewaltenteilung bei gleichzeitiger funktionaler Verflechtung. Das Paradebeispiel für diesen Typus von Regierungssystem sind die USA.

Diese im 18. und 19. Jahrhundert entstandenen Regierungssysteme verkörpern ein unterschiedliches Verständnis der Bedeutung und der Aufgaben des Staates bei der Steuerung gesellschaftlicher und wirtschaftlicher Prozesse. Während die parlamentarische Demokratie – etwas pointiert ausgedrückt – die Fortsetzung der absoluten Monarchie mit anderen Mitteln darstellt, wobei der König als Repräsentant des Volkes durch das Parlament und der aus dieser gebildeten Regierung abgelöst wurde (sehr schön nachvollziehbar im Prozess der Konstitutionalisierung der Monarchie in England), ist dem präsidentiellen Regierungssystem (verkörpert durch die USA) eine strukturelle Konzentration der Macht in einer Verfassungsinstitution völlig fremd. Zu tief saß das Misstrauen der Verfassungsväter der Vereinigten Staaten in die Möglichkeiten der Machtanmaßung und der Beschränkung der individuellen Freiheit in den europäischen politischen Strukturen, als dass sie sich zu einem starken Staat bzw. einer starken Regierung hätten durchringen können. Zuerst wollte man auf Bundesebene ganz auf die Exekutive verzichten. In Europa ist dagegen der Leviathan bis heute lebendig, und die Furcht vor einer schwachen, handlungsunfähigen Exekutive hat nicht nur die „Erfinder" des Bonner Grundgesetzes aufgrund vergangener Erfahrungen umgetrieben.

Die hier angesprochenen Unterschiede sind aber nicht nur von Bedeutung für das Verhältnis der Gewalten untereinander. Sie beeinflussen auch die Art und Weise, in der wirtschaftliche und gesellschaftliche Probleme politisch vermittelt und bearbeitet werden. Davon hängt letztlich dann auch die Effektivität und Effizienz staatlichen Handelns (des „Outputs") ab. Spezifische institutionelle Gestaltungen von Politik führen deshalb zu komplexen Wechselbeziehungen zwischen Strukturen, funktionalen Kapazitäten und staatlichem Handeln. Diese Zusammenhänge können allerdings im Rahmen dieses einführenden Buches nicht ausführlicher analysiert und diskutiert werden.

2.1 Semi-Präsidentialismus

In der verfassungssystematischen Literatur gibt es eine umfangreiche Debatte über die Zulässigkeit eines dritten Typus von repräsentativem Regierungssystem. Angesichts des von FRAENKEL eingeführten primären Kriteriums zur Unterscheidung von parlamentarischem und präsidentiellem System – der Abwählbarkeit der Regierung durch das Parlament –, ist der so genannte Semi-Präsidentialismus ein parlamentarisches System, da es einen Premierminister oder Ministerpräsidenten gibt, dessen politisches Überleben von einer Mehrheit im Parlament letztlich abhängig ist. Auf der anderen Seite gibt es einen Präsidenten mit direkter Legitimation, der über eigene politische Exekutivrechte wie im präsidentiellen System verfügt.

Angesichts der Übergangssituation und der unterschiedlichen politischen Traditionen in den Ländern Zentral- und Osteuropas wäre es nahe liegend gewesen, bei der Verfassungsgebung die Exekutive in Form einer solchen Doppelspitze zu konzipieren. Die neu etablierten Regime sollten ihre Legitimität aus möglichst vielen Quellen speisen. Da beim Systemwechsel in vielen Ländern charismatische Führungspersönlichkeiten eine bedeutende Rolle spielten, bot es sich geradezu an, diese mit dem über den Parteien stehenden und direkt durch das Wahlvolk legitimierten Amt eines Staatspräsidenten zu betrauen. Dadurch wäre es möglich gewesen, den Staat und seine neuen Institutionen mit der Popularität einer konkreten Person zu verbinden und sie damit zum Symbol und Garanten der neuen politischen Ordnung in der Wahrnehmung breiter Bevölkerungsschichten werden zu lassen. Die plebiszitäre Legitimation durch Direktwahl erforderte auch Kompetenzen im Sinne von „domaines reservées", die über die Repräsentationsfunktionen der Präsidenten parlamentarischer Regierungssysteme hinausgehen mussten. Als Bewahrer politischer Stabilität und Hüter der verfassungsmäßigen Ordnung wäre ihre Autorität insbesondere bei der Regierungsbildung und der Überwindung von Regierungskrisen gefragt. Da man nicht davon ausgehen konnte, dass es im Parlament sofort zur Bildung eines stabilen Parteien- und Fraktionssystems kommen würde (zumal man aus Gründen der Repräsentation von politischen Minderheiten nicht auf die mehrheitsbildende Wirkung entsprechender Wahlsysteme zurückgreifen wollte), wäre es wichtig, sich auf eine weitere Institution zur Wahrnehmung exekutiver Funktionen „verlassen" zu können (siehe dazu die nicht zu unterschätzende Funktion des italienischen Staatspräsidenten bei der Regierungsbildung und bei Regierungskrisen).

Die potentiell stabilisierende exekutive Doppelspitze des semi-präsidentiellen Systems kann aber auch verfassungssystematische Probleme hervorbringen. Dies zeigt die politisch-konstitutionelle Entwicklung der französischen V. Republik – des prominentesten Regierungssystems dieses Typs in Westeuropa. Neben dem mit effektiven politischen Kompetenzen in bestimmten Bereichen ausgestatteten Staatspräsidenten führt der Premierminister oder Ministerpräsident die politischen Geschäfte der Regierung. Er ist dem Parlament gegenüber verantwortlich. Dies bedeutet, dass seine Person und seine politischen Vorhaben im Parlament eine Mehrheit finden müssen. Damit existieren für die exekutive Doppelspitze des semi-präsidentiellen Systems zwei unterschiedliche Legitimationsmechanismen (der direkt-plebiszitäre des Präsidenten und der indirekt-repräsentative des Regierungschefs), auf deren Grundlage je nach politischer Konstellation unterschiedliche effektive Handlungsmöglichkeiten und Machtverteilungen folgen können. Der von den Verfassungsgebern der V. französischen Republik vorgesehene „Normalfall" bei der Besetzung der exekutiven Doppelspitze war die Rekrutierung aus demselben politischen Lager, mit dem Staatspräsidenten als unumstrittenen Führer desselben. Damit wird der Premier zu einer Art Kabinettschef des Staatspräsidenten, der für ihn die täglichen Regierungsgeschäfte führt, während er sich den „bedeutenden" Staatsgeschäften widmen kann. Diese Machtverteilung zwischen Präsident und Premier führt zu einer geschlossenen und damit nicht angreifbaren Doppelspitze. Das Parlament wird „rationalisiert" und im Falle einer stabilen Mehrheit für den Premier (und den Präsidenten) zum Akklamationsorgan. Die Opposition hat keine Chance der politischen Mitgestaltung. Das Eintreten dieses „Normalfalls" war allerdings nach den ersten Wahlen in den Ländern Zentral- und Osteuropas, im Gegensatz zum Übergang von der IV. zur V. Republik in Frankreich, nicht unbedingt vorherzusehen. Dies umso mehr, als dass die politischen Führungsrollen in den verschiedenen politischen Parteien und Gruppierungen nicht immer eindeutig verteilt waren. Tritt nämlich der Fall ein, dass der Premierminister der aktive Führer der Mehrheit im Parlament ist und der Staatspräsident zwar aus demselben politischen Lager stammt, aber nur so eine Art „elderly statesman" oder „graue Eminenz" darstellt, dann wird das Amt des Präsidenten auf seine repräsentativen Funktionen reduziert und der Premier ist die politische Führungsfigur. Der politisch interessanteste Fall tritt dann ein, wenn – wie auch inzwischen in Frankreich dreimal geschehen – Präsident und Premier unterschiedlichen politischen Lagern angehören. Dies ist der Fall der „cohabitation" – des politischen „Zusammenlebens" als exekutive Doppelspitze trotz unterschiedlicher politischer Grundüberzeugungen. Dieser „Ausnahmefall", der bei der Instabilität des Wählerverhaltens in jungen Demokratien sehr schnell zum Regelfall werden kann, erfordert das Zustandekommen eines Modus Vivendi, für dessen Funktionieren häufig die persönlichen Eigenschaften der Beteiligten von zentraler Bedeutung sind. Außerdem – und das ist eine wichtige Folge der Kohabitation – schlägt bei dieser Konstellation die Stunde des Parlaments. Die Legislative gewinnt als Machtbasis des Premiers gegenüber dem Präsidenten an Bedeutung. Auf seine parlamentarische Mehrheit muss sich der Premier stützen und verlassen können, wenn er sich politisch gegenüber einem ebenso ambitionierten Präsidenten durchsetzen will. Soll diese Auseinandersetzung ohne Verfassungskonflikt ablaufen, muss sich der Staatspräsident strikt an die ihm von der Verfassung zugewiesenen Aufgaben und ihm reservierten Politikdomänen halten. Der problematischste Fall der Kohabitation ist vermutlich dann gegeben, wenn der Premierminister nur über eine unsichere Basis im Parlament verfügt und der Präsident versucht, diese Schwäche im Sinne seiner politischen Ziele auszunutzen.

In der in diesem Band getroffenen Auswahl von fünf Ländern sind drei dem Typus der parlamentarischen Systeme (Tschechien, Slowakei, Ungarn) zuzurechnen. Eines gehört zu den semi-präsidentiellen Demokratien (Polen) und weist große Ähnlichkeiten mit der Verfassung der französischen V. Republik auf. Das russische Regierungssystem ist ein präsidentielles Modell mit semi-präsidentiellen Elementen. Dies vor allem aufgrund der ausgeweiteten Rechte des Präsidenten und der größeren Unabhängigkeit der Regierung vom

Parlament. Dadurch tritt die Situation ein, dass der Ministerpräsident de facto zum Kabinettschef des Präsidenten wird. Folglich ist das gesamte System stärker durch die der präsidentiellen Regierungsweise eigenen Institutionenkonkurrenz zwischen Legislative und Exekutive als durch Parteienkonkurrenz zur Kontrolle politischer Macht gekennzeichnet. Allerdings bleiben die institutionellen Unterschiede zum klassischen Präsidialsystem der Vereinigten Staaten trotz einer solchen Charakterisierung erheblich.

2.2 Zusammenfassung

Folgt aus diesen Strukturprinzipien der unterschiedlichen demokratisch-repräsentativen Regierungssysteme eine eindeutige Empfehlung für die Auswahl des „richtigen" Systems für ein bestimmtes Land in einer solchen Transformationsphase? Eine eindeutige Empfehlung sicher nicht. Dennoch sollten ein paar richtungsweisende Überlegungen auf der Basis verfassungssystematischer Betrachtungen möglich sein. Dabei kann es in keinem Fall um die Übertragung von realen Modellen – also des britischen oder amerikanischen Systems – gehen, da diese in ihrer Funktionsweise unmittelbar mit den historisch und gesellschaftlich entstandenen Verfassungswirklichkeiten verknüpft sind, die nicht transportierbar wären. Daraus ergibt sich die allgemeine Schwierigkeit, die Eignung und damit Wirkung einer formalen politischen Verfassung für eine bestimmte historisch gegebene Gesellschaftsstruktur abzuschätzen. Ob das „Experiment" erfolgreich sein wird, hängt von den komplexen Interaktionseffekten zwischen formaler Verfassung und gesellschaftlicher Entwicklung und damit von der Entstehung einer bestimmten Verfassungswirklichkeit ab. Was lässt sich dennoch an Ratschlägen geben?

Zunächst sind die Verfassungstraditionen, die durch die demokratischen politischen Systeme vor der sozialistischen Einparteien-Herrschaft begründet wurden, zu berücksichtigen. Selbst wenn diese Systeme gescheitert sind bzw. nicht sehr erfolgreich waren (wie dies zum Beispiel in Deutschland für die Weimarer Republik zutrifft), haben sie Spuren im politischen Bewusstsein und u.U. sogar auf institutioneller Ebene zurückgelassen, an die legitimierend angeknüpft werden kann. Ferner sollte man sich nicht unbedingt die Verfassungssysteme aussuchen, die als Sonderfälle gelten: also den extremen und ungezügelten englischen Parlamentarismus oder den komplexen und verwikkelten Präsidentialismus der Vereinigten Staaten. Angesichts der fehlenden historischen, politischen und gesellschaftlichen Voraussetzungen des englischen Parlamentarismus in jedem anderen Land (auch in Westeuropa) wäre das Modell der alternierenden Parteienregierung bei unbegrenzter Parlamentssouveränität und der sich darauf gründenden Machtkonzentration beim Kabinett bzw. beim Premierminister in der sozio-politischen Lage der Transformation sehr schnell delegitimierenden Erosionsprozessen ausgesetzt. Auch das US-amerikanische Modell der Verhandlungsdemokratie zwischen Kongress und Präsident würde vermutlich sehr schnell in einer Situation der Unregierbarkeit enden. Damit bleiben die Modelle des „gemäßigten“ Parlamentarismus einerseits und des Semi-Präsidentialismus andererseits als prinzipielle Alternativen übrig. Allerdings ist dabei unter dem Begriff „Modell“ keineswegs zu verstehen, dass damit schon alle konstitutionellen Festlegungen und institutionellen Strukturen klar determiniert wären. Auch innerhalb dieser Untertypen gibt es, wie die Darstellung der einzelnen Regierungssysteme zeigen wird, noch beträchtlichen Gestaltungsspielraum.

3. Die Entwicklung der Parteiensysteme aus systemtheoretischer Perspektive

Im folgenden Abschnitt soll mit Hilfe des systemtheoretischen Ansatzes versucht werden, kritische Aspekte der Entwicklung von Parteiensystemen in den zentral- und osteuropäischen Staaten zu benennen. Die Systemtheorie spielt nach dem Zweiten Weltkrieg eine zunehmend wichtige Rolle in der Politikwissenschaft und wurde als Versuch entwickelt, diese Disziplin auf eine allgemeine und allgemein anerkannte theoretische Basis zu stellen. Sie begreift politische Einheiten als selbstregulierende und anpassungsfähige Systeme im Rahmen einer komplexen Umwelt, die als kollektive Entscheidungs- und Verteilungsinstitutionen die Funktion der Regulierung und Steuerung gesellschaftlichen Verhaltens übernehmen. Dafür sind sie in der Sprache von WEBER unter anderem mit dem „Monopol legitimer physischer Gewaltsamkeit“ ausgestattet. Politische Systeme erfüllen aus der Sicht der Systemtheorie bestimmte Funktionen, die extern oder intern definiert werden können, d.h. die entweder von außen an das System herangetragen werden oder innerhalb des Systems festgelegt werden. Dieser funktionale Bezug ist für die Systemtheorie zentral.

Entscheidend für das Verhältnis von politischem System und den anderen gesellschaftlichen Teilsystemen ist aus der Perspektive der Systemtheorie die Art und Weise, wie die gesellschaftlichen Auswirkungen von kollektiv bindenden Entscheidungen in das politische System rückgekoppelt werden. Dabei wird ein vor allem aus der Steuerungs- und Regeltechnik bekanntes Konzept auf das Verhältnis von politischem System und Bürgern übertragen. Somit erhält das politische System die Fähigkeit zur Steuerung aufgrund von Inputinformationen und durch Produktion geeigneter Outputs, wobei erstere in dynamischer Perspektive unter anderem die Rückwirkungen der Letzteren darstellen. Dabei muss nicht von einem störungsfreien Ablauf dieses Prozesses ausgegangen werden. Der amerikanische Politikwissenschaftler DEUTSCH baut zwar auf dem Sachverhalt positiver und negativer Rückkoppelungen seine These von der Lernfähigkeit politischer Systeme auf, weist aber gleichzeitig auf die „Fehleranfälligkeit" dieses Mechanismus aufgrund pathologischer Entwicklungen hin. Beispielsweise leidet die andauernde, wenig kontrollierte Machtausübung von Elitegruppen unter einem strukturellen Mangel an „feed-back". Dies führt zu einer eingeschränkten Lernfähigkeit und einer Zunahme ausschließlich interner Kommunikation. Ein Beispiel für diesen Sachverhalt sind die Führungsgruppen der kommunistischen Staatsparteien in Osteuropa (Zentralkomitee, Politbüro), die in fortschreitender Weise in eine kommunikative Isolation bzw. in eine Situation selektiven Informationsflusses gerieten und dabei in ihrer Fähigkeit, auf Problemlagen zu reagieren, eingeschränkt wurden. Dies kann zumindest als eine partielle Erklärungsbasis für den Zusammenbruch dieser Herrschaftssysteme dienen. Die Art und Weise der Organisation des Kommunikationsflusses innerhalb des politischen Systems und mit seiner Umwelt wird in der Systemtheorie von Karl DEUTSCH damit zur zentralen Größe bei der Analyse seiner Überlebensfähigkeit. Das politische System ist dabei nur erfolgreich, wenn es seine Lernfähigkeit erhalten kann.

Generelle Aufgabe eines politischen Systems ist es damit, „inputs" (z.B. sozio-ökonomisch bedingte Interessen) aus seiner Umwelt, aber auch aus sich selbst heraus aufzunehmen und in „outputs" umzusetzen. Systeme werden dabei allgemein mit zwei unterschiedlichen Arten von „inputs" konfrontiert, nämlich mit Forderungen (z.B. Forderungen nach Bereitstellung öffentlicher Güter und Dienstleistungen, Forderungen spezieller Interessenverbände) und mit Unterstützungen (z.B. Legitimitätseinverständnis mit politischen Institutionen und/oder Eliten). Dabei unterscheidet EASTON drei „Objekte" der Unterstützung: die politische Gemeinschaft, d.h. den Nationalstaat und seine territoriale und kulturelle Integrität, die politische Verfassung und die dadurch definierten Spielregeln der Politik und schließlich die regierenden politischen Eliten. Für die Stabilität des Systems bzw. seine Überlebensfähigkeit ist ein gewisses, aber kaum präzise bestimmbares Maß an Unterstützung für diese drei Objekte erforderlich. Sie kann für jedes Objekt diffus, d.h. von konkreten Systemleistungen (Output) unabhängig, z.B. durch ein allgemeines Nationalbewusstsein, oder spezifisch, d.h. leistungsabhängig, z.B. durch die Wahl von bestimmten Politikern, erfolgen. Für die Stabilität des politischen Systems ist dabei die Unterstützung der politischen Gemeinschaft und der politischen Spielregeln – häufig auch als Verfassungskonsens bezeichnet – wichtiger als die spezifische Unterstützung bestimmter herrschender Eliten. Gerade in einem demokratischen System besteht ein wesentlicher Mechanismus politischer Stabilisierung in der periodisch wiederkehrenden Chance der Auswechslung von politischen Eliten durch das Volk in demokratischen Wahlen.

Die Umsetzung von „inputs" in „outputs" erfolgt in der Regel im Rahmen von vielschichtigen Prozessen. Die Systemtheorie geht davon aus, dass dafür spezifische Systemleistungen nötig sind. Dazu zählten in erster Linie:

- die Artikulation von Interessen, d.h. die Formulierung und Vermittlung von Forderungen an das politische System;
- die Aggregation und Integration von Interessen, d.h. die Bündelung von Interessen in politische Konzepte und Programme;
- die Festlegung und Anwendung von Regeln, d.h. die Bestimmung der Methoden, mit denen Probleme zu bearbeiten sind;
- die Umsetzung von Konzepten und Programmen in Implementationsstrategien;
- die Aufrechterhaltung des Systems und seiner Funktionsfähigkeit durch eine entsprechende Sozialisation der Mitglieder des Systems sowie die Rekrutierung von Personal.

Die Systemtheorie postuliert auf diese Weise eine Menge von notwendigen Funktionen, die durch ein politisches System erfüllt werden müssen. Sie sagt jedoch nur wenig darüber aus, wie die Funktionen konkret erfüllt werden können oder wie sie real beschaffen sind. Mit anderen Worten, sie lässt die realen Institutionen und Verfahren, durch die Funktionen erfüllt bzw. Leistungen erbracht werden, weitgehend offen. Die Systemtheorie bleibt also überwiegend einer abstrakten Terminologie verhaftet.

Versucht man den abstrakten Rahmen solcher systemtheoretischer Überlegungen mit konkreten empirischen Strukturen und Institutionen zu füllen, so stößt man unweigerlich auf die politischen Parteien und deren normative bzw. empirische Funktionen in demokratischen Systemen. Parteien wirken an der politischen Willensbildung mit, so formuliert es das Grundgesetz in Artikel 21 und produziert damit angesichts der Bedeutung der Parteien in allen Bereichen der Politik eine klassische Untertreibung. Parteien stellen in modernen Demokratien die Organisationen dar, die für die Aggregation (Bündelung) von gesellschaftlichen Interessen von überragender Bedeutung sind. Sie haben die Aufgabe, in pluralistischen Gesellschaften aus der Vielzahl und Heterogenität von Einzelinteressen politische Mehrheiten zu formen. Für die Rekrutierung politischen Personals besitzen sie sogar eine monopolartige Stellung. In parlamentarischen Demokratien haben sie in Abhängigkeiten von den parlamentarischen Mehrheitsverhältnissen die Aufgabe, die Regierung zu bilden und zu tragen, d.h. ihre politische Handlungsfähigkeit zu gewährleisten. Um diese vielfältigen Aufgaben erfüllen zu können, sind einige empirisch-strukturelle und demokratisch-normative Vorraussetzungen erforderlich. Zu letzteren gehören die Akzeptanz der demokratischen Spielregeln („Verfassungstreue") und hinreichend demokratische Mechanismen der parteiinternen Willensbildung. Zu den zuerst genannten würden ein organisatorisch-technischer Apparat, eine ausreichende Mitgliederbasis und mehr oder weniger starke Bindungen an gesellschaftliche Interessengruppen, die einem bestimmten politisch-ideologischen Spektrum zuzuordnen sind, gehören. Die meisten Parteien in den Ländern Zentral- und Osteuropas erfüllen inzwischen die demokratisch-normativen Kriterien. Dies trifft auch weitgehend auf die ehemaligen sozialistischen Systemparteien zu, die sich überwiegend zu Parteien mit sozialdemokratischer Programmatik gewandelt haben. Eine Ausnahme im Rahmen unserer fünf ausgewählten Länder ist dabei nur Russland.

Extreme Parteien aus dem rechten politischen Spektrum, die die Demokratie als Regierungsform ablehnen und keine demokratischen Verfahren interner politischer Willensbildung kennen, sind – wiederum mit der Ausnahme Russlands – eher unbedeutend. Problematischer als die normativen Defizite sind die organisatorischen Probleme und die interessenpolitische Verankerung in der Gesellschaft zu beurteilen. Während die alten Systemparteien in allen zentral- und osteuropäischen Staaten zumindest noch über einen mehr oder weniger funktionierenden organisatorischen Apparat verfügen, ist bei den Neugründung weder eine ausdifferenzierte Organisationsstruktur noch eine ausreichende Personaldecke vorhanden, worunter die Ausübung der Rekrutierungsfunktion in besonderer Weise leidet. Auch die Aggregationsfunktion ist schwach ausgeprägt, da die dafür notwendigen Kommunikations- und Integrationsmechanismen fehlen. In der Literatur spricht man deshalb von „schwebenden Parteiensystemen", die als politische Organisationseinheiten ohne intensivere gesellschaftliche Bindung existieren. Empirisch festmachen lässt sich dies in den zwar abnehmenden, aber nach wie vor beachtlichen Schwankungen bei der Stimmabgabe und den Parteineigungen (Volatilität). Hinzu kommt die eher schwache Mitgliederbasis. Diese Schwächen der existierenden und systemtragenden Parteien wirken sich negativ sowohl auf den Inputbereich (Forderungen und Unterstützungen) als auch auf den Outputbereich aus, weil damit die Vermittlungs- und Erklärungsfunktion der Politik zu den getroffenen Entscheidungen leidet. Ob sich diese Probleme als Übergangsphänomene darstellen und in Zukunft die gesellschaftliche Verankerung der Parteien zunehmen wird, ist eine offene Frage. Dies vor allem auch deshalb, weil dabei von einer Struktureigenschaft der westeuropäischen Demokratien ausgegangen wird, die auch dort zunehmend weniger zu beobachten ist. So konstatiert man zunehmende Volatilität bzw. schneller wechselnde Parteipräferenzen der Wähler, schwindende ideologische Verklammerung von Parteien mit Interessengruppen (z.B. mit den Gewerkschaften) und eine ansteigende Bedeutung der elektronischen Medien als „Transmissionsriemen" zwischen Parteien und ihren Wählern. Angesichts solcher Befunde könnte man dann von einer aus entgegengesetzten Richtungen kommenden Annäherung der Funktionen und Strukturen westeuropäischer Parteien in Richtung der aktuellen osteuropäischen Situation sprechen, die dort aufgrund der historischen politischen und gesellschaftlichen Verwerfungen ein Jahrzehnt nach dem politischen Umbruch vorzufinden ist. Im Westen lösen sich die traditionellen sozialen Bindungen der Parteien allmählich auf und im Osten konnten sie aufgrund des verbreiteten „Anti-Partei-Syndroms" und der Schwäche bzw. Nicht-Existenz starker und umfassender Interessenorganisationen(noch?) nicht entstehen.

Betrachtet man nicht einzelne Parteien und ihren organisatorischen Zustand bzw. ihre soziale Basis, sondern die entstandenen Parteiensysteme als ganzes, so wird man inzwischen im Hinblick auf ihre Ausdifferenzierung durchaus mit Westeuropa vergleichbare Strukturen vorfinden. Insofern lässt sich auch die von Giovanni SARTORI entwickelte Typologie von Parteiensystemen auf die zentral- und osteuropäischen Staaten anwenden. SARTORI unterscheidet unter anderem Parteiensysteme nach zwei zentralen Dimensionen: zum einen nach dem Ausmaß ihrer Fragmentierung in verschiedene Parteien und zum anderen nach dem Grad ihrer Polarisierung, d.h. ihrer politisch-ideologischen Distanz. Dichotomisiert man diese Dimensionen in die Merkmalsausprägungen hoch/niedrig bzw. stark/gering, dann erhält man die folgende Vier-Felder-Tafel:

Abb. 2: Parteiensysteme nach Sartori

		FRAGMENTIERUNG	
		hoch	niedrig
POLARISIERUNG	stark	polarisierter Plualismus (Russland)	Zweiparteiensystem
	gering	(Polen, Slowakei) gemäßigter Pluralismus (Tschechien, Ungarn)	Hegemonial partei

Für die Parteiensysteme der zentral- und osteuropäischen Länder treffen nur die Konstellationen der linken Spalte, d.h. relativ hoch fragmentierte Parteiensysteme zu. Zweiparteiensysteme existieren nur in den ältesten Demokratien der Welt – in England und den USA – während Hegemonialparteien in Japan und Italien mindestens bis zum Beginn der neunziger Jahre anzutreffen waren. Von den fünf in diesem Band ausgewählten Ländern dürfte das ungarische Parteiensystem am ehesten dem Typ des gemäßigten Pluralismus entsprechen, wohingegen Russland ein stark polarisiertes und fragmentiertes Parteiensystem besitzt. Das tschechische Parteiensystem tendiert stärker zum gemäßigten Pluralismus, während die Systeme Polens und der Slowakei zwischen diesen dichotomen Kategorien liegen. Im slowakischen Fall war bis vor kurzem möglicherweise sogar die Konstellation einer Hegemonialpartei gegeben, da die Partei des Ministerpräsidenten stark dominierte. Allerdings nicht unbedingt auf der Basis einer breiten und dauerhaften Zustimmung bei den Wählern, sondern eher aufgrund zweifelhafter politischer Praktiken unter Ausnutzung von Verfassungsschwächen. Die Einordnung der Parteiensysteme in die Zellen dieser Vierfeldertafel hat zunächst nur deskriptiven und statischen Charakter. Die Frage, inwieweit sich diese Parteiensysteme in ihrer Struktur inzwischen stabilisiert und konsolidiert haben, wird dadurch nicht beantwortet. Auch hinsichtlich der Funktionserfüllung von Parteien im Rahmen der gegebenen Verfassungsinstitutionen ist damit nichts ausgesagt. Letzteres hängt, wie oben ausgeführt, von ihrer Fähigkeit ab, kompetentes politisches Personal zu rekrutieren und gesellschaftliche Interessenlagen zu bündeln und dadurch als Einzelpartei oder in Koalition mit anderen mehrheitsfähig zu werden. Es darf jedoch angenommen werden, dass im Falle starker Polarisierung und Fragmentierung eines Parteiensystems die Chancen für stabile parlamentarische Mehrheiten und damit für eine stabile Regierungsbildung eher gering zu bewerten sind. Stabilität könnte in diesem Fall nur eintreten, wenn sich eine Konzentration der politischen Kräfte auf zwei gegenüberstehende und politisch ungefähr gleich starke zusammenhängende oder integrierte politische Lager (Bipolarität) ergeben würde. Dann bestünde die Chance der alternierenden Parteienherrschaft, wie sie in Großbritannien seit dem Ende des Zweiten Weltkrieges zu beobachten ist.

Auskunft über die gesellschaftlichen Gründe der Fragmentierung von Parteiensystemen gibt die auf ROKKAN, LIPSET u.a. zurückgehende sogenannte „Cleavage"-Theorie (Spaltungen = Cleavages) der Parteienentstehung und -entwicklung. Gesellschaftliche Interessenkonflikte führen zur Bildung von politischen Organisationen, die sich nach der Gewährung des allgemeinen Wahlrechts im Laufe des 19. und beginnenden 20. Jahrhunderts in politische (Massen-) Parteien wandelten. Nach dieser Theorie bilden sich solche politische Spaltungen entlang zentraler sozio-ökonomischer und kultureller

Konflikte. Dazu gehören der Konflikt zwischen Kapital und Arbeit im Zuge der Ausbreitung der industriell-kapitalistischen Produktionsweise, die Umwandlung der agrarisch-ländlichen Siedlungsweise in einen Prozess zunehmender Verstädterung (Peripherie-Zentrum-Konflikt) und die Existenz kultureller Minderheiten (Sprachgruppen, Ethnien, Religionen). Nimmt man diese Dimensionen zusammen, dann kann man die ideologische und interessenbezogene Struktur der meisten Parteiensysteme recht gut erklären. Länderspezifische Besonderheiten existieren selbstverständlich. Dazu gehört bei den Ländern Zentral- und Osteuropas in erster Linie der nach dem politischen Umbruch auftretende politische und wirtschaftliche Modernisierungskonflikt. So stehen den Interessen der neuen Wirtschaftseliten an rascher Privatisierung der Staatsbetriebe die Interessen der Angehörigen des alten Staats- und Parteiapparats gegenüber, die auf Bewahrung der Verhältnisse, aber zumindest auf einen langsamen und sozial „verträglichen" Übergang bestehen. Von zentraler Bedeutung ist in diesem Zusammenhang das Verhalten der ehemaligen sozialistischen bzw. kommunistischen Staatsparteien. Während sie sich in den meisten Ländern eher zu Reformkräften entwickelt haben (z.B. Ungarn), sind sie in anderen zu Interessenvertretern der so genannten „Transformationsverlierer" und Nostalgiker geworden (z.B. die russische *Kommunistische Partei*). Die Ursachen für diese unterschiedlichen Entwicklungen dürften in den traditionellen sozialen Verhältnissen einzelner Länder (agrarisch versus industriell geprägt) sowie im Verlauf des Transformationsprozesses und den damit verbundenen, mehr oder weniger erfolgreichen ökonomischen Konsolidierungen liegen. Wo schon vor Ende der sozialistischen Herrschaft eine Öffnung und Liberalisierung des Parteiapparats eintrat und dies nicht nur auf Druck von Parteieliten geschah, sondern auch von einer breiteren Mitgliedschaft getragen wurde, und die ökonomische Entwicklung nach dem Umbruch vergleichsweise günstig verlief, sind aus den ehemaligen Systemparteien eher Parteien geworden, die für die Marktwirtschaft, eine pluralistische Gesellschaft und eine demokratische Regierungsweise eintreten. Die politische Ausrichtung der ehemaligen Systemparteien ist aber auch eine Frage der Struktur des Parteiensystems: je stärker die nationalistischen Parteien auf der rechten Seite des politischen Spektrums sind, desto mehr bilden sie ein Sammelbecken für die „Verlierer" des Systemwechsels und desto eher können/müssen die nun mit sozialdemokratischer Programmatik auftretenden Ex-Kommunisten andere, eher zukunftsorientierte Wählergruppen für sich gewinnen.

Die Ausdifferenzierungs- und Konsolidierungsprozesse der zentral- und osteuropäischen Parteiensysteme werden von weiteren sozialen und politischen Problemlagen beeinflusst. Dazu gehört die zumindest noch für die gegenwärtige Generation geltende Spaltung in alte, durch das sozialistische

System belastete und neue Eliten. Letztere sind entweder zu jung, um belastet zu sein, oder standen in Opposition zum System. Junge wie Oppositionelle zeichnen sich dadurch aus, dass es sich überwiegend um Intellektuelle handelt, die selten durch eine politische Sozialisation in gesellschaftlichen Basisorganisationen geprägt sind. Wałęsa als führender Kopf der *Solidarność* bestätigt als Ausnahme eher die Regel. Damit haben wir es auch bei den neuen Parteieliten, die meist schon den größten Teil der Mitgliedschaft bilden, ebenfalls mit Intellektuellen zu tun. Arbeiterparteien, die von in Arbeitnehmerorganisationen sozialisierten Politikern geführt werden, sind deshalb selten. Für die historischen Bauernparteien trifft vergleichbares in eingeschränkter Form ebenfalls zu.

Die intellektuelle Kopflastigkeit und die mangelnde Verankerung der neuen Eliten in gesellschaftlichen Gruppen tragen auch zur ideologischen Diffusität und Breite der politischen Programme der Parteien bei, weil die interessenpolitische Fokussierung fehlt. Hinzu kommt, dass das „politische Unternehmertum" der neuen Parteieliten auf Diversifizierung und Ausweitung des „Angebots" setzen muss, um angesichts einer diffusen, wenig artikulierten Nachfrage der Konsumenten (Wählerinnen und Wähler) mehrheitsfähig zu werden. Gelingt eine Regierungsbeteiligung nach der Wahl, führt der Versuch der Umsetzung solcher diffusen Programme sehr schnell zu einer Überlastung des politischen Systems und seiner Institutionen (z.B. bei der Gesetzgebungsfunktion des Parlaments). Dies wird durch den Umstand verstärkt, dass in der Regel nicht eine Partei, sondern eine Koalition von Parteien die Regierung stellt.

Die Fragmentierung der zentral- und osteuropäischen Parteiensysteme ist schließlich auch im Verlauf des Transformationsprozesses und in den dabei entstandenen Bürgerrechtsbewegungen zu suchen. Sie waren ein Sammelbecken für unterschiedlich orientierte politische Gruppen und Individuen, die zunächst die gemeinsame Opposition gegen das sozialistische Herrschaftssystem einten. Nach ihrem „Sieg" und dem Versuch der Umwandlung der organisatorisch instabilen und ideologisch heterogenen Bewegungen in Parteien traten sehr schnell die programmatischen Widersprüche und ideologischen Unverträglichkeiten zu Tage. Spaltungen waren die Folge. Beispiele sind die polnische *Solidarność* oder das ungarische *Demokratische Forum (MDF)*. Dies führte aufgrund der oben genannten Gründe aber nur zu einer begrenzten politischen Homogenisierung und interessenpolitischen Fokussierung. Folgen dieser Fragmentierung und ideologischen Diffusität, die sich in den Parteiensystemen und den diese konstituierenden Einzelparteien zeigen, sind in systemtheoretischer Perspektive Schwächen in der Erfüllung zentraler Funktionen. Dazu gehört insbesondere eine eingeschränkte Aggregationsfunktion, die zu einer ungenügenden Bündelung von Interessenlagen in hinreichend konsistente politische Strategien und Programme führt. Dies scheint uns neben der Fragmentierung der Parteiensysteme das zentrale, funktionale Defizit der Parteien in den Ländern Zentral- und Osteuropas bis heute zu sein.

3.1 Zusammenfassung

Der Versuch, die Entwicklung der Parteien und Parteiensysteme in den Ländern Zentral- und Osteuropas mit Hilfe der Systemtheorie zu analysieren, muss zu dem Ergebnis kommen, dass angesichts der zentralen Funktion, die Parteien in modernen Demokratien für die politische Willensbildung, die Besetzung politischer Ämter und die Umsetzung politischer Entscheidungen haben, ihre inneren Strukturen wie ihre Verknüpfungen mit gesellschaftlichen Prozessen einige Defizite aufweisen. Dieses Ergebnis kann dabei nicht Resultat eines einfachen Vergleichs mit westeuropäischen Systemen sein, zumal dort vergleichbare oder andere Defizite vorliegen. Es geht nicht um das „Modell einer nachholenden Entwicklung", sondern um von der Systemtheorie unterstellte notwendige Funktionen, die jedes politische System teilweise unabhängig, teilweise abhängig von seinen spezifischen politischen Institutionen erfüllen muss. In einer parlamentarischen Demokratie gehört zu letzteren zum Beispiel die Fähigkeit der Parteien, den in der Zusammensetzung des Parlaments zum Ausdruck kommenden Wählerwillen so zu bündeln (aggregieren), dass daraus eine stabile Regierungsmehrheit hervorgeht („governing function"). Dies kann durch große, integrierende Volksparteien oder stabile politische (Koalitions-) Lager geschehen. Zu ersteren ist die Erfordernis in jedem politischen System zu rechnen, der Bevölkerung die Zweckmäßigkeit und Sinnhaftigkeit politischer Maßnahmen zu vermitteln (Kommunikationsfunktion), um damit eine hinreichende Unterstützung für die unterschiedlichen „Objekte" oder Ebenen zu gewinnen.

Auf der Input-Seite bedarf es einer Fähigkeit des politischen Systems zur Selektion aus der fast unendlichen Zahl gesellschaftlicher Problemlagen, die potentiell einer politischen Verarbeitung zugänglich sind. Nur wenn dies gelingt, kann eine Überfrachtung der politischen Agenda und damit eine Überlastung des politisch-administrativen Systems vermieden werden. Allerdings darf sich diese Selektionsleistung nicht einseitig auf bestimmte politische Themen oder Ideologien beziehen, da sonst unter anderem die Anpassungsfähigkeit des Systems an seine intra- wie internationale Umwelt eingeschränkt wird. Eine Überbetonung des Nationalismus zum Beispiel ruft unmittelbar eine solche Gefahr hervor. Dass diese selektive Sicht der politischen Problembearbeitung in den Ländern Zentral- und Osteuropas angesichts der erheblichen Belastungen und Verwerfungen des politischen wie ökonomischen Transformationsprozesses durchaus existiert, sollen im Folgenden unsere Länderanalysen deutlich machen.

4. Interessenorganisationen und kollektive Entscheidungsregeln aus der Perspektive der ökonomischen Theorie der Politik

Für die Analyse politischer Systeme lassen sich nicht nur die normativen und empirischen Ansätze der Verfassungssystematik und die der kybernetischen (älteren) Systemtheorie heranziehen, sondern auch die Theoreme der Neuen Politischen Ökonomie, so genannt in Abgrenzung zur marxistischen Tradition, oder – wie wir sie bezeichnen möchten – der Ökonomischen Theorie der Politik. Diese theoretische Richtung hat in den letzten Jahrzehnten auch zunehmende Bedeutung für die Vergleichende Politikwissenschaft erlangt. Dabei stehen nicht politische Strukturen und ihre Funktionen im Zentrum der Analyse, sondern die eigennützigen Motive der Handelnden. Die ökonomische Theorie der Politik basiert bei unterschiedlichen Anwendungsgebieten und verschiedenen Strömungen auf der axiomatischen Basis des rational handelnden Subjektes. Letzteres kann ein Individuum, aber auch eine Unternehmung, ein Verband oder eine Bürokratie sein. Die axiomatische Basis besagt, dass in einer Situation, in der mehrere Handlungsalternativen zur Verfügung stehen, das handelnde Subjekt diejenige auswählt, die nach Abwägen aller Kosten- und Nutzenfaktoren den größten Gewinn verspricht.

Auf dieser Grundlage lassen sich politische Prozesse der Wahlentscheidung und des strategischen Verhaltens von Parteien (so zum Beispiel in der „Ökonomischen Theorie der Demokratie" von DOWNS), aber auch die Logik kollekiven Handelns (OLSON) oder das Problem von Entscheidungsregeln (zum Beispiel in der Verfassungsökonomie von BUCHANAN und TULLOCK) analysieren. Auf die beiden zuletzt genannten Ansätze wollen wir zum Abschluss dieses theoretischen Kapitels unserer Einführung in die Regierungssysteme Zentral- und Osteuropas zurückgreifen, um damit einerseits die Schwierigkeiten und Probleme der Entstehung einer vielfältigen Verbändelandschaft und andererseits die Frage geeigneter kollektiver Entscheidungsregeln für bestimmte politische Institutionen näher zu beleuchten.

4.1 Die Organisation von Interessen

Die These vom „schwebenden Parteiensystem", die im vorhergehenden Kapitel erwähnt wurde, impliziert in den Ländern Zentral- und Osteuropas aus systemtheoretischer Sicht ein erhebliches Defizit an gesellschaftlichen Organisationen, die die politisch latenten kollektiven Interessenlagen mittels Organisierung in manifeste Interessen transformieren könnten. Die Pluralismustheorie hält zum Beispiel eine Vielzahl solcher organisierter Interessen für den politischen Willensbildungsprozess in einem demokratischen System für unerlässlich. In den sozialistischen Ländern wurde eine auf Systemstabilisierung beschränkte Funktion der Interessenartikulation über die vielfältigen organisatorischen Gliederungen der Einheitspartei erfüllt. Nach dem Ende der Einparteienherrschaft verloren die so genannten gesellschaftlichen Basisorganisationen des sozialistischen Systems ihren politischen Rückhalt und mehr oder weniger stark auch ihre Mitgliederbasis. Nun würde man aus Sicht der Systemtheorie erwarten, dass sich relativ schnell neue, an den Bedürfnissen und Interessen einer sich pluralisierenden Gesellschaft orientierende Organisationen bilden. Unbestritten ist dies in den meisten Ländern auch geschehen – teilweise auf der Basis der alten Organisationen (Gewerkschaften), teilweise auf der Grundlage von Bewegungen der Transformationsphase. Aber die neu entstandenen oder transformierten Organisationen sind eher schwach und zersplittert. Die schon in den Parteiensystemen konstatierte Spaltung in Modernisierer (solche, die durch die neue Situation Vorteile haben bzw. erwarten) und Traditionalisten (Verlierer des Systemwandels und Nostalgiker) bildet auch hier eine wesentliche Ursache der Fragmentierung gesellschaftlicher Interessenorganisationen.

Eine zumindest partielle Erklärung für die Schwäche zivilgesellschaftlicher Organisationen kann hier – besser als die Systemtheorie – die ökonomische Theorie der Politik bieten. Im Folgenden werden wir deshalb versuchen, den politisch-ökonomischen Ansatz auf die Entstehung und Entwicklung von pluralistischen Interessengruppen in den Ländern Zentral- und Osteuropas anzuwenden. Dabei bieten sich die grundlegenden Arbeiten von Mancur OLSON zur Logik des kollektiven Handelns an. Sie enthalten Überlegungen zur Problematik der Beschaffung von Kollektivgütern. Für rational und eigennützig handelnde Akteure besteht danach kein Anreiz, sich an der Beschaffung solcher Güter zu beteiligen, da sie unabhängig vom geleisteten Beitrag nicht vom Genuss des Kollektivgutes im Falle einer erfolgreichen Beschaffung ausgeschlossen werden können. Kollektivgüter sind dadurch definiert, dass Ausschlussmechanismen entweder nicht angewendet werden können (Verbesserung der Luftqualität) oder aus bestimmten Gründen nicht angewendet werden (Allgemeinverbindlichkeitserklärung eines Tarifvertrages). Dies führt zu einem Paradox im Verhalten: trotz vorhandenen Interesses an der Beschaffung des Kollektivgutes beteiligen sich die einer solchen latenten Interessengruppe zugehörenden Individuen zu wenig oder gar nicht an seiner Bereitstellung. Dieses als „Trittbrettfahren" bekannt gewordene Verhalten vieler Akteure führt zu einer Suboptimalität in der Beschaffung kollektiver Güter, was im Extremfall auch eine Nicht-Beschaffung bedeuten kann. Dies ist ein fundamentales Problem der Interessenorganisation in Gesellschaften, wo sich solche Gruppen auf freiwilliger Basis und ohne staatlichen Zwang bilden müssen. Dabei unterscheidet sich das prinzipielle Problem in West- und Osteuropa nicht. Auch in Westeuropa und Nordamerika sind solche Interessenorganisationen nicht von heute auf morgen entstanden. Im Gegenteil, dieser Prozess hat sich zum Beispiel bei der Organisation von Arbeitnehmerinteressen über Jahrzehnte hingezogen und ist in vielen Bereichen bis heute nicht abgeschlossen, auch deswegen nicht, weil sich die gesellschaftlichen Bedingungen und Grundlagen dafür permanent wandeln. Gemessen an diesen historischen Erfahrungen ist der inzwischen in Zentral- und Osteuropa verstrichene Zeitraum eher kurz und folglich sind Defizite bei einem Vergleich mit den westlichen politischen Systemen zu erwarten. Selbstverständlich stellt sich auch hier erneut die in diesem Band schon aufgeworfene Frage, inwieweit auf diesem Gebiet mit einer „nachholenden Entwicklung" zu rechnen ist. Mit anderen Worten, angesichts zunehmender Organisationsprobleme großer und umfassender Gruppen im Westen (z.B. Einheitsgewerkschaften) ist nicht unbedingt eine Entstehung und Befestigung solcher Großorganisationen in den Ländern Zentral- und Osteuropas zu erwarten – zumal diese Organisationsformen noch auf absehbare Zeit Erinnerungen an die sozialistische Herrschaftsperiode wachrufen. Daraus kann gefolgert werden, dass kleinere, homogene und vor allem Wirtschaftsinteressen einzelner Branchen repräsentierende Organisationen vermutlich sehr viel häufiger entstehen werden.

Diese These wird auch von der OLSONschen Theorie unterstützt, in der von einem bedeutenden Unterschied zwischen großen und kleinen Gruppen ausgegangen wird. In kleinen Gruppen besteht eine direkte Sichtbarkeit des eigenen Beitrages zur Beschaffung des gewünschten Gutes. Letztlich ist es in bestimmten Situationen für einen Akteur rational, das Gut alleine zu beschaffen, da die dadurch erzielbaren individuellen Vorteile die aufzuwendenden Kosten übersteigen. Ferner kann die Anreizstruktur in kleinen Gruppen differenzierter gestaltet werden. Insbesondere zweckbestimmte und soziale Anreize können eingesetzt werden, um die Mitglieder zu Beiträgen für die Beschaffung eines Kollektivgutes zu motivieren. Große latente Gruppen haben diese Vorteile in weit geringerem Umfang. Sie müssen in viel stärkerem Maße individuell zu Buche schlagende materielle, sogenannte selektive Anreize einsetzen, um die Angehörigen einer latenten Gruppe für einen Beitrag zur Erreichung des kollektiven Ziels zu gewinnen. Die Bereitstellung solcher Anreize bindet erhebliche Ressourcen, die nur von wirtschaftlich privilegierten Gruppen aufgebracht werden können. Insgesamt muss eine Organisation hinreichend etabliert sein, d.h. über ein gewisses Maß an aktiven Mitgliedern verfügen, um über diesen Weg erfolgreich wachsen zu können. Eine der Schlussfolgerungen aus diesen Überlegungen ist, dass umfassende Interessenorganisationen in der Regel aus dem organisatorischen Zusammenschluss kleinerer Gruppen entstanden sind. Die Geschichte der Gewerkschaftsbewegung liefert dafür reichlich Anschauungsmaterial.

Was bedeuten diese allgemeinen theoretischen Überlegungen zur Logik kollektiven Handelns für die gesellschaftlichen und politischen Entwicklungsperspektiven der Länder Zentral- und Osteuropas? Wenn die derzeitige Situation durch einen relativ geringen gesellschaftlichen Organisationsgrad und eine Fragmentierung der Interessengruppen gekennzeichnet ist, dann werden einerseits die Beziehungen zwischen den Parteien und den gesellschaftlichen Gruppen instabil und ohne dauerhafte gegenseitige Unterstützung bleiben. Andererseits kann man auf der Grundlage einer späteren Untersuchung von OLSON über den „Aufstieg und Niedergang von Nationen" auch von der These ausgehen, dass der geringe gesellschaftliche Organisationsgrad auch Vorteile für die wirtschaftliche Entwicklung hat. OLSON glaubt nämlich, auf der Grundlage der Entwicklung der westlichen Demokratien belegen zu können, dass die ununterbrochene Existenz eines demokratischen politischen Systems innerhalb eines bestimmten Territoriums über längere Zeitperioden zu einem schwächeren wirtschaftlichen Wachstum führt. Dieser Sachverhalt wird mit der Aktivität von Interessengruppen begründet, die sich über die Zeit in den betreffenden Ländern gebildet haben. Insbesondere kleineren Gruppen mit speziellen Interessen ist es demnach gelungen, sich zu organisieren und mit anderen Gruppen Koalitionen – so genannte Verteilungskoalitionen – zu bilden. Ihr Ziel ist es zum Beispiel, durch Lobbyismus und Absprachen Vorteile zu erlangen, deren Gegenwert von der Allgemeinheit aufgebracht werden muss. Im Gegensatz zu großen Gruppen ist bei kleineren der mögliche Gewinn einer derartigen Umverteilung größer als die Kosten, die sie als Teil der Allgemeinheit tragen müssen. Als Beispiele dafür können kleinere berufsständische Gewerkschaften, Standesorganisationen und spezifische Unternehmerverbände angeführt werden. Ökonomisch gesehen gelingt es ihnen, politische Maßnahmen und Staatsinterventionen zu ihren Gunsten zu erreichen, damit einen über dem Marktwert liegenden Preis zu erzielen und somit Preisverzerrungen insgesamt hervorzurufen. Diese durch überhöhte Preise für Waren und Dienstleistungen verursachte Ineffizienz ist nach OLSON die Hauptursache dafür, warum die eher organisationsfähigen Gruppen mit Spezialinteressen die Wachstumsdynamik von Volkswirtschaften bremsen. Dass dies in „jungen" Demokratien weniger der Fall ist, liegt vor allem an der Zerstörung des Netzes von Interessengruppen durch eine vorangegangene Revolution, einen Regimewechsel oder durch eine militärische Niederlage nach einem Krieg. So zum Beispiel in den meisten Ländern des ehemaligen sowjetischen Blocks. Wenn diese Diagnose zutrifft, dann müssten die wirtschaftlichen Wachstumschancen der zentral- und osteuropäischen Demokratien zumindest mittelfristig überdurchschnittlich sein. Dieser optimistischen Einschätzung kann man aber eine Reihe von Argumenten entgegenhalten.

Zum einen gelang es spezifischen Wirtschaftsinteressen in Zentral- und Osteuropa relativ schnell, effektive Organisationen aufzubauen. Dies war und ist durchaus im Interesse westlicher Handelspartner, die an kompetenten und verlässlichen Partnern interessiert sind. Zum anderen traten an die Stelle von pluralistischen Interessenorganisationen syndikalistische Gruppierungen, die eher dem Organisationsmodell der Mafia entsprechen und aufgrund ihrer hierarchischen Clanstrukturen von der paradoxen Logik kollektiven Handelns kaum betroffen sind.

In der Sicht von OLSON verursachen bzw. veranlassen die organisationsfähigen, speziellen Interessen den Staat bzw. die Politik zu einer zunehmenden Intervention in die wirtschaftlichen Abläufe des Marktes. Der Einfluss dieser Gruppen wird durch die Neigung der Politiker verstärkt, mächtigen und einflussreichen Organisationen entgegenzukommen, um dadurch ihre Wiederwahlchancen zu erhöhen. Aus diesen Überlegungen lässt sich eine Erklärung dafür finden, warum in Demokratien – auch in denen Zentral- und Osteuropas – eine Tendenz zur Erhöhung der Staatsquote am erwirtschafteten Bruttosozialprodukt besteht. Daraus kann langfristig eine Konstellation der Inanspruchnahme des Staates durch die wirtschaftlich einflussreichen Gruppen bzw. deren Organisationen entstehen, was der Legitimität der „jungen" Demokratien in Zentral- und Osteuropa mit Sicherheit schaden dürfte – trotz aller wirtschaftlichen Erfolge solcher prosperierender Geschäftsfelder und der sich darauf tummelnden Akteure. Der Umstand, dass in einer Demokratie, die auf dem normativen Postulat von politischer Gleichheit beruht („one person one vote"), massive ökonomische und soziale Ungleichheit existiert, ist ein Problem, das nur im Rahmen eines Systems umfassender und allgemeiner gesellschaftlicher Interessenvertretung aufgrund konkreter und glaubhaft in Aussicht gestellter Umverteilungsbemühungen vermittelt werden kann. Wenn solche Mechanismen fehlen oder ungenügend ausgebildet sind, hat der wahrgenommene überproportionale Einfluss wirtschaftlich potenter und gut organisierter spezifischer Gruppen auf den Staat erheblich delegitimierende Wirkungen. Auf diesem Gebiet könnte deshalb eines der zentralen Stabilitätsprobleme der zentral- und osteuropäischen politischen Systeme in der Zukunft liegen.

Dem Einfluss von Interessengruppen wird auch die Ausweitung der allgemeinen Staatstätigkeit zugeschrieben. In demokratischen Systemen versuchen politische Parteien in den periodisch wiederkehrenden Wahlen die Unterstützung von Wählergruppen zu gewinnen. Letztere sind häufig Mitglieder von Interessenorganisationen bzw. stehen ihnen zumindest politisch-ideologisch nahe. Dazu werden in den Programmen der Parteien bestimmte Aussagen („Wahlversprechungen") gemacht, die von den Organisationen nach der Wahl eingefordert werden. Mit anderen Worten, es findet nach der Wahl zugunsten der Unterstützer der jeweils siegreichen Partei/Parteienkoalition eine positive Umverteilung statt. Aber nicht nur diese Gruppen profitieren aus Sicht der ökonomischen Theorie der Politik von der Logik der Mehrheitsbeschaffung in demokratischen Wahlen. Sichere Mehrheiten sind nur mit der Unterstützung möglichst vieler Gruppen und Organisationen zu gewinnen. Deshalb müssen auch andere Gruppen, die die neue Regierung nicht unterstützt haben, nicht unbedingt auf die Wahl einer ihnen politisch näherstehenden Regierung warten. Der Einfluss der organisierten Interessen auf das Ausmaß staatlicher Umverteilung und Ausweitung der Staatstätigkeit lässt sich in den westlichen Demokratien besonders deutlich in einigen Politikfeldern beobachten, wo mächtige Interessen staatliche Ressourcen für ihre Zwecke in Anspruch nehmen. Dies beweisen zahlreiche so genannte Politikfeldanalysen (Policy-Analysen) in unterschiedlichsten Politikbereichen (Gesundheitssysteme, Umweltbelastung, Technologieförderung etc.). Eine Folge dieser „Logik" ist die Ausweitung des öffentlichen Sektors innerhalb einer Volkswirtschaft. Die zahlreichen Aktivitäten des Staates erfordern umfangreiche Finanzmittel, die der Staat entweder über Steuern und Abgaben oder über Kreditaufnahme beschaffen muss. Beides belastet die privaten wirtschaftlichen Aktivitäten: Steuern und Abgaben unmittelbar, Kreditaufnahme über die Belastung des Kapitalmarktes und damit ceteris paribus über ein höheres Zinsniveau. Außerdem zeigt die gegenwärtige Debatte um die Ineffizienz und Ineffektivität staatlicher Leistungen in vielen Bereichen, dass nicht alle im Laufe der Zeit auf den Staat übertragenen Leistungen auch von ihm erbracht werden sollten. Zwar wird Staatstätigkeit meist mit Marktversagen aufgrund fehlender Anreize bei der Kollektivgüterproduktion begründet, aber es lässt sich auch nachweisen, dass dies sehr häufig einen Vorwand für politisch gewollte Umverteilung darstellt. Der Versuch, einem tatsächlichen oder angeblichen Marktversagen mit staatlicher Intervention zu begegnen, kann dann aber auch ein Staatsversagen nach sich ziehen.

Diese soeben in ihre Grundzügen vorgetragene Kritik der ökonomischen Theorie der Politik an der zunehmenden Staatstätigkeit bezieht sich in der einschlägigen Literatur in erster Linie auf die westlichen Demokratien mit ihren ausdifferenzierten staatlichen Umverteilungsmechanismen und ihren interessenpolitischen Ursachen. Nun kann man zwar die Staaten Zentral- und Osteuropas noch nicht als Wohlfahrtsstaaten im westlichen Sinne bezeichnen, die durch flächendeckende soziale Sicherungssysteme gekennzeichnet sind. Dafür fehlen die notwendigen finanziellen Mittel (siehe dazu die für eine Übertragung der westdeutschen Sozialordnung auf Ostdeutschland notwendig gewordenen finanziellen Transfers). Dennoch haben wir es dort – gemessen durch den Anteil am Bruttosozialprodukt – immer noch mit einem großen Staatssektor zu tun. Dadurch besteht aus Sicht der neo-klassischen politischen Ökonomie die Gefahr der indirekten sozialen Transfers durch eine kostenintensive Verzögerung des Strukturwandels und die Subventionierung unrentabler Branchen. Wie die Erfahrung lehrt, gehören dazu in erster Linie traditionelle alte Industrien mit großbetrieblichen Organisationsformen und guten Kontakten zu politischen Mandatsträgern. Aber auch die noch nicht vollständig privatisierten Geschäftsbanken stellen in vielen Ländern ein Problem dar.

Die vor allem für die westlichen Demokratien von der ökonomischen Theorie der Politik untersuchten Einflussmöglichkeiten kleiner und exklusiver Gruppen auf politische Entscheidungen, können selbstverständlich auch für die jungen Demokratien Zentral- und Osteuropas ein nicht unwahrscheinliches Zukunftszenario darstellen. Aufgrund des sozialistischen Erbes ist in vielen dieser Länder die Staatsquote ohnehin (noch?) hoch und eine weitere Steigerung anstelle eines Abbaus wäre makroökonomisch gesehen sicherlich ein problematischer Entwicklungspfad. Dieser Argumentation stehen aber die zahlreichen infrastrukturellen und sozialen Probleme der Länder gegenüber, die aus ökonomischen (Infrastruktur) und aus politischen (soziale Spannungen) Gründen ein stärkeres Engagement des Staates unentbehrlich erscheinen lassen. Angesichts eines in vielen Ländern eher schwachen Wirtschaftswachstums können verstärkte staatliche Anstrengungen in diesen Bereichen nur über Kredite finanziert werden. Dabei ist aber zu beachten, dass es sich bei den Volkswirtschaften dieser Länder zunehmend um offene, mit dem internationalen Wirtschaftssystem verflochtene Ökonomien handelt, für die eine Schuldenkrise katastrophale Auswirkungen haben kann. Die „traditionelle" Strategie der Ausweitung der Geldmenge über die Notenpresse verbietet sich deshalb ebenfalls, da sie unmittelbare inflationäre Folgen mit den weiteren bekannten Begleiterscheinungen zeitigen würde.

Aus diesen politisch-ökonomischen Überlegungen folgt allerdings ganz sicher nicht, dass die demokratischen Spielregeln des Wettbewerbs der Parteien um die Zustimmung der Wähler in Zentral- und Osteuropa wegen der möglichen Gefahr einer zunehmenden, mit ökonomisch und damit auch längerfristig politischen Nachteilen verbundenen Ausweitung der Staatstätigkeit aufgrund des Einflusses mächtiger Interessengruppen wieder abgeschafft werden müssten. Aber es könnte zum Beispiel darüber nachgedacht werden, wie die Entscheidungsregeln in politischen Gremien und Institutionen beschaffen sein könnten, damit sich nicht einerseits die Mehrheit permanent zu Lasten der Minderheit durchsetzt bzw. es einigen wenigen Gruppen durch ihr Veto gelingt, sinnvolle kollektive Entscheidungen zu torpedieren. Auch dazu können Überlegungen der ökonomischen Theorie der Politik, wie der folgende Abschnitt zeigen soll, nützlich sein.

4.2 Abstimmungs- und Entscheidungsregeln

Im Rahmen der so genannten Verfassungsökonomie geht es in erster Linie um die Frage, wie die Ordnungs- und Entscheidungsregeln für ein bestimmtes soziales Kollektiv (Aufsichtsrat, Partei, Verein, Nationalstaat) gestaltet sein sollen, damit ein möglichst verfälschungsfreies Ergebnis im Hinblick auf die vorhandenen Präferenzen der Mitglieder erzielt werden kann. Anders ausgedrückt geht es um die Vermeidung hoher externer Kosten, d.h. um die Kosten, die ein von einer Entscheidung Betroffener aufbringen muss, an der er nicht zustimmend teilgenommen hat. Aus unmittelbar einleuchtenden Gründen ist aus der Sicht des Einzelnen ein Abstimmungsergebnis dann optimal, wenn die Entscheidung seinen Interessen entspricht. Folglich ist eine einstimmige Entscheidung aus der Sicht der Interessen aller einem Kollektiv Angehörenden das beste Ergebnis. Niemand wird überstimmt und keine Interessenlage diskriminiert.

Leider lässt sich ein solches Ergebnis in vielen Kollektiven aus praktischen, aber auch aus prinzipiellen Gründen nicht erreichen. Je größer das Abstimmungsgremium und je divergierender die Interessenlagen, desto schwieriger wird es, einen umfassenden Konsens zu erzielen. Die Entscheidungskosten (Informations-, Zeit- und Opportunitätskosten), ein einstimmiges Ergebnis zu erzielen, wachsen enorm an. Außerdem nehmen zwangsläufig der Kompromisscharakter einer einstimmigen Entscheidung und damit die Nachteile gegenüber den ursprünglichen Verhandlungspositionen der Beteiligten deutlich zu. Gilt für ein großes und heterogenes Kollektiv die Einstimmigkeitsregel, ist es vermutlich aus diesen Gründen entscheidungsunfähig. Es ist dann unter Umständen sinnvoll, wie in vielen politischen Verfassungen zu Mehrheitsregeln überzugehen.

Nun kann man aber zusätzlich das Kriterium der Zentralität oder Wichtigkeit einer Entscheidung einführen. Je zentraler bzw. wichtiger eine zu treffende Entscheidung für die Mitglieder eines Entscheidungsgremiums ist, desto eher wird man die hohen Entscheidungskosten in Kauf nehmen. Bei wichtigen Entscheidungen sind aber auch Kompromisse gemessen an der ursprünglichen Interessenposition besonders „teuer". Dennoch scheinen Einstimmigkeitsregeln bzw. Zwei-Drittel-Mehrheitsgebote dann angebracht, wenn über für die Beteiligten zentrale und wichtige Probleme entschieden wird. Die gilt aber auch, wenn es signifikante Minderheiten gibt, die bei Geltung der einfachen Mehrheitsregel strukturell und permanent in die Minderheitenposition geraten und damit mehr und mehr vom politischen System entfremdet würden. Dies trifft zum Beispiel auf Verfassungsfragen bzw. auf politische Systeme mit großer kultureller Heterogenität zu. BUCHANAN und TULLOCK stellen die Frage der optimalen Abstimmungsregeln als ein interdependentes Problem dar: je höher einerseits der für eine positive Entscheidung notwendige Prozentsatz an zustimmenden Mitgliedern eines Kollektivs ist, desto größer sind ceteris paribus die sogenannten Entscheidungskosten. Je geringer andererseits der für eine Entscheidung notwendige Anteil an Zustimmenden ist, desto mehr steigen die externen Kosten für diejenigen, die bei der Abstimmung unterlegen sind. Betrachtet man Entscheidungs- und externe Kosten gleichzeitig, so kann nicht überraschen, dass die einfache Mehrheit in vielen Fällen die optimale Entscheidungsregel darstellt. Dennoch bleibt die Einstimmigkeitsregel attraktiv, da nur sie die Berücksichtigung aller Präferenzen der Mitglieder eines Kollektivs garantiert. Geht man von der Statik dieser Modellüberlegungen ab, dann stellt man fest, dass in der Praxis – zum Beispiel in einem Parlament – sehr häufig über unterschiedliche Dinge abgestimmt wird. Hinzu kommt, dass nicht alle zur Abstimmung stehenden Fragen für alle Beteiligten gleich wichtig sind. Daraus entsteht die Möglichkeit des Stimmentauschs bzw. von Koppelgeschäften und damit die Chance, umfassendere Mehrheiten zu erzielen. Ein Interessenausgleich wird zwar dann nicht bei einer einzelnen Abstimmung erreicht, aber bis zu einem gewissen Grade über längere Abstimmungssequenzen hinweg.

Nach der Einführung der repräsentativen Mehrheitsdemokratie in den meisten Staaten Zentral- und Osteuropas kann für die übliche parlamentarische Beschlussfassung mit Ausnahme von Verfassungsänderungen nur die Mehrheitsregel als formales Prinzip in Betracht kommen. Dies ergibt sich aus der institutionellen Logik solcher Systeme. Dennoch kann gerade im Vorfeld parlamentarischer Entscheidungen oder bei bestimmten, besonders heftig umstrittenen Entscheidungen der Versuch breiter Mehrheiten oder sogar des Konsenses aller beteiligten Interessen sinnvoll sein. Angesichts einer noch nicht gefestigten Legitimität demokratischer Institutionen wäre eine Konzertierung von Interessenlagen mit dem Ziel, eine einvernehmliche Lösung und Entscheidung zu finden, in besonderem Maße wünschenswert. Ein Beispiel wären makroökonomische Steuerungsinstitutionen zur Abstimmung der Lohnentwicklung.

Ein besonderes Problem stellen bei den Entscheidungsprozessen kulturelle bzw. ethnische Minderheiten dar, von denen es in den Staaten Zentral- und Osteuropas nicht wenige gibt. Hier sind bei Entscheidungen, die ihren politischen Status und ihre kulturelle (Teil-) Autonomie betreffen, unbedingt Regeln vorzusehen, die auf eine Vetoposition dieser Gruppen in Entscheidungsgremien bzw. auf konsensuale Entscheidungen hinauslaufen. Ethnisch heterogene Staaten können nur dann dauerhaft integriert werden und politisch stabil bleiben, wenn die strukturelle Minderheitenposition nicht durch status quo verändernde Entscheidungen von der Mehrheit ausgenutzt wird. Wie sich in einer solchen Konstellation trotzdem ein stabiles und prosperierendes politisches Gemeinwesen entwickeln kann, zeigt das Beispiel der Schweiz. Aber zugegebenermaßen wurde dort der Interessenausgleich zwischen den „deutschen Protestanten" und den „welschen Katholiken" auch nicht von heute auf morgen erreicht.

Mit diesen hier nur knapp skizzierten verfassungsökonomischen Überlegungen können auch Aussagen über adäquate Verfahrensregeln bei Verfassungsinstitutionen gemacht werden. So lassen sich zum Beispiel Fragen der Angemessenheit von Wahlsystemen unter dem Aspekt der Repräsentation gesellschaftlicher Gruppen diskutieren oder Überlegungen darüber anstellen, unter welchen Bedingungen eine große Koalition oder gar die Bildung einer All-Parteien-Regierung angebracht erscheint. Selbstverständlich nicht in Form eindeutiger und operationaler Handlungsanweisungen, sondern nur durch Abwägung der Vor- und Nachteile solcher auf umfassenden Konsens zielenden Entscheidungsstrukturen.

4.3 Zusammenfassung

Die Entwicklungen von Parteien und gesellschaftlichen Interessengruppen stehen historisch in einem starken Zusammenhang. Zumindestens in Europa wurden Parteien als politische und parlamentarische Organisationen aus mehr oder weniger stark organisierten gesellschaftlichen Gruppen heraus gegründet. Dies war eine Folge der Demokratisierung durch repräsentative Institutionen und eine damit verbundene Ausdehnung des Wahlrechts auf breitere Bevölkerungsschichten im 19. und beginnenden 20. Jahrhundert. Für signifikante Gruppen in der Gesellschaft bestimmt diese Entstehungsgeschichte bis heute das traditionell enge Verhältnis zu bestimmten Parteien. Diese Bindung nimmt allerdings aufgrund zunehmender Heterogenität der Mitglieder in solchen Organisationen eher ab. Das Spektrum der Interessengruppen und -organisationen in Demokratien bleibt deshalb nicht auf solche mit enger Affinität zu bestimmten Parteien beschränkt. Im Laufe der Ausdifferenzierung gesellschaftlicher Interessenlagen haben sich zahlreiche, von bestimmten Parteien unabhängige Interessenorganisationen gebildet. Sie versuchen, ihre Interessen im Rahmen eines pluralistischen Systems durch Lobbying und Mobilisierung von Öffentlichkeit auf die politische Tagesordnung zu setzen und damit Erfolg zu haben. Aufgrund der lang andauernden Zentralisierung der politischen Macht in den sozialistischen Einheitsparteien war die Bindung gesellschaftlicher Interessen an die Politik durch Zwang bestimmt gewesen und die Entstehung neuer organisierter Gruppen unterdrückt worden. Mit anderen Worten, der Prozess einer freien Organisation und Artikulation von Interessen war gestört oder gar unterbunden. Nach dem Systemwechsel waren die sozialistischen Massenorganisationen zunächst diskreditiert und litten deswegen an Mitgliederverlust. Andere zivilgesellschaftliche Organisationen gab es entweder nicht oder sie waren zu schwach, sich politisch zu artikulieren und gegebenenfalls auch durchzusetzen. Vor den Folgen einer solchen Situation wird in der Literatur unterschiedlichster theoretischer Orientierung immer wieder gewarnt. So weist Mancur OLSON auf die Nachteile hin, die durch fehlende umfassende Organisationen im Hinblick auf Umverteilungsforderungen existieren. Kleine, wirtschaftlich privilegierte Gruppen, die darüber hinaus geringere Probleme haben, gemeinsame (kollektive) Interessen zu verfolgen, können sich bei der Durchsetzung ihrer Forderungen ausrechnen, nicht durch gesamtgesellschaftliche Kosten in gleicher Höhe belastet zu werden. Also werden sie sich „radikaler" verhalten als große, umfassende Gruppen. Dies kann, so sagt die Regulationstheorie, zu einer Situation der „Gefangennahme" („capture") des Staates durch diese Gruppen führen. Die ökonomischen, aber auch die politischen Folgen einer solchen Umverteilungspraxis für die Legitimität und Stabilität der demokratischen Institutionen könnten gravierend sein. William KORNHAUSER hat in einem klassischen Beitrag die Gefahren einer Gesellschaft und eines politischen Systems ohne bzw. mit schwachen intermediären Organisationen an die Wand gemalt: es erlaubt den Eliten den direkten Zugriff auf die Bürger und umgekehrt, da die Puffer- und Filterfunktion dieser Organisationen fehlt. So lange sie beide dabei demokratische Absichten verfolgen und die Institutionen Bestand haben, mag dies relativ unproblematisch erscheinen. Aber dies für die Zukunft zu unterstellen, ist möglicherweise keine ausreichende Garantie – zumindest in einigen Ländern Zentral- und Osteuropas.

5. Zweck und Absicht des theoretischen Teils

Im ersten Teil dieses Bandes haben wir versucht, einige ausgewählte theoretische Ansätze und Konzepte vorzustellen, um damit für die folgenden fünf Ländermonographien und den vergleichenden Teil ein analytisches Gerüst zur Verfügung zu haben. Dabei haben wir bewusst auf die durchgängige Verwendung nur eines bestimmten theoretischen Ansatzes verzichtet. Dies entspricht einerseits der Tatsache, dass wir es in der modernen Politikwissenschaft mit einer Pluralität von Theorieansätzen zu tun haben, deren analytischer Wert für die Beschreibung und Erklärung bestimmter politischer Prozesse und Phänomene variiert, was sowohl für Analysen einzelner Länder als auch für vergleichende Untersuchungen gilt. Andererseits ist es aus diesem Grund unser Ziel, die Leserinnen und Leser dieses in die Regierungssysteme Zentral- und Osteuropas einführenden Textes mit unterschiedlichen theoretischen Perspektiven bekannt zu machen. Selbstverständlich ist dieser erste Teil damit keine Einführung in die drei Theoriebereiche Verfassungssystematik, Systemtheorie und ökonomische Theorie der Politik. Das wäre in dieser Kürze nicht einmal für einen davon zu leisten. Die hier aufgenommenen Aspekte aus den drei Theorietraditionen können bestenfalls exemplarisch den Stellenwert verschiedener theoretisch-analytischer Konzepte für das Verständnis von Entwicklungen und heutigen Zuständen in den hier ausgewählten Ländern verdeutlichen. Einen weitergehenden Anspruch verfolgen wir mit diesem ersten, theoretischen Teil deshalb nicht. Insofern ist auch die Selektivität der Auswahl, die mit Sicherheit nicht den „Geschmack" aller in der Zunft Tätigen treffen wird, zu rechtfertigen.

Kapitel II: Länderanalysen

1. Parlamentarische Systeme

1.1 Das politische System der Tschechischen Republik

1.1.1 Gründe für die Trennung der Tschechischen und Slowakischen Republik

Die in den folgenden beiden Abschnitten behandelten Staaten bildeten bis 1989 die Tschechoslowakische Sozialistische Repubik (ČSSR) und nach der „samtenen Revolution" bis Ende des Jahres 1992 die Tschechische und Slowakische Föderative Republik (ČSFR). Infolge der Erfahrung der Niederschlagung des „Prager Frühlings" durch die sowjetische Invasion 1968 und der darauf folgenden Rückkehr der kommunistischen Führung zu einem moskautreuen Kurs entwickelten sich Ideen zur Reform des politischen Systems in erster Linie in kleineren Kreisen außerhalb der etablierten gesellschaftlichen Strukturen und damit auch außerhalb der *Kommunistischen Partei der Tschechoslowakei (KSČ)*. Dies und die im Vergleich zu anderen sozialistischen Staaten Zentral- und Osteuropas günstige Wirtschaftslage trugen zum schwachen Rückhalt der Opposition in der Bevölkerung bei. Der Systemwechsel, ausgelöst durch Studentendemonstrationen, erfolgte in der ČSSR daher erst unter dem Eindruck der Entwicklungen in den Nachbarstaaten sehr abrupt und relativ spät.

Die gemeinsame Geschichte von 1918 bis 1992 beeinflusste auch die Entwicklung der politischen Systeme der Tschechischen und der Slowakischen Republik nach der Teilung der ČSFR Anfang 1993. Im Gegensatz zu den meisten anderen zentral- und osteuropäischen Staaten konnte die Tschechoslowakei auf frühere demokratische Traditionen in der Zwischenkriegszeit zurückblicken. Doch bereits in der ersten Tschechoslowakischen Republik (1918-1939) waren zwei wirtschaftlich, politisch und gesellschaftlich unterschiedlich strukturierte Gebiete zusammengeschlossen worden, das industrielle und säkularisierte Böhmen und Mähren sowie die agrarisch geprägte, katholische und bis 1918 zum ungarischen Teil der Donaumonarchie gehörende Slowakei. Infolge des tschechoslowakischen Zentralismus und der nicht überwundenen sozialökonomischen Schwäche der Slowakei identifizierte sich die slowakische Bevölkerung weitaus geringer mit dem gemeinsamen Staat. Während die Tschechen nach dem Zusammenbruch der Tschechoslowakei unter dem Druck des Deutschen Reiches 1939 dem deutschen Protektorat unterworfen wurden, erfolgte für die Slowaken die Gründung des ersten slowakischen Staates, wenn auch unter Duldung Hitlers und ohne echte Souveränität.

Die unterschiedlichen Erfahrungen während und vor dem Zweiten Weltkrieg wie die gegensätzliche Wahrnehmung der Zwischenkriegszeit und der sozialistischen Ära, in der die Slowaken durch Industrialisierung und Urbanisierung einen wirtschaftlichen Aufstieg erlebten und nach der Niederschlagung des Prager Frühlings in geringerem Maße Repressionen ausgesetzt waren, vertieften die Desintegration. Abgesehen von der *Kommunistischen Partei (KSČ)* entwickelten sich gerade auf der intermediären Ebene – dem Bindeglied zwischen Staat und Gesellschaft – kaum gemeinsame Instititutionen. Die getrennte Bildung von Demokratiebewegungen setzte 1989 die separate Entwicklung der intermediären Ebene lediglich fort. Unterschiedliche Vorstellungen über den Verlauf der Wirtschaftstransformation seitens der tschechischen und der slowakischen politischen Elite, wie die fehlende Beachtung der slowakischen nationalen Bedürfnisse seitens der ersten Regierung nach 1989, trugen zum Hervortreten der Unterschiede bei. Besondere Bedeutung für die endgültige Teilung hatte das Scheitern der Verabschiedung einer neuen Föderalverfassung, die auf der Grundlage der noch gültigen, ursprünglich sozialistischen Föderalverfassung erfolgen sollte. Aufgrund der Festschreibung eines möglichst einstimmigen Abstimmungsergebnisses für wichtige Fragen in der noch gültigen alten Verfassung konnten bereits kleinste Abgeordnetengruppen die Verfassungsgebung blockieren. Dies bot den politischen Akteuren, die eine Teilung des Staates zur Durchsetzung ihrer Vorstellungen über die zukünftige Staatsstruktur in Kauf nahmen, das geeignete Spielfeld. Mit der Teilung der ČSFR zum 1. Januar 1993 vollzogen die Tschechische und die Slowakische Republik eine doppelte Transformation.

Hinsichtlich der wirtschaftlichen Transformation verfolgte die Tschechische Republik (ČR) einen radikalen Transformationsansatz und konzentrierte sich auf Liberalisierung und Makrostabilisierung. Die Privatisierung der Staatsbetriebe erfolgte über die so genannte Couponprivatisierung, die es den Bürgern über Coupons ermöglichte, Anteile an den Privatisierungsobjekten zu erwerben. In der Praxis wurden diese meist an Investitionsfonds weitergegeben, womit die ursprüngliche Idee einer Privatisierung unter Einbeziehung der Bevölkerung verwässert wurde. Ab 1995 zeigte sich, dass die Privatisierungsstrategie in vielen Bereichen lediglich zu einer Quasi-Privatisierung geführt hatte und infolge der Konzentration auf makroökonomische Stukturen die Transformation der Rechtsordnung und der Verwaltung vernachlässigt worden war. Die Wirtschaftskrise in der ersten Transformationsphase, von der Tschechien im Gegensatz zu den meisten anderen zentral- und osteuropäischen Staaten verschont geblieben war, traf sie erst 1997 und für viele Bürger umso ernüchternder. Die Slowakische Republik verfolgte einen davon abweichenden Ansatz der Wirtschaftstransformation. Nach der Staatsgründung wurde die begonnene Couponprivatisierung abgebrochen und die Privatisierung über konventionellen Verkauf der Unternehmen fortgesetzt. Aufgrund von Verflechtungen zwischen den politischen Eliten und dem ehemaligen Management der Staatsbetriebe war die Privatisierung in der Slowakei von mangelnder Transparenz geprägt und ist noch nicht abgeschlossen. Nach der Teilung der ČSFR geriet die Slowakei allerdings weniger aus wirtschaftlichen Gründen als aufgrund der politischen Entwicklung in die internationale Isolation.

1.1.2 Verfassung

Die Verfassungsgebung der Tschechischen Republik erfolgte 1992 im Rahmen der ČSFR durch den Nationalrat der tschechischen Teilrepublik. Ursprünglich war die Verabschiedung aufeinander abgestimmter Bundes- und Landesverfassungen durch die drei frei gewählten und somit legitimierten Parlamente der ČSFR vorgesehen. Diese waren die Föderalversammlung, die Kammer der Nationen (als zweite Kammer mit paritätischer Besetzung durch Abgeordnete der beiden Nationen) sowie der Nationalrat, bestehend aus den jeweiligen Nationalräten der beiden Teilrepubliken. Nachdem bei den Parlamentswahlen im Juni 1992 die Befürworter einer Auflösung des Staates gewonnen hatten, wurden die Beratungen über eine Föderalverfassung eingestellt.

Die Verfassung für eine souveräne Tschechische Republik, die Anfang 1993 in Kraft trat, musste daher innerhalb sehr kurzer Frist ausgearbeitet werden und wurde im Dezember 1992 verabschiedet. Die Verfassung sicherte die Kontinuität des Abgeordnetenhauses, indem sie den Tschechischen Nationalrat der ČSFR in das Abgeordnetenhaus der Tschechischen Republik umwandelte. In ihrer Präambel wird der neue tschechische Staat in die Tradition des böhmischen und mährischen Konstitutionalismus sowie der „tschechoslowakischen Staatlichkeit" gestellt und damit die Nachfolge der demokratischen ersten Tschechoslowakischen Republik (1918-1939) betont. Die demokratische Tradition der ersten Republik spiegelt sich in einigen Verfassungselementen der Tschechischen Republik wider, wie beispielsweise in der Festschreibung einer parlamentarischen Demokratie und in der Einrichtung eines Zweikammersystems. Die Grundsatzbestimmungen der Verfassung verpflichten den Staat zur Einhaltung der Menschenrechte. Des Weiteren wurde in die Grundsatzbestimmungen der Verfassung die Charta der Grundrechte und Grundfreiheiten aufgenommen, die bereits 1991 im Rahmen der

ČSFR verabschiedet worden war. Die Charta der Grundrechte und Grundfreiheiten wird in der Verfassung allerdings nicht ausdrücklich als Verfassungsgesetz bezeichnet, wodurch umstritten ist, ob diese im selben Maß wie Verfassungsgesetze geschützt ist. Plebiszitäre Elemente tauchen lediglich auf der regionalen Ebene auf.

Das Parlament

Das Parlament, bestehend aus Abgeordnetenkammer und Senat, ist alleiniger Repräsentant der Volkssouveränität und legislatives Organ der Tschechischen Republik. Allerdings handelt es sich um ein asymmetrisches Zweikammersystem, da der Senat nur eine schwache Position innehat. Die Gesetzesentwürfe werden nur in das Abgeordnetenhaus eingebracht, das auch im Gesetzgebungsprozess eine stärkere Rolle als der Senat einnimmt. Zudem obliegt allein dem Abgeordnetenhaus die Kontrolle der Regierungstätigkeit, die aufgrund der Verschränkung zwischen Abgeordnetenhaus und Regierung im parlamentarischen System faktisch von der Opposition im Abgeordnetenhaus übernommen wird. Beide Kammern bilden Ausschüsse und Kommissionen. Die 200 Mitglieder des Abgeordnetenhauses werden nach Verhältniswahl in acht Mehrpersonenwahlkreisen gewählt. Die Anzahl der gewählten Abgeordneten pro Wahlkreis hängt nicht nur von der Größe, sondern auch von der Wahlbeteiligung in dem jeweiligen Wahlkreis ab. Zur Vermeidung der Fragmentierung des Parteiensystems existiert eine 5%-Klausel.

Mit der zweiten Kammer sollte in erster Linie ein parlamentarisches Organ geschaffen werden, das sich mit langfristigen und übergeordneten Fragen beschäftigt. Des Weiteren sollte durch die Konstituierung des Senats die Kontinuität zwischen der ersten und der postsozialistischen Republik betont werden. Nicht zuletzt diente der Senat auch dazu, nach der Auflösung der Tschechischen und Slowakischen Föderativen Republik hier die tschechischen Abgeordneten der Föderationskammer in ein politisches Organ einzubinden. Das Anciennitätsprinzip als einer der Grundgedanken für die Einrichtung des Senats spiegelt sich auch in der Wahl der 81 Senatoren wider, für die die Verfassung ein passives Wahlalter von 40 Jahren vorsieht. Die Wahl erfolgt in Ein-Personen-Wahlkreisen mit absolutem Mehrheitswahlrecht. Den Wählern soll so die Möglichkeit gegeben werden, sich in einem parlamentarischen Organ durch Persönlichkeiten ihres Vertrauens vertreten zu lassen, während bei der Verhältniswahl über Listen die Wahl einer Partei oder Bewegung im Mittelpunkt steht. In Anlehnung an das amerikanische System wird im Abstand von zwei Jahren jeweils ein Drittel der Senatoren gewählt. Ihre Amtszeit beträgt sechs Jahre.

Abb. 3: Das politische System der Tschechischen Republik

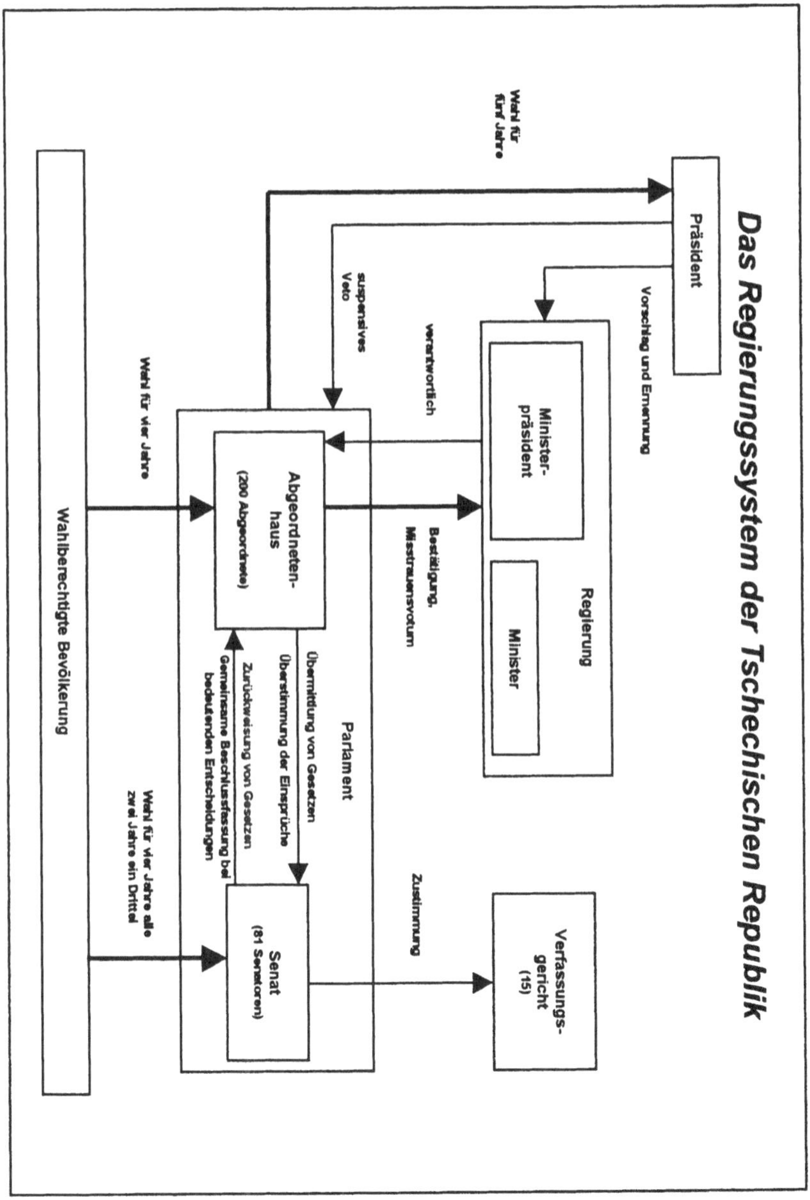

Die Gesetzgebung

Wie bereits erwähnt, werden Gesetzesanträge nur in das Abgeordnetenhaus eingebracht, wobei der überwiegende Teil der Gesetzesinitiativen – wie in parlamentarischen Systemen üblich – von der Regierung eingebracht wird. Zur Annahme genügt die Mehrheit der anwesenden Abgeordneten. Dies gilt auch für die Beschlussfassung im Senat. In der Praxis findet die Gesetzgebungsarbeit in den Ausschüssen des Abgeordnetenhauses statt. Thematisch lassen sich in der Regel zwei Ministerien einem Fachausschuss zuordnen. Zusätzlich können Untersuchungskommissionen zu Angelegenheiten des öffentlichen Interesses durch das Abgeordnetenhaus eingerichtet werden.

Der Senat kann sich insofern am Gesetzgebungsverfahren beteiligen, als dass er Gesetzesvorlagen in das Abgeordnetenhaus einbringen und gegen beschlossene Gesetze Einspruch erheben kann. Allerdings kann das Abgeordnetenhaus die Einwände des Senats mit einer absoluten Mehrheit aller Abgeordneten zu Fall bringen. Neben seinen beschränkten legislativen Funktionen hat der Senat Mitspracherecht bei der Ernennung der Verfassungsrichter. Zudem ist allein der Senat bevollmächtigt, den Staatspräsidenten des Hochverrats anzuklagen. Neben den spezifischen Aufgaben der beiden Kammern gibt es eine Reihe von gemeinsamen Kompetenzen. Aufgrund der Bedeutung von Verfassungsgesetzen und internationalen Verträgen, die Menschenrechte und Grundfreiheiten betreffen, müssen diesen trotz hoher Entscheidungskosten beide Kammern mit einer Dreifünftelmehrheit aller Abgeordneten und der anwesenden Senatoren zustimmen. Weitere gemeinsame Aufgaben sind die Verabschiedung von Gesetzen über das Verhältnis der beiden Kammern zueinander, Wahlgesetzen sowie Gesetzen über die Geschäftsordnung des Senats.

Die Souveränität des Parlaments wird durch verschiedene verfassungsrechtliche Bestimmungen beschränkt. So besitzt der Staatspräsident bei einfachen Gesetzen ein suspensives Vetorecht und muss wie der Ministerpräsident beschlossene Gesetze gegenzeichnen. Der Staatspräsident kann das Abgeordnetenhaus auflösen, wenn dieses dreimal hintereinander einer neuen Regierung nicht das Vertrauen ausspricht, zumal beim dritten Regierungsbildungsverfahren der Ministerpräsident vom Abgeordnetenhaus selbst vorgeschlagen wird. Weitere Auflösungsgründe sind die dreimonatige Beschlussunfähigkeit des Abgeordnetenhauses sowie eine unzulässige Unterbrechung der Session, wobei die Auflösung nicht drei Monate vor Ablauf der Wahlperiode erfolgen darf. Im Fall der Auflösung des Abgeordnetenhauses übernimmt der Senat bis zu den Neuwahlen dessen Aufgaben.

Hinsichtlich des Zweikammersystems gingen Verfassungstext und Verfassungswirklichkeit bis 1996 allerdings auseinander. Da sich das Abgeordnetenhaus nicht über ein Implementierungsgesetz zum Senat einigen konnte, traten die Übergangsbestimmungen der Verfassung in Kraft. Diese übertrugen dem Abgeordnetenhaus vorläufig die Aufgaben des Senats und legten zugleich die Unauflösbarkeit des Abgeordnetenhauses bis zur Einrichtung eines Senats fest. Dadurch sicherte sich das Abgeordnetenhaus vorübergehend mehr Macht, als in der Verfassung vorgegeben war. Die ausbleibende Konstituierung der an sich unbedeutenderen zweiten Kammer führte somit zu einer scheinbaren Stabilisierung des Abgeordnetenhauses. Die Wahlen zum ersten Senat erfolgten im November 1996.

Die Exekutive

Die Regierung

Die Regierung der Tschechischen Republik besteht aus dem Ministerpräsidenten, dessen Stellvertretern und den Ministern. Die Konstituierung der Regierung erfolgt durch den Ministerpräsidenten nach seiner Ernennung durch den Staatspräsidenten. Die Minister werden vom Staatspräsidenten auf Vorschlag des Ministerpräsidenten ernannt. Infolgedessen und aufgrund seines Rechts, dem Staatspräsidenten auch die Abberufung einzelner Minister vorzuschlagen, nimmt der Ministerpräsident eine starke Position innerhalb der Regierung ein. Die Ernennung des Ministerpräsidenten wie der Minister muss unter Berücksichtigung der Mehrheiten im Abgeordnetenhaus erfolgen, da die Regierung diesem verantwortlich ist und binnen 30 Tagen nach ihrer Ernennung um ein Vertrauensvotum des Abgeordnetenhauses bitten muss.

Das Abgeordnetenhaus kann der Regierung zudem jederzeit ein Misstrauensvotum aussprechen, falls ein entsprechender Antrag von mindestens 50 Abgeordneten gestellt wird. Zur Annahme ist die absolute Mehrheit aller Abgeordneten – also von 101 Abgeordneten – notwendig. Allerdings kann das Misstrauen nur der gesamten Regierung, nicht einzelnen Ministern ausgesprochen werden. Der Rücktritt der Regierung erfolgt, wenn ihr zu Beginn der Legislaturperiode das Abgeordnetenhaus nicht das Vertrauen ausspricht, ihr binnen der Legislaturperiode das Misstrauen ausgesprochen wird oder eine Gesetzesvorlage der Regierung, an die die Vertrauensfrage gekoppelt wurde, nach drei Monaten nicht verabschiedet wurde. Es gibt laut Verfassung noch weitere Rücktrittsgründe, wobei in diesen weiteren Fällen der Staatspräsident das Rücktrittsgesuch nicht annehmen muss. Im Falle eines Regierungsrücktritts beauftragt der Staatspräsident einen neuen Ministerpräsidenten mit der Bildung einer Übergangsregierung oder der Fortführung der Regierungsgeschäfte mit derselben Regierung bis zu den Neuwahlen. Neben den bereits erwähnten Kompetenzen bei der Regierungsbildung organisiert der Ministerpräsident laut Verfassung die Regierungstätigkeit und leitet ihre Sitzungen. Zudem unterzeichnet er neben dem zuständigen Regierungsmitglied entsprechende Regierungsverordnungen und kontrasigniert nahezu alle Entscheidungen des Staatspräsidenten. Im Falle der Vakanz des Staatspräsidentenamtes oder falls der Staatspräsident seine Aufgaben nicht wahrnehmen kann, übernimmt der Ministerpräsident auf Beschluss des Parlamentes einen Großteil der präsidentiellen Aufgaben.

Die Aufgaben der Regierung sind in der Verfassung nicht näher definiert und abgegrenzt. Sie behandelt nur Verfahrensregelungen bezüglich der Regierungstätigkeit sowie der Beziehung zum Parlament und bleibt auch hier bei bedeutenden Verfahrensregelungen unklar. So soll die Regierung als Kollegialorgan Entscheidungen treffen und Beschlüsse mit absoluter Mehrheit fassen. Die fehlende nähere Definition könnte Konfliktpotential innerhalb einer Regierung bieten, da der Ministerpräsident durch sein Abberufungsrecht gegenüber einzelnen Ministern de facto nahezu Richtlinienkompetenz besitzt. Deutlich sind dagegen die Kompetenzen gegenüber der Legislative. Der Ministerpräsident als Vertreter der Regierung kann Gesetzesvorlagen in das Abgeordnetenhaus einbringen und die Vertrauensfrage an deren Verabschiedung binden. Beschlossene Gesetze müssen zudem auch durch den Ministerpräsidenten gegengezeichnet werden, wobei die Regierung sich bereits im Prozess der Beratung über ein Gesetz dazu äußern kann. So sie dies binnen 30 Tagen nach Zustellung der Gesetzesvorlage nicht tut, kommt das einer Zustimmung gleich. Dies ist allerdings nur bei Gesetzesinitiativen, die vom Parlament eingebracht wurden, relevant.

Die Stellung der Regierung gegenüber dem Parlament und die Stellung des Ministerpräsidenten innerhalb der Regierung ist verhältnismäßig stark. Dies zeigte sich deutlich während der Amtszeit von Ministerpräsident Václav Klaus (1992-1997), der die Regierungspolitik maßgeblich prägte. Er konzentrierte die Regierungstätigkeit auf Wirtschaftsfragen bei gleichzeitiger Vernachlässigung vor allem der sozialen und kulturellen Bereiche, in denen er massive Einsparungen vornahm. Die Unauflösbarkeit der Abgeordnetenkammer infolge der bis 1996 fehlenden zweiten Kammer wirkte sich in der politischen Praxis in Anbetracht partieller Handlungsunfähigkeit der Regierung Klaus durch Konflikte innerhalb der Koalitionsparteien regierungsstabilisierend aus.

Der Staatspräsident

Der Staatspräsident der Tschechischen Republik hat in erster Linie repräsentative Funktionen. Die Gründe liegen zum einen in den Erfahrungen der ersten Republik, deren Verfassung es dem Staatspräsidenten ermöglichte, als eine Art Schattenregierung zu agieren, und zum anderen in den Erfahrungen aus der Phase von 1990 bis 1992, in der Staatspräsident Václav Havel aufgrund der Umbruchatmosphäre und seiner charismatischen Persönlichkeit eine dominierende Position im politischen Leben einnahm. Befürworter eines parlamentarischen Systems fürchten daher eine Wiederbelebung der besagten „Schattenregierung" der ersten Republik. Gemäß der Verfassung ist der Staatspräsident zwar in der Amtsausübung niemandem rechenschaftspflichtig, jedoch trägt die Regierung für Entscheidungen des Staatspräsidenten, die der Mitunterzeichnung eines Regierungsmitglieds bedürfen – und dies gilt für nahezu alle seine Befugnisse –,die Verantwortung. Bei der Ernennung der 15 Verfassungsrichter, die für zehn Jahre ins Amt gerufen werden und keine anderen staatlichen Ämter innehaben dürfen, benötigt der Staatspräsident ebenfalls die Zustimmung einer anderen Verfassungsinstitution: des Senats.

Auch bei seinen weiteren Aufgaben hat er keine alleinige Entscheidungsgewalt. So besitzt er bei der Ernennung und Entlassung des Ministerpräsidenten wie der weiteren Regierungsmitglieder lediglich formale Entscheidungsbefugnis. Dies gilt auch für seine Kompetenzen hinsichtlich der Auflösung des Abgeordnetenhauses. Die schwache Stellung des Staatspräsidenten wird auch in den Regelungen zu seinem suspensiven Vetorecht gegenüber bereits beschlossenen Gesetzen deutlich. So genügt zur Aufhebung seines Vetos bereits die absolute Mehrheit aller Abgeordneten. Der Ausschluss von Verfassungsgesetzen aus dem Vetorecht schränkt die ohnehin schwache Einspruchsmöglichkeit des Präsidenten zusätzlich ein.

Zu den weiteren Rechten des Präsidenten gehört die Möglichkeit der Teilnahme an den Sitzungen beider Kammern, in denen er das Wort ergreifen darf. Von der Regierung und ihren Mitgliedern kann er jederzeit Berichte und ein Gespräch über die entsprechenden Fragen verlangen. Wie sehr der Einfluss des Staatspräsidenten in Anbetracht seiner schwachen verfassungsgemäßen Stellung von der Persönlichkeit des Amtsinhabers abhängen kann, demonstrierte der bisherige Staatspräsident Havel. Durch regelmäßige Stellungnahmen zu Problemen der tschechischen Politik im In- und vor allem im Ausland wirkte er immer wieder auf die Politik in der Tschechischen Republik ein und beeinflusste vor allem die Außenpolitik. Letzteres führte 1993 sogar zu offen ausgetragenen Kompetenzstreitigkeiten zwischen dem Außenminister und dem Staatspräsidenten, die durch ein Konsultationssystem zur Koordinierung der Außenpolitik beider Akteure gemildert werden sollten. Mehrfach machte Havel auch von seinem Vetorecht Gebrauch. Insgesamt bemühte er sich jedoch im Rahmen seiner Amtsführung um eine stabile Politik und vermied trotz persönlicher Differenzen offene Konflikte mit dem Ministerpräsidenten.

Die Wahl des Staatspräsidenten erfolgt in einer gemeinsamen Sitzung der beiden Parlamentskammern. Zur Nominierung eines Kandidaten für das Präsidentenamt genügen die Stimmen von zehn Abgeordneten oder Senatoren. Wenn bei der Wahl kein Kandidat die absolute Mehrheit aller Abgeordneten und Senatoren erhält, sind zwei weitere Wahlgänge vorgesehen, wobei im zweiten Wahlgang die Mehrheit der anwesenden Abgeordneten und der anwesenden Senatoren genügt, im dritten Wahlgang die Mehrheit der anwesenden Mitglieder beider Kammern zusammen. Sollte auch dann noch kein Staatspräsident gewählt worden sein, finden neue Präsidentschaftswahlen statt. Diese Regelung soll auch eine Wahl des Staatspräsidenten unter problematischen politischen Bedingungen ermöglichen und geht zurück auf die Ereignisse von 1992, als die Wiederwahl des Staatspräsidenten Havel scheiterte und die Tschechische Republik ihre Geburtsstunde ohne Staatspräsidenten erleben musste. Zugleich kann dieser Wahlmodus auch zu einer Schwächung der Legitimität des Staatspräsidenten führen. Verfassungsökonomisch werden mit dieser Regelung höhere externe Kosten auf Seiten der Gegner des Präsidentschaftskandidaten und die Wahl eines Kompromisskandidaten mit geringerem Rückhalt im Parlament in Kauf genommen. In Anbetracht des repräsentativen Charakters des Staatspräsidenten scheint die Regelung zugunsten niedrigerer Entscheidungskosten und der Sicherung der Kontinuität des Staatspräsidentenamtes aber vertretbar zu sein. Die Amtsdauer des Präsidenten erstreckt sich über fünf Jahre, eine Wiederwahl ist nur einmal möglich. Um die Stabilität des Verfassungssystems zu sichern, ist die Absetzung des Staatspräsidenten innerhalb der Wahlperiode nicht möglich.

1.1.3 Parteiensystem

In der Tschechischen Republik hat sich im Zuge der Transformation ein gemäßigt pluralistisches Parteiensystem mit fünf bis sechs Parteien und deutlichen Tendenzen zu einem bipolaren Parteiensystem herausgebildet. Der für zentral- und osteuropäische Parteiensysteme typische Gegensatz zwischen Modernisierern und Strukturkonservativen ist in Tschechien weniger ausgeprägt. Er zeigt sich hauptsächlich in dem fortbestehenden Einfluss der *Kommunistischen Partei Böhmens und Mährens (KSČM,* bis 1993 *Kommunistische Partei der Tschechoslowakei, KSČ),* die auf einen festen Anteil der Wählerstimmen (etwa 10%) zurückgreifen kann. Andere Parteien mit strukturkonservativer Ausrichtung, wie die nationalistische *Partei der Republikaner (SPR-RSČ),* mussten inzwischen von der politischen Bühne abtreten. Die bedeutendste Konfliktlinie verläuft vielmehr entlang unterschiedlicher sozioökonomischer Vorstellungen und trug zur Herausbildung eines klassischen Rechts-Links-Schemas als Grundstruktur des tschechischen Parteiensystems bei. Insofern spielen ethnische wie Konflikte um religiöse Wertvorstellungen in der Tschechischen Republik nur eine marginale Rolle.

Während und kurz nach der „samtenen Revolution" 1989 bildeten sich zahlreiche politische Bewegungen und Parteien, die eher den Charakter von Sammelbewegungen besaßen. Die bedeutendste Gruppierung war die 1989 von ehemaligen Dissidenten gegründete Sammelbewegung *Bürgerforum (OF)*, die innerhalb kürzester Zeit zur Massenbewegung wurde und maßgeblich zur Ablösung der sozialistischen Regierung beitrug. Weitere neu gegründete Parteien waren unter anderen die *Christlich-Demokratische Union (KDU)*, die *Partei der Republikaner (SPR-RSČ)* und die regionale *Bewegung für Demokratische Selbstverwaltung (HSD-SMS)*, die sich für die Selbstverwaltung Mährens und Schlesiens einsetzt. Zurückgreifend auf die demokratischen Traditionen aus der ersten Tschechoslowakischen Republik (1918-1939) wurden in der ersten Transformationsphase auch historische Parteien wiedergegründet. Von diesen konnte sich allerdings nur *die Tschechoslowakische Sozialdemokratische Partei (ČSSD)*, die nach 1948 als Exilpartei fortbestanden hatte, erneut in der Tschechischen Republik etablieren. Neben den Neugründungen bestanden auch einige Parteien der sozialistischen Ära fort (u. a. die *Tschechoslowakische Volkspartei (ČSL)*), von denen aber nur die Kommunistische Partei einen festen Platz im tschechischen Parteiensystem einnehmen konnte.

Noch 1990 setzte innerhalb des *Bürgerforums (OF)* wie auch bei den anderen Parteien ein Fragmentierungsprozess ein. Anfang 1991 gründeten sich aus der Parlamentsfraktion des *Bürgerforums (OF)* heraus die marktwirtschaftlich orientierte *Bürgerliche Demokratische Partei (ODS)* und die inzwischen liberalkonservative *Demokratische Bürgerallianz (ODA)*. Aus dem linksliberalen Flügel des *Bürgerforums (OF)* entstand die *Bürgerbewegung (OH)*, die aber im Parteiensystem nicht Fuß fassen konnte.

Im Zuge des Differenzierungsprozesses, der bis zu den Wahlen 1992 anhielt, entwickelte sich die *Bürgerliche Demokratische Partei (ODS)* zur führenden konservativen Partei. Mit ihrem Vorsitzenden, dem prominenten Finanzminister (bis 1992) und späteren Ministerpräsidenten der Tschechischen Republik, Václav Klaus, konnte sie eine bekannte Führungspersönlichkeit vorweisen, welche die Partei auch nach innen maßgeblich prägte. Mit klaren Vorstellungen zur Wirtschaftstransformation vermittelte sie den Wählern zudem Kompetenz. Aufgrund der Fragmentierung der anderen Nachfolgeparteien des *Bürgerforums (OF)* und vor allem der Schwäche der linken Parteien durch das Fortbestehen der noch starken kommunistischen Partei konnte sich bis Mitte 1992 keine starke demokratische Opposition zu der konservativen *Bürgerliche Demokratische Partei (ODS)* entwickeln.

Die vorläufige Konsolidierung des Parteienspektrums hinsichtlich der Herausbildung der langfristig bedeutendsten Parteien, der Ausdifferenzierung der Parteiprogramme und ihrer Politik wie der Stabilisierung der Wählerpräferenzen setzte nach den Wahlen von 1992 ein. Hauptentwicklungen waren der Aufstieg der *Tschechischen Sozialdemokratischen Partei (ČSSD)* zur zweiten dominierenden Kraft und der Niedergang verschiedener kleinerer Parteien der Mitte. Maßgeblich für die letztgenannte Entwicklung war u.a. die 5%-Klausel, die zum Teil die Wahlentscheidung von Anhängern kleinerer Parteien zugunsten der größeren Parteien beeinflusste. Eine der wenigen kleinen Parteien, die sich einen festen Platz im tschechischen Parteiensystem sichern konnten, ist die *Christlich-Demokratische Union (KDU)*, die nach ihrer Gründung eine Koalition mit der ehemaligen Blockpartei *Tschechoslowakische Volkspartei (ČSL)* eingegangen war. Anfänglich vorrangig als christliche Weltanschauungspartei auftretend, bemüht sie sich vor allem hinsichtlich ihrer wirtschaftspolitischen Programmatik zunehmend um eine Stellung als konservative Partei der Mitte. Als Partei, die zumeist von ländlicher katholischer Bevölkerung gewählt wird, nimmt sie in der säkular orientierten tschechischen Gesellschaft dennoch eher eine marginale Position ein.

Die Gründe für den Aufstieg der Sozialdemokraten lagen zum einen in der aktiven Oppositionspolitik unter dem neuen Parteivorsitzenden Miloš Zeman (ab 1993), zum anderen in der gescheiterten Reform der *Kommunistischen Partei Böhmens und Mährens (KSČM)* und dem darauf folgenden Austritt der Reformkommunisten. Die Herausbildung neuer Arbeitnehmergruppen mittlerer und unterer Einkommen und die Unzufriedenheit in der Bevölkerung über Sparmaßnahmen der konservativen Regierung im öffentlichen Sektor wie im Gesundheitswesen trugen ebenfalls zum Aufstieg der Sozialdemokraten bei. Bei den Wahlen 1995 wurden die tschechischen Sozialdemokraten zweitstärkste Partei und übernahmen 1998 nach vorgezogenen Neuwahlen die Regierungsverantwortung.

Trotz der Ähnlichkeit hinsichtlich der Konfliktlinien und der demokratischen Ausrichtung des tschechischen Parteiensystems mit westeuropäischen Parteiensystemen bestehen klare Unterschiede aufgrund der geringen strukturierenden Kapazitäten der jungen Parteien, der niedrigen Mitgliederzahlen und der kaum vorhandenen Basisstrukturen. (Dies gilt nicht für die *Kommunistische Partei Böhmens und Mährens (KSČM)*, die noch immer relativ hohe Mitgliederzahlen angibt, und zum Teil über die alten Basisstrukturen aus der sozialistischen Ära verfügt.) Wie in anderen zentral- und osteuropäischen Parteien lassen sich die genannten Probleme durch die Gründung der Parteien im Parlament statt auf der Basis gesellschaftlicher Interessengruppen erklären sowie durch die allgemeine Diskreditierung von Parteien infolge der jahrzehntelangen Einparteienherrschaft. Die Folgen sind eine Mobilisierung der

Wähler über die Medien und aggressive wie kostenaufwendige Wahlkämpfe der tschechischen Parteien. Angesichts der unklaren Mehrheiten, die typisch für tschechische Wahlen zu sein scheinen, und dem daraus folgenden Koalitionszwang birgt dies Probleme in sich. Die politische Polarisierung und persönliche Differenzen, die durch die Dominanz der Parlamentsfraktion innerhalb der Parteien besondere Bedeutung erhalten, führten entweder zu Regierungskoalitionen mit starken internen Reibungsverlusten oder – wie nach den Wahlen 1998 – zu einer Minderheitsregierung.

Das Problem der Stabilität der Regierung lösten die sozialdemokratische Regierungspartei und die *Bürgerliche Demokratische Partei (ODS)* als stärkste Oppositionspartei durch einen ungewöhnlichen und ebenso umstrittenen Oppositionsvertrag. Neben dem Verzicht der Oppositionspartei, ihr Recht zum Misstrauensvotum sowie die verfassungsrechtlichen Möglichkeiten zur Herbeiführung der Parlamentsauflösung in Anspruch zu nehmen, enthält dieser Vertrag auch die Absichtserklärung, das Problem der unklaren Mehrheiten durch eine Wahlgesetzänderung hin zu einem Mehrheitswahlsystem zu beseitigen. Abgesehen davon, dass ein derartiger Vertrag zur Handlungsunfähigkeit der Regierung führen kann, könnte es zudem langfristig zu einer Verstärkung der Konzentrationstendenzen zuungunsten der kleinen Parteien im tschechischen Parteienspektrum durch die Einführung des Mehrheitswahlrechts kommen.

Abb. 4: Die Entwicklung des Parteiensystems in der Tschechischen Republik

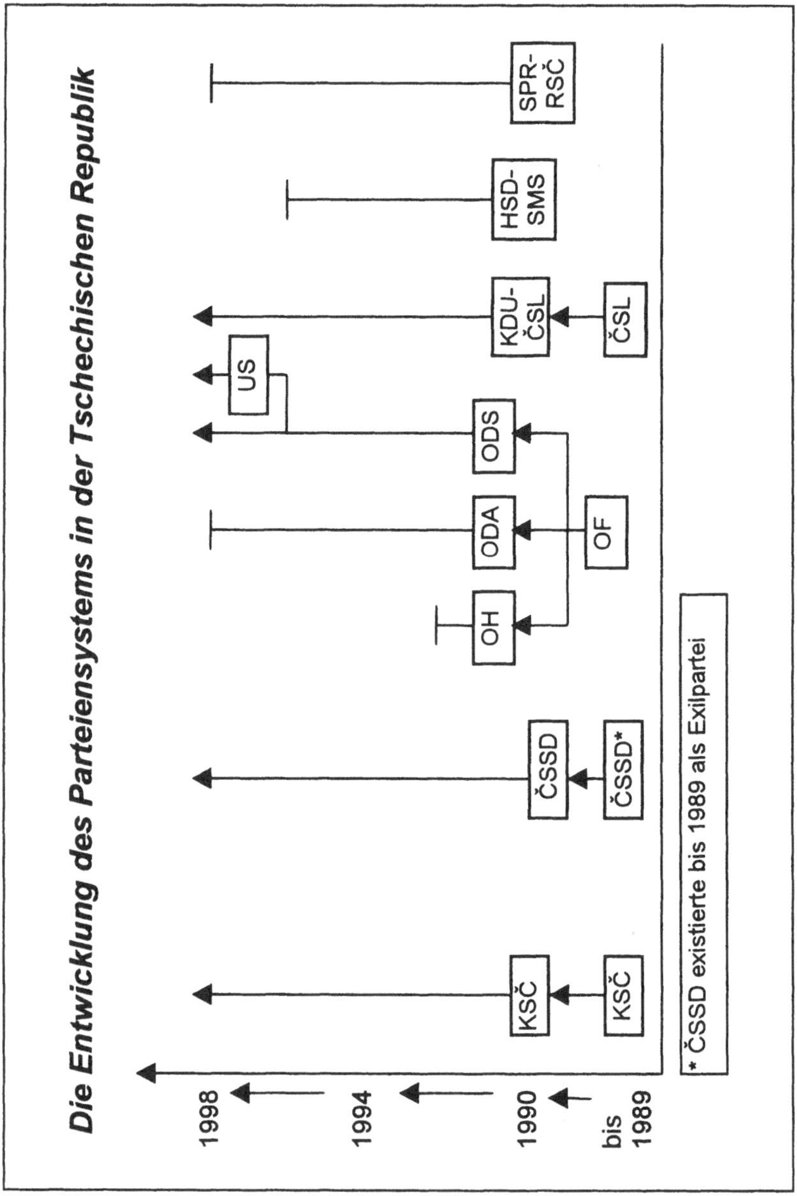

1.1.4 Intermediäre Gruppen

Unter intermediären Gruppen sind Organisationen oder Zusammenschlüsse von Bürgern zu verstehen, die Bindeglieder zwischen Gesellschaft und Staat darstellen. Unter anderem sind darunter Gewerkschaften und Arbeitgeberverbände als Vertreter ökonomischer Interessen wie auch Vertreter nichtökonomischer zivilgesellschaftlicher Interessen, wie Kirchen, Umweltverbände oder Sportvereine, zu fassen. Der größte Teil der Gewerkschaften in der Tschechischen Republik hat sich 1990 zu Dachverbänden zusammengeschlossen, von denen die *Böhmisch-Mährische Konföderation der Gewerkschaftsverbände (ČMKOS)* der größte und einflussreichste ist. Die Konföderation besteht aus 38 Gewerkschaftsverbänden, unter denen sich die Gewerkschaften der größten ökonomischen Sektoren befinden. Anfangs unter starkem Mitgliederschwund leidend, stieg die Zahl der Gewerkschaftsmitglieder durch die Transformationsprobleme gerade in den staatlichen Großindustrien an, wozu die charismatische Persönlichkeit des 1994 gewählten Gewerkschaftsführers Richard Falbr ebenso beitrug wie die nationale Anerkennung der Gewerkschaften im Rahmen des Tripartismus. Während in Großbetrieben und in der Industrie die Mitgliedschaft mit 60% bis 80% der Arbeitnehmer noch relativ stark ist, sind die Arbeitnehmer im neu entstandenen Dienstleistungssektor und in kleinen Privatbetrieben nur zu 20% gewerkschaftlich organisiert.

Ein Hauptproblem der Gewerkschaften ist die im Vergleich zu Westeuropa schwache Organisation der Arbeitgeberseite, da nur eine geringe Zahl der Arbeitgeber in den Dachorganisationen organisiert ist. Zur Wahrung des sozialen Friedens wurde 1990 unter der Regierung des *Bürgerforums (OF)* der tripartistische Rat, bestehend aus Gewerkschaftsvertretern, Regierungsvertretern und Vertretern der Arbeitgeber, gegründet. Seit der Regierungsübernahme der konservativen Koalitionsregierung (1992-1997) wurde seine Bedeutung zunehmend eingeschränkt. Infolgedessen setzte Ende 1994 ein Wandel der Gewerkschaftspolitik von einer Betonung des sozialen Ausgleichs hin zu einer aggressiveren Politik ein, der von mehreren Großdemonstrationen vor allem seitens der Angestellten des öffentlichen Sektors begleitet wurde. Mit der Regierungsübernahme durch die *Tschechische Sozialdemokratische Partei (ČSSD)* 1998 wurde die Kooperation von Staat, Arbeitgebern und Gewerkschaften wieder belebt.

Intermediäre Gruppen außerhalb des Arbeitssektors und der Kirchen mussten nach 1989 nahezu völlig neu entstehen. Nach einer Gründungswelle in den ersten Jahren nach der Wende stieg die Zahl der nicht-ökonomischen zivilgesellschaftlichen Organisationen bis 1996 auf 30.000 und scheint sich auf diesem Niveau einzupendeln. Diese Aussage muss jedoch mit Vorsicht behandelt werden, da die Anzahl der Vereine nichts über deren Mitgliederstärke oder ihren gesellschaftlichen Einfluss aussagt. Die beiden größten Gruppen innerhalb des Vereinsspektrums bilden Sport- und Naturschutzvereine. Umfragen zufolge ist die Bürgerbeteiligung in Vereinen vor allem auf lokaler Ebene weitaus stärker als das Interesse an der Mitarbeit in überregionalen Organisationen oder in Parteien. Zur Unterstützung des Aufbaus zivilgesellschaftlicher Strukturen hat sich eine Reihe von internationalen Organisationen in Tschechien etabliert. Diese bemühen sich allerdings weniger um die Aktivierung der Bevölkerung als um die Förderung der Lobbyarbeit und die Vernetzung bestehender Organisationen. Etwa 50% der Nichtregierungsorganisationen werden durch diese ausländischen Sponsoren und Stiftungen gefördert und könnten vermutlich ohne sie nicht existieren. Viele erhalten zudem staatliche Gelder seitens der Ministerien, vor allem für Bildung, Gesundheitswesen und Kultur.

Die Kirchen nehmen in der tschechischen Gesellschaft traditionell eine eher unbedeutende Rolle ein. Mit 40% hat die katholische Kirche die meisten Mitglieder, genauso viele Bewohner Tschechiens bezeichnen sich aber als konfessionslos. 1995 bezeichneten nur 7% der Befragten in einer Umfrage ihre Kirchenbindung als stark. Überdurchschnittliches Vertrauen in die Kirchen besteht vorrangig in ländlichen Regionen und bei der älteren Bevölkerung, während gerade bei Menschen der mittleren Altersstufe ein distanziertes Verhältnis zur Kirche besteht. Neben der traditionellen Distanz zur Kirche dürfte dies auch mit der starken und oft negativ aufgenommenen Medienpräsenz der Kirchen – vor allem im Zusammenhang mit der Restitution von Kircheneigentum – zusammenhängen. Sowohl der konservative ehemalige Ministerpräsident Klaus wie sein sozialdemokratischer Nachfolger Zeman vertraten in der Restitutionsfrage einen restriktiven Kurs gegen die Forderung nach vollständiger Rückgabe des ab 1948 enteigneten Kircheneigentums, der von der Bevölkerung zu 70% bejaht wird. Neben den traditionellen Kirchen gründeten sich nach 1989 zahlreiche andere religiöse Gruppen in der Tschechischen Republik. Unter diesen befinden sich viele amerikanische Kirchen und internationale Sekten, die vor allem bei Jugendlichen Zulauf finden.

1.1.5 Politische Kultur

Fester Bestandteil der politischen Kultur in Tschechien ist das Bewusstsein für das demokratische Erbe aus der ersten Tschechoslowakischen Republik, das gerade in der ersten Phase der Transformation eine bedeutende Rolle spielte. So ist die prinzipielle und langfristige Unterstützung der demokratischen politischen Ordnung verhältnismäßig hoch und stabil. Als Indikatoren für die Unterstützung der demokratischen politischen Ordnung dienen dabei die allgemeine Bejahung und Zufriedenheit mit der Demokratie, die Bejahung des Mehrparteiensystems und des Parlaments sowie die Verbreitung antidemokratischer Einstellungen. Das hohe Niveau der Demokratiezufriedenheit bis 1995 basierte mitunter allerdings auch auf der Stabilität der Regierung und der bis 1997 scheinbar erfolgreichen, keine zu großen Opfer von der Bevölkerung verlangenden, wirtschaftlichen Transformation. Dies belegt auch das starke Absinken der Demokratiezufriedenheit im Zuge der Regierungs- und Wirtschaftskrise 1996 und 1997. Die Wahlergebnisse nach 1998 zeigten allerdings, dass sich der Verlust der Regierungsunterstützung zwar auf die output-unabhängige Demokratiezufriedenheit der Bevölkerung ausgewirkt, aber nicht zu einer Schwächung der diffusen Unterstützung des demokratischen politischen Systems geführt hatte.

Das Vertrauen in einzelne Institutionen des demokratischen Systems differiert allerdings. So genießen Institutionen, bei denen Persönlichkeiten im Vordergrund stehen, wie die Regierung und das Staatspräsidentenamt, relativ hohe Unterstützung. Institutionen, wie dem Parlament, politischen Parteien und Gewerkschaften, die in den ersten Jahren nach der Wende als historisch belastet angesehen wurden, wird weitaus geringeres Vertrauen entgegengebracht. So sind die Bürger in Tschechien kaum zum Eintritt in Parteien zu bewegen. Allerdings haben sich im Zuge der Transformation schichtspezifische Wählerpräferenzen herausgebildet, auch wenn sich die Gesellschaft aufgrund der Wirtschaftstransformation immer noch in Bewegung befindet. So wird die *Bürgerliche Demokratische Partei (ODS)* vorrangig von Personen mit mittlerer und Hochschulbildung gewählt, während sich die *Tschechische Sozialdemokratische Partei (ČSSD)*, die anfänglich vor allem ein Auffangbecken von Protestwählern war, zur Partei der Arbeitnehmer unterer Einkommensgruppen entwickelt. Zunehmend wird sie auch von Angestellten mit mittleren und niedrigeren Einkommen gewählt. Die verzögerte Formierung einer festen Wählerschicht der Sozialdemokraten lässt sich nicht nur auf die bereits erwähnte Herausbildung neuer Arbeitnehmergruppen, sondern in größerem Maße auch auf die anfängliche Skepsis gegenüber „linken Parteien“ vor allem in der Mittelschicht zurückführen. Trotz des somit eher programmorientierten Wählerverhaltens lässt sich durchaus auch der Wunsch nach Führungspersönlichkeiten als Erbe der 50-jährigen sozialistischen Ära erkennen, wie der hohe Rückhalt der konservativen und von dem ehemaligen Ministerpräsidenten Klaus stark geprägten *Bürgerlichen Demokratischen Partei (ODS)* bei den Wählern zeigte. Ein Spendenskandal hatte zuvor 1998 zum Rücktritt der Regierung beigetragen.

Obwohl die demokratische politische Ordnung überwiegend bejaht wird, findet sich ein konstanter Bevölkerungsanteil von etwa 10%, der das demokratische politische System ablehnt. Dieser entspricht ungefähr dem Wähleranteil der *Kommunistischen Partei Böhmens und Mährens (KSČM)*, die vorrangig von den Verlierern der Transformation, von Rentnern, Arbeitslosen und Arbeitern vor allem in den nordböhmischen Schwerindustriegebieten gewählt wird. Während das Vertrauen in die Parteien gleich bleibend niedrig ist, nahm das Vertrauen in die Gewerkschaften bis 1997 infolge der rigiden Sparmaßnahmen der konservativen Regierung im staatlichen Sektor zu. Sehr skeptisch steht die Bevölkerung der staatlichen Verwaltung gegenüber, was vermutlich auf die Erfahrungen in der sozialistischen Ära zurückzuführen ist. Wesentlich höher als das Vertrauen in die Parteien ist die Unterstützung von zivilgesellschaftlichen Gruppierungen, wie z. B. Umweltorganisationen. Das Interesse an Politik wie das persönliche Engagement in gesellschaftlichen und politischen Gruppen oder Verbänden sind allerdings verhältnismäßig gering und lässt auf ein Fortbestehen etatistisch-paternalistischer Staatsvorstellungen in der Bevölkerung schließen. Die geringe politische Integration in Tschechien wird vor allem durch starken Medienkonsum kompensiert.

Nationalistische und rassistische Tendenzen sind in der Tschechischen Republik eher schwach ausgeprägt, zumal die Bevölkerung seit der Trennung verhältnismäßig homogen ist. Die größte Minderheit stellen die Slowaken mit 3,1% der Bevölkerung. Des Weiteren leben in Tschechien knapp 50.000 Deutsche und etwa 300.000 Roma, gegen die sich nationalistische und rassistische Einstellungen am stärksten richten. So bezeichneten Ende 1995 nahezu 70% der Befragten einer repräsentativen Umfrage ihr Verhältnis zu den Roma als schlecht. Die Stimmung gegen die Roma-Minderheit wird durch die ungleichmäßige regionale Verteilung dieser Gruppe verstärkt. Sie lebt vor allem in den ohnehin sozial problematischen Stadtvierteln der altindustriellen und stark unter Umweltproblemen und Arbeitslosigkeit leidenden Städten Nordmährens und Nordböhmens. Aufgrund der überdurchschnittlich schlechten Schul- und Berufsausbildung und der Sprachprobleme sind die Roma besonders stark von Arbeitslosigkeit betroffen und gehören überdurchschnittlich der sozialen Unterschicht an. Insofern ist das „Roma-Problem“ in erster Linie sozial bedingt. Das Verhältnis zu der deutschen Minderheit ist trotz der historischen Belastungen weniger angespannt. Allerdings bestehen im deutsch-tschechischen Grenzgebiet, das vor der Vertreibung überwiegend oder ganz von Deutschen besiedelt war, antideutsche Tendenzen, die auf der Angst vor der Rückkehr der Vertriebenen und dem möglichen Verlust des nach 1945 erworbenen Besitzes basieren und sich unter anderem in der Gründung von antideutschen Grenzlandklubs äußerten. Laut Umfragen sind antideutsche Einstellungen aber nur bei einer sehr kleinen Gruppe vorhanden. Die Westintegration wird von der Bevölkerung zwar begrüßt, insgesamt stehen ihr die Tschechen aber mit gemischten Gefühlen gegenüber. Dabei spielt die Erfahrung des Münchener Abkommens, das als Verrat der westeuropäischen Alliierten im Gedächtnis der Bevölkerung präsent ist, durchaus eine Rolle. So begrüßten zwar 43% der Befragten einer Umfrage vom Dezember 1997 prinzipiell den NATO-Beitritt, doch nur 25% befürworteten ihn uneingeschränkt. Die prinzipielle Bejahung des Beitritts zur EU liegt etwas höher, wobei das Interesse an dieser Frage in der tschechischen Bevölkerung stark abgenommen hat.

1.1.6 Fazit

„Unser politisches und Verfassungssystem wird ausgereift sein, es wird seine erprobten und unausweichlichen Regeln haben, die gentlemanlike beachtet werden; die Gesetzgebungskörperschaften werden mit Ruhe, Überblick und ohne Nervosität und Eile arbeiten; die Exekutive und überhaupt die ganze staatliche Verwaltung wird unauffällig und entbürokratisiert sein...Wir werden, kurz gesagt, eine stabilisierte europäische Demokratie sein, die ihre Identität gefunden ... hat.“

Bis zur Erfüllung des 1991 geäußerten Traums des tschechischen Staatspräsidenten Havel werden wohl noch ein paar Jahre vergehen. Das parlamentarische System der Tschechischen Republik, geprägt durch das einflussreiche Abgeordnetenhaus innerhalb eines Zweikammersystems und ein relativ starkes Ministerpräsidentenamt, kann nach zehn Jahren allerdings als verhältnismäßig konsolidiert angesehen werden, wobei die Institutionalisierung des Zweikammerparlaments und seiner Verfahrensregeln mit Verzögerung erfolgte. So fand infolge der verspäteten Einrichtung der zweiten Kammer das Zusammenspiel der verfassungsgemäßen Institutionen bis 1996 unter Sonderregelungen statt, durch die das Abgeordnetenhaus unverhältnismäßig gestärkt wurde. Auch die immer wieder aufflammende Diskussion über die Abschaffung oder Umwandlung des Senats in eine föderale Kammer weist auf die noch unabgeschlossene Institutionalisierung hin. Dies gilt auch für die immer wieder aufkommende Debatte um eine Wahlrechtsänderung hin zu einem Mehrheitswahlrecht als Mittel gegen die unklaren Mehrheiten im Parlament und den daraus resultierenden Koalitionszwang der Parteien bzw. der inzwischen üblichen labilen Mehrheiten.

Welche Rolle das laut Verfassung eher repräsentative Staatspräsidentenamt langfristig spielen wird, kann sich erst in Zukunft zeigen, da das Amt bislang eng mit der Person Václav Havel verbunden war und bis 1999 kein personeller Wechsel der Amtsträger stattgefunden hatte. Zudem nahm Staatspräsident Havel durch seine persönliche Autorität innen- und außenpolitisch stärkeren Einfluss, als in der Verfassung vorgesehen. Im Gegensatz zur Slowakei führte dies in Tschechien – trotz persönlicher Differenzen zwischen den langjährigen Amtsträgern – allerdings nicht zu offenen demokratiegefährdenden Machtkämpfen. Dies ist nur ein Indiz für eine demokratische Grundeinstellung der politischen Eliten, die auch in weiten Teilen der Bevölkerung besteht. Gründe für die vergleichsweise hohe output-unabhängige Demokratieunterstützung in der Tschechischen Republik dürften zum einen die nahezu mystifizierten demokratischen Traditionen aus der Zwischenkriegszeit sein und zum anderen die Erfahrung der gescheiterten Reform des sozialistischen Systems infolge der Niederschlagung des „Prager Frühlings".

Wie in anderen zentral- und osteuropäischen Staaten ist die Partizipation in Form von Mitarbeit in Parteien oder Interessenverbänden allerdings nur sehr schwach ausgeprägt. Dies wie die schwachen Basisstrukturen der Parteien lassen auch langfristig mit einem „schwebenden" Parteiensystem in der Tschechischen Republik rechnen. Dass Parteien als Organe der Interessenartikulation im politischen System wahrgenommen werden, zeigt sich in den verhältnismäßig hohen Wahlbeteiligungen, den seit 1992 zunehmend stabileren Wählerpräferenzen und der Ablehnung radikaler Parteien seitens der Wähler. Die letztgenannten Punkte können neben der Konkretisierung und Ausdifferenzierung der Parteiprogramme und der Professionalisierung der Parteien als Indikatoren für die Konsolidierung des gemäßigt pluralistischen Parteiensystems angesehen werden. In Anbetracht der schwachen Partizipation in intermediären Organisationen wie auch des geringeren Vertrauens in Institutionen, die nicht durch charismatische Persönlichkeiten geprägt sind, kann von einer völligen Verinnerlichung der Normen und Werte eines demokratischen Systems noch nicht ausgegangen werden. Da Einstellungen sich aber nicht über Nacht ändern, kann dies aufgrund der jahrzehntelangen Erfahrung des sozialistischen Systems ohne echte Partizipationsmöglichkeiten auch nicht erwartet werden. Die anhaltende prinzipielle Unterstützung des demokratischen Systems auch in der politischen und wirtschaftlichen Krise von 1997/98 zeigt jedoch, dass die Konsolidierung der Zivilkultur in der Tschechischen Republik auf einer relativ sicheren Basis steht.

1.2 Das politische System der Slowakischen Republik

1.2.1 Verfassung

Die Verfassung der Slowakischen Republik wurde noch in der Endphase der Tschechischen und Slowakischen Föderativen Republik (ČSFR) von einer Verfassungskommission des slowakischen Nationalrats ausgearbeitet und im September 1992 durch diesen verabschiedet. Die Verabschiedung einer Verfassung nur wenige Monate nach dem Beschluss über die Auflösung der ČSFR zum Ende des Jahres belegt, dass die slowakischen Eliten mit dieser Möglichkeit bereits früher gerechnet hatten. Obwohl die Verfassungsarbeiten bis zum Sommer 1992 von der Stellung der Slowakei als Teilrepublik eines föderalen Staates ausgehen sollten, lagen aufgrund der nationalstaatlich-separatistischen Strömungen in den dominierenden slowakischen Parteien schon vor diesem Zeitpunkt Verfassungsentwürfe für einen souveränen slowakischen Staat vor.

Die endgültige Verfassung, die Anfang Januar 1993 in Kraft trat, schrieb wie die tschechische Verfassung eine parlamentarische Demokratie fest. 1999 erfolgte allerdings eine Verfassungsänderung über die Direktwahl des Staatspräsidenten, wodurch neben dem Parlament nun auch der Staatspräsident direkt vom Volk gewählt wird. Aufgrund der begrenzten Kompetenzen des slowakischen Staatspräsidenten kann aber nicht von einer Umwandlung des parlamentarischen in ein semi-präsidentielles System gesprochen werden. Hauptgrund für die Änderung war eine mehrmonatige Vakanz des Staatspräsidentenamtes infolge der Schwäche und Fragmentierung des für die Wahl zuständigen Parlaments. Durch die direkte Wahl soll das Amt unabhängig von anderen Verfassungsinstitutionen werden und neben dem Parlament ein zweites Verfassungsorgan durch die Bevölkerung legitimiert werden.

Eine hervorgehobene Stellung nehmen in der Verfassung die Grundrechte und -pflichten ein, die den umfangreichsten Teilbereich stellen. Dieser Part ist nahezu identisch mit der „Charta der Grundrechte und -freiheiten", die von der Bundesversammlung der ČSFR 1991 verabschiedet wurde. Abweichungen bestehen allerdings hinsichtlich der Minderheitenrechte. So ist in der slowakischen Verfassung nicht mehr von „nationalen und ethnischen Minderheiten", sondern von „nationalen Minderheiten und ethnischen Gruppen" die Rede. Zudem wurden die Minderheitenrechte dahingehend eingeschränkt, dass sie nicht zu einer Verletzung der Integrität der Slowakischen Republik und zu einer Diskriminierung der übrigen Bevölkerung führen dürfen. Weitere Besonderheiten der slowakischen Verfassung stellen das Bekenntnis zu einer sozial und ökologisch orientierten Wirtschaft, Elemente direkter Demokratie und die Übernahme der Prokuratur aus der sozialistischen Verfassung (in modifizierter Form) dar. Als Staatsanwaltschaft mit erweitertem Aufgabenfeld ähnelt sie funktional einem Ombudsmann.

Parlamentsstruktur und Gesetzgebung

Die Verfassung der Slowakischen Republik sieht ein Einkammersystem vor. Der Nationalrat, bestehend aus 150 Abgeordneten, ist einziges verfassunggebendes und gesetzgebendes Organ. Zur Beschlussfassung über einfache Gesetze genügt die Mehrheit der anwesenden Abgeordneten. Für die Beschlussfassung über Verfassungsgesetze oder Verfassungsänderungen verlangt die Verfassung eine höhere Zustimmung durch eine Dreifünftelmehrheit der Stimmen aller Abgeordneten. Angesichts der Bedeutung solcher Entscheidungen werden damit verfassungsökonomisch im Sinne des Modells von BUCHANAN und TULLOCK höhere Entscheidungskosten in Kauf genommen.

Obwohl Gesetzesvorlagen auch von den Ausschüssen und Abgeordnetengruppen in das Parlament eingebracht werden können, stammen die meisten Gesetzesvorlagen – der Logik parlamentarischer Regierungssysteme folgend – von der Regierung. Das Parlament bildet zu den verschiedenen Tätigkeits- und Themenbereichen ständige Ausschüsse, in denen die entsprechenden Fragen behandelt werden und über Gesetzesinitiativen beraten wird. Deren Mitglieder werden vom Plenum gewählt, wobei über die Zusammensetzung bis 1997 keine klare Regelung existierte. In der Slowakei führte dies nach den Wahlen 1994 zur Besetzung nahezu aller Ausschüsse (sowie wichtiger Positionen in Aufsichtsräten der staatlichen Medien und in Privatisierungsorganen) durch die führende Regierungspartei *Bewegung für eine demokratische Slowakei (HZDS)*. Erst 1997 trat ein Gesetz in Kraft, das die proportionale, den Mehrheitsverhältnissen im Parlament entsprechende Zusammensetzung der legislativen Ausschüsse vorgibt.

Im Parlament beschlossene Gesetze müssen vom Staatspräsidenten und Ministerpräsidenten gegengezeichnet werden. Zudem kann der Staatspräsident aus eigenem Ermessen sowie auf Antrag der Regierung normale Gesetze wie auch Verfassungsgesetze mit Bemerkungen an den Nationalrat zurückweisen. Zur erneuten Beschlussfassung nach einer weiteren Beratung genügen allerdings die üblichen Mehrheiten. Staatspräsident und Ministerpräsident sind dann zur Gegenzeichnung verpflichtet. Infolge der häufigen Konflikte hinsichtlich der vom Parlament verabschiedeten Gesetze erhielt zwischenzeitlich das Verfassungsgericht eine zentrale Rolle bei der Änderung strittiger Gesetze. Die Einsprüche der Verfassungsrichter blieben aber in der Praxis bis 1998 von der Regierung weitgehend unbeachtet, auch als nicht verfassungsgemäß erklärte Gesetze wurden in die Gesetzessammlung aufgenommen. Die Auflösung des Parlaments durch den Staatspräsidenten erfolgt dann, wenn der Nationalrat innerhalb von sechs Monaten nach der Wahl der Regierung nicht das Vertrauen ausgesprochen hat. Ein weiterer Grund für die Parlamentsauflösung ist seit der Verfassungsänderung von 1999 das Scheitern eines Referendums über die Amtsenthebung des Staatspräsidenten. Ein derartiges Referendum kann nur vom Parlament initiiert werden.

Aufgrund der parlamentarischen Verantwortlichkeit der Regierung muss sie sich nach der Regierungsbildung einem Vertrauensvotum des Nationalrats über ihr Programm und ihre Zusammensetzung stellen. Während der Legislaturperiode kann der Nationalrat der Regierung, aber auch einzelnen Regierungsmitgliedern, sein Misstrauen aussprechen. Zur Beantragung eines Misstrauensvotums genügt bereits ein Fünftel der Abgeordneten (also 30 Abgeordnete). Zur Erklärung des Misstrauens ist die Zustimmung der absoluten Mehrheit der Abgeordneten notwendig, wobei es nicht konstruktiv – also nicht mit der Wahl eines Nachfolgers des Ministerpräsidenten verbunden – sein muss. Von 1993 bis 1998 hatte dennoch nur ein Misstrauensvotum Erfolg (1994 gegen die Regierung Vladimir Mečiars). Allerdings kann das Vertrauensvotum auch als Druckmittel der Regierung gegenüber dem Nationalrat dienen, da sie die Vertrauensfrage an die Verabschiedung einer Gesetzesvorlage binden kann. In Anbetracht der starken Kontrollmöglichkeiten des Parlaments bzw. der parlamentarischen Opposition gegenüber der Regierung kann die Stellung des Parlaments aus konstitutioneller Sicht als stark bewertet werden. Sie wird allerdings durch die Schwäche sowie die Fragmentierung und Polarisierung der Parteien in der Slowakei relativiert. Lediglich bis 1994, einer Regierungsphase, die von geringem Koalitions- und Fraktionszwang der Regierungsparteien geprägt war, stärkten die genannten Faktoren das Parlament gegenüber der Regierung.

Neben den legislativen Aufgaben und der Kontrolltätigkeit gegenüber der Regierung wählt der Nationalrat die Richter und den Vorsitzenden des Obersten Gerichtes. Bezüglich der Bestellung der zehn Verfassungsrichter durch den Staatspräsidenten hat der Nationalrat das Vorschlagsrecht über 20 parteipolitisch unabhängige Personen, aus deren Kreis der Staatspräsident die Amtsträger ernennt. Ebenso hat der Nationalrat ein Vorschlagsrecht für das Amt des Prokurators, der ebenfalls vom Staatspräsidenten ernannt wird.

Die Wahlen zum Nationalrat finden alle vier Jahre statt. Gewählt wird mit Verhältniswahlrecht bei einer Sperrklausel von 5% (1992 noch bei 3%). Durch eine Wahlrechtsänderung vor den Wahlen 1998 wurde die 5%-Sperrklausel auch auf Parteien in Wahlbündnissen ausgeweitet, die bis dahin je nach Anzahl der Parteien innerhalb des Wahlbündnisses gemeinsam eine Sperrklausel von 7 oder 10% überwinden mussten. Des Weiteren wurden die Wahlkreise abgeschafft und landesweite Listen eingeführt. Ziele der Wahlgesetzänderung waren die Schwächung von Wahlbündnissen und die Stärkung von Parteien mit wenigen, aber bekannten Persönlichkeiten an der Spitze, wie dies bei der damaligen Regierungspartei der Fall war. Nach dem Wahlsieg der Opposition 1998 ist aber mit einer Revision des Wahlrechts zu rechnen.

Neben der Gesetzgebung durch den Nationalrat können laut Verfassung Gesetze auch von den Bürgern direkt über ein Referendum beschlossen werden. Die Ergebnisse eines Referendums sind bindend und erhalten mit der Verkündung durch den Nationalrat Gesetzeskraft, wenn sich die Mehrheit der Wahlberechtigten daran beteiligt und die Mehrheit dem Referendum zugestimmt hat. Der Nationalrat darf diese Gesetze erst nach drei Jahren ändern oder wieder außer Kraft setzen. Ein Referendumsantrag kann entweder durch den Nationalrat beschlossen werden oder durch eine Petition von mindestens 350.000 Bürgern der Slowakei (etwa 6,6% der Bevölkerung) angesetzt werden. Das Quorum ist damit vergleichsweise hoch (in der Schweiz genügen selbst für Anträge zu einer Verfassungsinitiative 100.000 Stimmen, d. h. etwa 1,4% der Bevölkerung). Ein Referendum kann zur Bestätigung des Aus- oder Beitritts zu einem Staatenverbund mit anderen Staaten erfolgen und über andere wichtige Fragen von öffentlichem Interesse (Grundrechte und –freiheiten, Steuern, Abgaben und der Staatshaushalt sind dabei ausgeschlossen) sowie seit 1999 auch über die Amtsenthebung des Staatspräsidenten entscheiden. Allerdings kann ein Referendum nicht innerhalb von 90 Tagen vor den Wahlen zum Nationalrat stattfinden, wobei es aber zusammen mit der Parlamentswahl an einem Wahltag abgehalten werden kann. In der politischen Praxis relativierte bislang die Willkür der mit einer kurzen Unterbrechung von 1992 bis 1998 amtierenden Regierung Mečiar die plebiszitären Verfassungselemente. So ließ das Innenministerium das Referendum über die Direktwahl des Staatspräsidenten im Mai 1997, das gleichzeitig mit dem Referendum über den NATO-Beitritt abgehalten werden sollte, kurz vor der Abstimmung vom Wahlzettel streichen. Die Verantwortlichen wurden zwar strafrechtlich belangt, aber von Ministerpräsident Mečiar, der infolge der Vakanz des Staatspräsidentenamtes 1998 übergangsweise einen Teil der Staatspräsidentenvollmachten übernahm, amnestiert.

Abb. 5: Das politische System der Slowakischen Republik

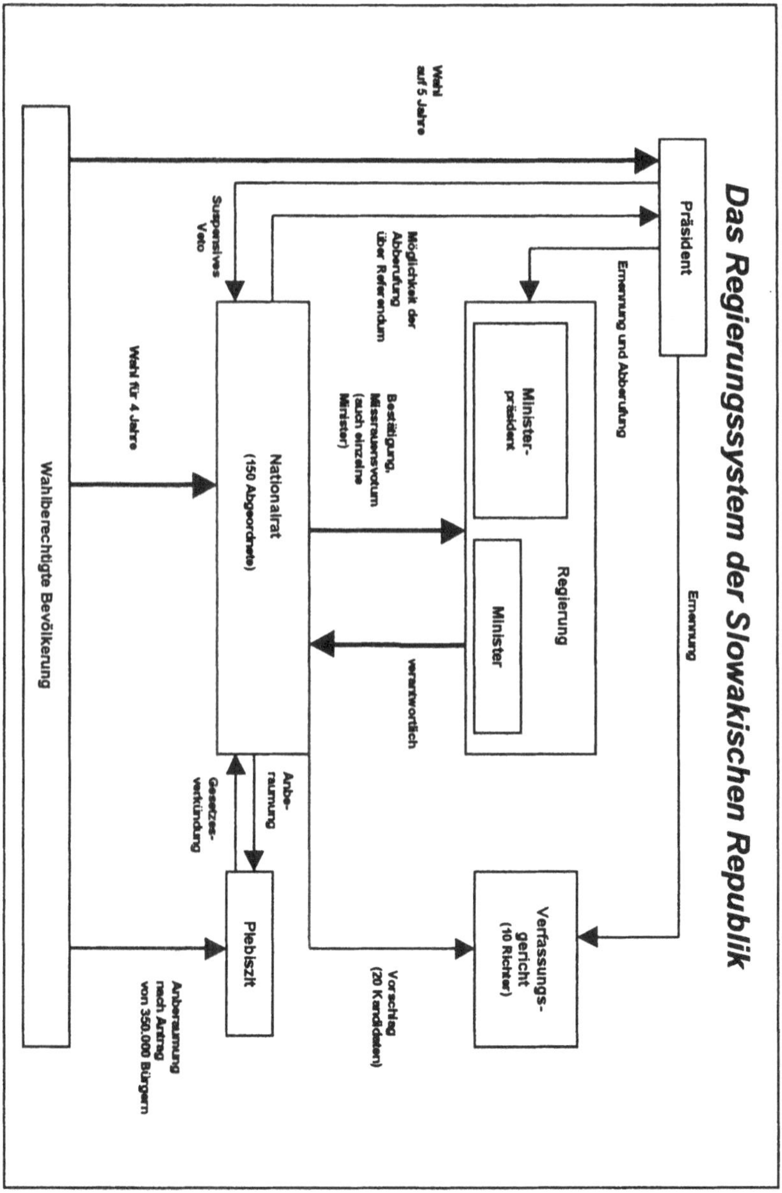

Die Exekutive

Die Regierung

Da es sich bei der Slowakei um eine parlamentarische Demokratie handelt, geht die Regierung aus dem Parlament hervor und ist diesem gegenüber verantwortlich. Sie besteht aus dem Ministerpräsidenten, seinen Stellvertretern und den Ministern. Die Konstituierung der Regierung erfolgt, indem der Staatspräsident unter Berücksichtigung der parlamentarischen Mehrheitsfraktion den Ministerpräsidenten ernennt und dieser dem Staatspräsidenten die weiteren Regierungsmitglieder zur Ernennung vorschlägt. Das Recht, die Regierungsmitglieder zu bestimmen und jederzeit auch ihre Abberufung bei dem Staatspräsidenten zu beantragen, verleiht dem Ministerpräsidenten starken Einfluss auf die Regierungstätigkeit. Ein Rücktritt der Regierung muss erfolgen, wenn ihr der Nationalrat binnen 30 Tagen nach der Ernennung durch den Staatspräsidenten nicht das Vertrauen ausspricht oder der Nationalrat ihr während der Legislaturperiode die Unterstützung durch ein Misstrauensvotum entzieht. Ein weiterer Rücktrittsgrund der Regierung ist der Rücktritt des Ministerpräsidenten.

Die Regierung fasst ihre Beschlüsse im Ministerkollegium. Zu den Angelegenheiten, die kollegial entschieden werden, gehören neben der Erstellung des Regierungsprogramms und der Behandlung von Fragen der Wirtschafts- und Sozialpolitik auch die Beschlussfassung über Grundsatzfragen der Innen- und Außenpolitik sowie die Abstimmung über Gesetzesvorlagen, die in das Parlament eingebracht werden sollen. In Anbetracht der dominanten Stellung des Ministerpräsidenten hat diese Regelung in der Praxis eher formalen Charakter. Die Regierung, die aus den Wahlen zum Slowakischen Nationalrat 1992 hervorgegangen war, zeigte sich trotz der verfassungsmäßigen Stärke der Institution aufgrund der geringen Disziplin innerhalb der Koalition und der Parlamentsfraktionen der Regierungsparteien nur begrenzt handlungsfähig. Mehrfach stimmten in dieser Phase Abgeordnete der Regierungsparteien gegen Gesetzesvorlagen der eigenen Regierungen und wechselten Abgeordnete die Fraktion. 1994 trug dies sogar zum Sturz der Regierung Mečiar bei.

Wie bereits erwähnt, schwächten die Fragmentierung und Polarisierung der Parteien auch die damalige Opposition im Parlament, die im parlamentarischen Regierungssystem die Kontrolle der Regierung übernehmen sollte. Nach dem Antritt einer relativ stabilen Koalitionsregierung unter Führung der *Bewegung für eine demokratische Slowakei (HZDS)* Ende 1994, die zudem auf eine Parlamentsmehrheit mit ungewöhnlich hoher Parteidisziplin zurückgreifen konnte, führte dies zu einer starken Kooperation von Regierung und

Mehrheitsfraktion im Parlament und ermöglichte eine legale Machtausdehnung des Ministerpräsidenten. Eine derartige Stärkung der Regierung gegenüber allen anderen Institutionen aufgrund einer äußerst schwachen Opposition scheint in der Verfassung bei der Umsetzung des Gewaltenteilungsprinzips nicht einkalkuliert worden zu sein. Dies gilt auch für die Wirkungslosigkeit der Sanktionen gegen die Anwendung nichtverfassungsgemäßer Mittel zur Machterweiterung und -sicherung durch den Ministerpräsidenten, wie dies unter der Regierung Mečiar der Fall war. Die Verwicklung des Geheimdienstes in die Entführung des Staatspräsidentensohnes sowie die Nötigung von Kandidaten der *Bewegung für eine demokratische Slowakei (HZDS)*, vor der Wahl 1994 undatierte Rücktrittserklärungen zu unterschreiben (ein Grund für die hohe Parteidisziplin ab 1994), sind lediglich zwei Beispiele dafür.

Ein bedeutender Machtzuwachs wurde dem Ministerpräsidenten bis 1999 im Falle einer Vakanz des Staatspräsidentenamtes zuteil. So diese eintritt, übernimmt der Ministerpräsident den Großteil der Aufgaben des Staatspräsidenten. Die Rechte des Staatspräsidenten zur Auflösung des Nationalrates und zur Ernennung und Abberufung der Regierungsmitglieder waren jedoch davon ausgeschlossen, um eine demokratiegefährdende Machtkonzentration bei dem Ministerpräsidenten zu verhindern. Diese Regelung ließ in der Slowakei zwischenzeitlich Befürchtungen über ein Abdriften in eine Diktatur aufkommen, zumal für diesen Fall in der Verfassung keine Regelungen über die Abberufung und das Einsetzen einer neuen Regierung nach Parlamentswahlen existierten. Um die Abberufung der Regierung nach Neuwahlen zu ermöglichen, erhielt 1998 der Vorsitzende des Parlaments bei Vakanz des Staatspräsidentenamtes das Recht, nach Parlamentswahlen die alte Regierung zu entlassen, den Auftrag zur Regierungsbildung zu erteilen und die neue Regierung zu ernennen. Seit Einführung der Direktwahl übernimmt der Parlamentsvorsitzende auch die anderen Kompetenzen des Staatspräsidenten im Falle einer Vakanz dieses Amtes.

Der Staatspräsident

Zusammen mit der Regierung bildet der Staatspräsident die Exekutive. Gemäß der ursprünglichen Verfassung durch eine Dreifünftelmehrheit aller Abgeordneten des Parlaments für fünf Jahre gewählt, wird der Staatspräsident seit 1999 direkt durch das Volk legitimiert. Im ersten Wahlgang ist die absolute Mehrheit der Wahlberechtigten erforderlich, im zweiten Wahlgang genügt die einfache Mehrheit. Trotz der nun direkten Legitimierung des Staatspräsidenten kann darin (im slowakischen Fall) letztlich nicht eine Stärkung des Amtes, sondern lediglich eine Sicherung seiner Wahl gesehen werden, da einhergehend mit der Wahlrechtsänderung die ohnehin primär repräsentativen Funktionen des Staatspräsidenten noch stärker eingeschränkt wurden. So haben die Rechte des Staatspräsidenten zur Auflösung des Nationalrats wie zur Ernennung und Abberufung des Ministerpräsidenten und der Regierungsmitglieder lediglich formalen Charakter. Eine Stärkung des Präsidentenamtes wie in der V. französischen Republik sieht die slowakische Verfassung nicht vor. (Zwar muss der französische Staatspräsident der V. Republik bei Ernennung des Premierministers auch die Parlamentsmehrheiten berücksichtigen, doch benötigt die Regierung auch das Vertrauen des Staatspräsidenten, womit dessen Funktion keineswegs nur symbolischen Charakter hat.)

Bei der Abberufung und Ernennung der Regierungsmitglieder während der Legislaturperiode besaß der slowakische Staatspräsident allerdings bis zur Wahlrechtsänderung durchaus Handlungsmöglichkeiten. So war er nicht gezwungen, einen Vorschlag des Ministerpräsidenten zur Abberufung eines Regierungsmitglieds wie auch zur Ernennung eines neuen Regierungsmitglieds anzunehmen. Zudem konnte der Staatspräsident bestimmen, welches Regierungsmitglied die Aufgaben des abberufenen Ministers übernahm. Eine willkürliche Abberufung missliebiger Minister durch den Ministerpräsidenten wurde so zumindest erschwert.

Während der Amtszeiten von Staatspräsident Michal Kováč (1993-1998) und des damaligen Ministerpräsidenten Mečiar führte dies, wie das Recht des Staatspräsidenten auf Ernennung und Abberufung zentraler Staatsbediensteter, immer wieder zu Konflikten zwischen den Amtsträgern. Das letztgenannte Recht des Staatspräsidenten kann eine Regierung mit stabiler Mehrheit im Parlament aufgrund der Kompetenz des Parlaments, darüber zu entscheiden, welche administrativen Institutionen zentrale Bedeutung haben, an sich ziehen und damit die wenigen Kompetenzen des Staatspräsidenten noch weiter beschränken. Dies war unter der Regierung Mečiar ab 1994 der Fall, der selbst so sensible Bereiche wie den Staatssicherheitsdienst unter die alleinige Kontrolle der Regierung bringen konnte.

Zu den weiteren Kompetenzen des slowakischen Staatspräsidenten gehört das Recht, internationale Verträge zu unterzeichnen. Im Gegensatz zum französischen Staatspräsidenten hat er jedoch keine verfassungsmäßig verankerten eigenen Politikdomänen, wodurch auch diese Kompetenz nur formalen Charakter hat.

Bis zur Verfassungsänderung von 1999 hatte der Staatspräsident zudem das Recht auf Teilnahme an Sitzungen des Nationalrats, in dem er außerdem jederzeit Reden halten konnte (Berichte über die Lage der Slowakischen Republik und über wichtige politische Fragen). Einhergehend mit der Wahlrechtsänderung wurden auch diese Kompetenzen insofern eingeschränkt, als dass er nun nur noch um Informationen bitten darf, die er zur Erfüllung seiner

Amtstätigkeit benötigt und nur noch auf Einladung des Nationalrats vor diesem sprechen darf. Wieweit der Staatspräsident auf diesem Wege Einfluss auf die Abgeordneten nehmen konnte, zeigte Kováč im Frühjahr 1994, als er mit seiner Rede zur Lage der Nation die Regierung heftig anklagte und zum Misstrauensvotum gegen die Regierung Mečiar beitrug. Zudem nahm Kováč Einfluss durch die Einrichtung von Räten mit Vertretern der nationalen Minderheiten und regelmäßigen Treffen mit den politischen Parteien. Aufgrund des Fehlens langjähriger Verfassungspraxis und der damit verbundenen Herausbildung ungeschriebener Regeln für die Machtverteilung hing der Einfluss des Staatspräsidenten in der Anfangsphase der sich konstituierenden Demokratie in besonderem Maß von den Persönlichkeiten des Minister- und des Staatspräsidenten ab, zumal die Mehrheiten im Parlament zumindest bis 1994 relativ schwach waren. Aufgrund der Verflechtung von Parlament und Regierung und der konstitutionell beschränkten Kompetenzen besitzt der Staatspräsident letztlich die schwächere Position. In der politischen Praxis führte dies zur Eskalation des Verhältnisses zwischen den beiden Amtsinhabern, die ihren Höhepunkt 1995 in dem Versuch, den Staatspräsidenten wegen „Tätigkeiten wider die Souveränität der Slowakei“ zu überführen, erreichte. Zwar sagt die Verfassung nichts über die Verantwortlichkeit des Staatspräsidenten aus, doch konnte er bis 1999 vom Nationalrat aufgrund des sehr dehnbar auszulegenden Vergehens „gegen die Souveränität und territoriale Einheit der Slowakischen Republik oder eine auf Beseitigung der demokratischen Verfassungsordnung ausgerichteten Tätigkeit“ abberufen werden. Die Verfassungsänderung von 1999 wurde jedoch nicht genutzt, um diese ungewöhnliche Regelung, die zur Abhängigkeit und Instabilität des Staatspräsidentenamtes führen könnte, das mitunter gerade der Stabilität und der Repräsentation dienen soll, abzuschaffen. Allerdings wurde sie insofern erschwert, als dass zur Abberufung des Staatspräsidenten vom Nationalrat ein Referendum ausgerufen werden muss, das nur bei Zustimmung von über 50% der wahlberechtigten Bevölkerung Gültigkeit erlangt. Zur Beschlussfassung über ein derartiges Referendum bedarf es einer Dreifünftelmehrheit der Abgeordneten des Nationalrats. Die Verurteilung wegen Hochverrats durch das Verfassungsgericht wäre ein weiterer Grund für den vorzeitigen Amtsverlust des Staatspräsidenten.

1.2.2 Parteiensystem

Das slowakische Parteiensystem ist durch eine starke Polarisierung und Fragmentierung gekennzeichnet. Dabei bilden weder die für westeuropäische Parteiensysteme typische Rechts-Links-Dimension auf der Grundlage des sozio-ökonomischen Konflikts noch ethnische bzw. kulturelle Konflikte die zentralen Gegensätze. Vielmehr spaltet sich das slowakische Parteiensystem in die Lager der „Strukturkonservativen" und der „Modernisierer", zwischen denen eben nicht nur ein Dissens hinsichtlich der Vorstellungen über das zukünftige Wirtschaftssystem, sondern ebenso hinsichtlich der Grundstruktur des Regierungssystems und der demokratischen Spielregeln besteht. Während die Modernisierer prinzipiell für ein demokratisches parlamentarisches System und eine soziale Marktwirtschaft einstehen, möchten die Strukturkonservativen die alten klientelistischen Strukturen der sozialistischen Ära im ökonomischen wie im politischen System möglichst erhalten oder nur sehr langsam und zu ihren Gunsten verändern.

Dieser zentrale Gegensatz wird durch den sozio-ökonomischen Konflikt, der einen zentralen Aspekt des Modernisierungskonfliktes bildet, wie auch von ethnischen und religiösen Differenzen nur überlagert bzw. ergänzt. Dass diese vor allem für die Strukturkonservativen eine letztlich untergeordnete Rolle spielen und hauptsächlich der Instrumentalisierung dienen, wird bei einem näheren Blick auf das strukturkonservative Lager deutlich. So gehören ihm sowohl die rechtsnationalistische *Slowakische Volkspartei (SNS)* wie auch die links-populistische *Arbeiterassoziation der Slowakei (ZRS)* an. Stärkste Kraft im strukturkonservativen Lager ist die *Bewegung für eine demokratische Slowakei (HZDS)*, die in erster Linie durch die charismatische Persönlichkeit ihres Vorsitzenden Vladimir Mečiar geprägt wird und weder rechte noch linke Positionen kontinuierlich vertritt. Das Lager der Modernisierer besteht aus einer größeren Zahl von Parteien, die wesentlich stärker entlang sekundärer Konfliktlinien gespalten sind.

Bedeutende gesellschaftliche Faktoren, die bei der Entwicklung des polarisierten Parteiensystems eine Rolle spielten, waren der Wunsch nach nationaler Anerkennung, die zum Teil traditionelle Orientierung einer spätindustrialisierten und zum Teil noch ländlich geprägten Gesellschaft gegenüber einer urbanisierten Bevölkerungsschicht sowie die ethnisch heterogene Zusammensetzung der Bevölkerung (allein die ungarische Minderheit macht 11% der Bevölkerung aus). Ebenfalls von Bedeutung war die weitaus geringere Ablehnung des ehemaligen sozialistischen Regierungssystems unter der slowakischen Bevölkerung als beispielsweise im tschechischen Landesteil der früheren ČSSR.

Die Entwicklung des Parteiensystems erfolgte in zwei Phasen, von denen die erste Phase von Ende 1989 bis 1994 hauptsächlich durch die Formierung der neuen politischen Akteure geprägt war. Ab 1994 kann von einer Phase der Polarisierung zwischen dem Lager der Modernisierer und dem der Strukturkonservativen gesprochen werden. In der ersten Phase nach dem Systemwechsel hatten die neugegründeten Parteien zum Großteil den Charakter von Sammelbewegungen. Dies verdeutlicht die Entwicklung der bedeutendsten Gruppierung, der im November 1989 gegründeten Bürgerbewegung *Öffentlichkeit gegen Gewalt (VPN)*. Der Wahlerfolg der Sammelbewegung und der anfänglich stark konfessionell ausgerichteten *Christlich-Demokratischen Bewegung (KDH)* bei den ersten Wahlen 1990 stellte in erster Linie eine Abwahl des alten sozialistischen System dar. Der spätere Bedeutungsverlust der *Christlich-Demokratischen Bewegung (KDH)* zeigte zugleich, dass die relativ starke Kirchenbindung der Slowaken nur bei einem kleinen Teil der Bevölkerung auf die Wahlentscheidung Einfluss hat. In den folgenden Jahren bemühte sie sich daher zunehmend um eine christdemokratisch-konservative Ausrichtung. Mit dem Auftreten der rechtsnationalen *Slowakischen Volkspartei (SDK)* zeichnete sich bereits 1990 die Übertragung des innergesellschaftlichen Konflikts zwischen Modernisierern und Strukturkonservativen auf die Parteienlandschaft ab.

Weitere wichtige Parteien, die sich in der ersten Phase der Transformation gründeten, waren die drei Parteien der ungarischen Minderheit, die zusammen die *Ungarische Koalition (MK)* bilden, sowie die einzige demokratische bürgerlich-konservative Partei der ersten Gründungsphase, die *Demokratische Partei (DS)*. Sie nahm allerdings von Beginn an nur eine Randposition ein und ging 1997 in dem Parteienzusammenschluss *Slowakische Demokratische Koalition (SDK)* auf.

Der Großteil der weiteren relevanten Parteien gründete sich im Zuge des Differenzierungsprozesses innerhalb der Parlamentsparteien. Zusammen mit der ohnehin geringen Neigung der Bevölkerung ehemals sozialistischer Staaten, sich gesellschaftlich zu organisieren, führte dies zu einer schwachen Basis der Parteien in der Bevölkerung. Auch in der Slowakei kann man insofern von einem „schwebenden Parteiensystem“ sprechen. Eine der bedeutendsten Entwicklungen der ersten Phase war die Abspaltung der postkommunistischen, nationalen und populistischen Kräfte innerhalb der Bürgerbewegung *Öffentlichkeit gegen Gewalt (VPN)*. Sie bildeten 1991 unter Leitung des charismatischen Populisten Mečiar, der bereits in der Bürgerbewegung schnell die Führung übernommen hatte und auch die erste slowakische Regierung innerhalb der ČSFR geleitet hatte, die neue Partei *Bewegung für eine demokratische Slowakei (HZDS)*. Ebenso von großer Bedeutung war die Umwandlung der *Kommunistischen Partei der Slowakei (KSS)* in die *Partei der demokratischen Linken (SDL)*, die sich nach einer längeren Orientierungsphase um eine Distanzierung von ihrer Vergangenheit bemüht und inzwischen als sozialdemokratisch angesehen werden kann.

Zentrale Konflikte, die Modernisierer und Strukturkonservative 1990 bis 1992 spalteten, waren zum einen die Debatte um die Selbstbestimmung der Slowaken sowie die Frage der wirtschaftlichen Transformationsstrategie. Während nahezu alle bereits existierenden Parteien für eine langsame und sozial flankierte, die spezifisch slowakischen Probleme berücksichtigende Transformationsstrategie eintraten, plädierten nur die liberalen Kräfte innerhalb der Bürgerbewegung *Öffentlichkeit gegen Gewalt (VPN)*, die *Demokratische Partei (DS)* sowie die *Christlich-Demokratische Bewegung (KDH)* für eine zügigere Wirtschaftstransformation und Liberalisierung, wobei auch Letztere eine soziale Abfederung forderten. Die zentrale Stellung des Modernisierungskonflikts wird dabei in der Polarisierung zwischen den strukturkonservativen und den fortschrittlich orientierten Parteien deutlich, obwohl sich Letztere durchaus entlang religiöser, ethnischer und ökonomischer Konfliktlinien unterscheiden. Ein weiteres Indiz für die Dominanz des Modernisierungskonflikts ist der sprunghafte Wechsel der strukturkonservativen Parteien bei der Thematisierung neuer – bis dahin latenter – Konflikte, bspw. der Thematisierung der ungarischen Minderheit als nationales Problem, nachdem die Kontroverse über das Tempo der Wirtschaftstransformation sowie über die Selbstbestimmung der Slowaken nach der Unabhängigkeit an öffentlichem Interesse verloren hatte.

Die Zersplitterung der Parteien setzte sich bis 1994 fort und erreichte mit der Abspaltung von liberalen Kräften und Kritikern des autoritären Führungsstils Mečiars innerhalb der *Bewegung für eine demokratische Slowakei (HZDS)* im Frühjahr 1994 ihren Höhepunkt. Die Regierung verlor infolgedessen die Parlamentsmehrheit und musste nach einem erfolgreichen Misstrauensvotum zurücktreten. Die Regierungsverantwortung übernahm eine breite Koalition der demokratisch orientierten Parteien, die hauptsächlich von der liberal ausgerichteten *Demokratischen Union (DU)*, (die von ehemaligen Abgeordneten der *Bewegung für eine Demokratische Slowakei (HZDS)* gegründet worden war), der bürgerlich konservativen *Christlich-Demokratischen Bewegung (KDH)* sowie der sozialdemokratischen *Partei der demokratischen Linken (SDL)* getragen wurde. Zugleich setzte eine Phase der Polarisierung ein. Diese resultierte in erster Linie aus der Verschärfung des antidemokratischen Stils der *Bewegung für eine demokratische Slowakei (HZDS)* gegenüber den demokratisch orientierten Parteien wie auch innerhalb der eigenen Reihen, um einen neuerlichen Verlust einer zukünftigen Regierungsverantwortung aufgrund mangelnder Parteidisziplin zu verhindern.

Als Hauptprobleme der demokratischen Regierungskoalition erwiesen sich zum einen inhaltliche Differenzen aufgrund der politisch-ideologisch unterschiedlichen Orientierungen (liberale Vorstellungen der Union, die soziale Ausrichtung der Sozialdemokraten und die Betonung christlicher Werte seitens der Konservativen) wie auch das Fehlen herausragender Persönlichkeiten in ihrem Lager. Diese Faktoren schwächten die demokratisch orientierten Parteien sowohl während der kurzen Regierungsphase als auch in der Opposition und trugen bei den vorgezogenen Parlamentswahlen 1994 zur

Wahlniederlage der demokratischen Parteien bei. Zusammen mit der *Slowakischen Volkspartei (SNS)* und der 1994 gegründeten linkspopulistischen *Arbeiterassoziation der Slowakei (ZRS)*, die programmatisch in erster Linie nostalgische Erinnerungen an die „sichere" sozialistische Ära bot, bildete die *Bewegung für eine demokratische Slowakei (HZDS)* Ende 1994 erneut die Regierung. Erst der Ausschluss der Slowakei von den Verhandlungen zum EU- und NATO-Beitritt sowie das verstärkte Vorgehen der Regierungsparteien gegen die Opposition mit zum Teil undemokratischen Methoden führten zu einer bis dahin einmaligen Kooperation der oppositionellen Parteien.

Aufgrund einer Wahlgesetzänderung durch die Koalitionsregierung der *Bewegung für eine demokratische Slowakei (HZDS)*, die die Regierungsparteien bei den Wahlen 1998 begünstigen sollte und unter anderem Koalitionsbündnisse benachteiligte, erfolgte 1997 ein Zusammenschluss der liberalen und konservativen demokratischen Parteien zur *Sozialen demokratischen Koalition (SDK)*. Zusammen mit der *Partei der demokratischen Linken (SDL)*, der 1998 gegründeten *Partei für zivile Verständigung (SOP)* und den ungarischen Parteien übernahmen sie nach den Wahlen 1998 die Regierungsverantwortung. Der hohe Stimmenanteil, den die *Bewegung für eine demokratische Slowakei (HZDS)* bei den Wahlen 1998 verbuchen konnte, ebenso wie der hohe Stimmanteil Mečiars bei dem ersten Wahlgang für das Staatspräsidentenamt 1999 (über ein Drittel der Wahlberechtigten) zeigen allerdings, wie sehr traditionelle und paternalistische Orientierungen in der Bevölkerung verwurzelt sind und wie sehr die slowakischen Parteien aufgrund der Fragmentierung der Parteienlandschaft zu Koalitionen gezwungen sind.

Von einer Konsolidierung des Parteiensystems kann zehn Jahre nach dem Systemwechsel noch nicht gesprochen werden. Dies belegen zum einen die späten Parteigründungen sowie die nach den Wahlen einsetzende Krise der *Bewegung für eine demokratische Slowakei (HZDS)*. Wieweit eine Verlagerung der Konfliktlinien und eine Schwächung des strukturkonservativen Lagers erfolgen werden, hängt weitgehend von der Stabilisierung und der inhaltlichen Vertiefung der Systemunterstützung ab. Diese Entwicklung könnte nach den theoretischen Überlegungen EASTONS durch eine länger andauernde spezifische Unterstützung der demokratischen Parteien infolge der Übereinstimmung des politischen Outputs mit den Bedürfnissen der Wähler nach wirtschaftlichem Aufschwung und neuerlicher internationaler Akzeptanz maßgeblich gefestigt werden.

Abb. 6: Entwicklung der Parteien in der Slowakischen Republik

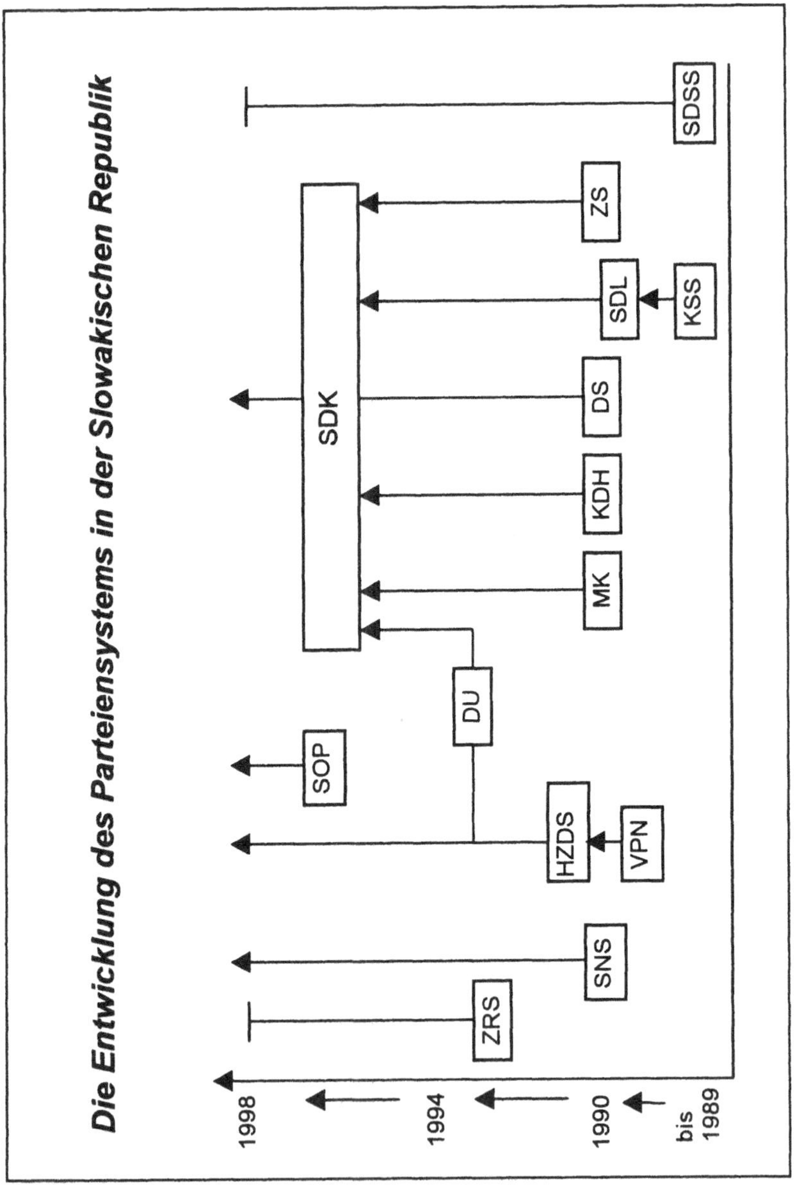

1.2.3 Intermediäre Gruppen

Wie in anderen postkommunistischen Staaten, waren auch in der Slowakei Organisationen des intermediären Sektors in die Dachorganisationen der Kommunistischen Partei eingebunden. Nach der Wende gründeten sich zahlreiche Gruppen neu, Gewerkschaften und andere zuvor bestehende Institutionen wurden reorganisiert. Die Gewerkschaften sind mehrheitlich in der 1990 gegründeten *Konföderation der Gewerkschaftsverbände der Slowakischen Republik (KOZ SR)* zusammengeschlossen. Unter anderem sind in ihr so bedeutende Arbeitnehmerverbände wie die Metallgewerkschaft *KOVO*, die Gewerkschaftsverbände der Bauwirtschaft, des Gesundheits- und des Erziehungswesens eingebunden. Der Organisationsgrad liegt auch aufgrund der stark vertretenen Schwerindustrie durchschnittlich bei 70%, in den klassischen Industriesektoren wie der Metall- und Chemieindustrie sogar noch höher.

Trotz der noch starken Mitgliederzahlen muss auch in der Slowakischen Republik langfristig mit einer sinkenden Organisation der Arbeitnehmer gerechnet werden, da Angestellte in dem neu entstehenden Dienstleistungssektor kaum organisiert sind. Bereits 1990 wurde der tripartistische „Rat der wirtschaftlichen und sozialen Einigung" gegründet, in dem sich Vertreter der Gewerkschaftsverbände, der Assoziation der Arbeitgeberverbände und sieben Ministerien über Gesetzesvorlagen sowie sozialpolitische Projekte u. Ä. austauschen sollen. Der jährlich ausgehandelte Generalvertrag hat allerdings auch in der Slowakei eher den Charakter einer Absichtserklärung.

Neben der *Konföderation der Gewerkschaftsverbände der Slowakischen Republik (KOZ SR)* bestehen noch verschiedene kleinere Gewerkschaftsverbände, die aber eine wesentlich geringere Mitgliederzahl aufweisen. Das Verhältnis der Gewerkschaften zur Koalitionsregierung unter Führung der *Bewegung für eine demokratische Slowakei* war – obwohl diese ihre Wählerschaft überdurchschnittlich aus der Arbeiterschaft rekrutiert – gespannt. Die Gewerkschaften warfen der Regierung unter anderem vor, keine Konzepte hinsichtlich der Beschäftigungspolitik und der sozialen Transformation vorweisen zu können und die Gewerkschaften vernichten zu wollen. 1995 kam es aufgrund der Differenzen zwischen Regierung und Gewerkschaften zu mehreren Demonstrationen, die ihren Höhepunkt in der Demonstration der *Konföderation der Gewerkschaftsverbände (KOZ SR)* mit über 20.000 Teilnehmern in Bratislava Ende 1995 hatten. Neben Gewerkschaften und Arbeitgeberverbänden haben sich in den ersten Jahren nach dem Systemwechsel auch Standesorganisationen (bspw. Medizinerverbände) sowie kleinere Unternehmerverbände gegründet, die sich mit gezielter Lobbyarbeit gegenüber der Regierung und dem Parlament um Durchsetzung ihrer Interessen bemühen und für ihren jeweiligen Teilbereich relativ erfolgreich sind.

Unter den Institutionen außerhalb des Bereichs der Arbeitsbeziehungen spielt die katholische Kirche in der Slowakei traditionell eine bedeutende Rolle. Über 60% der Slowaken gehören der katholischen Kirche an, die besonders in den ländlichen Gebieten starken Rückhalt genießt. Aufgrund ihres Engagements gegen die sozialistische Kirchenpolitik und allgemeine staatliche Repressionen seit den 80er-Jahren genoss die Kirche vor allem direkt nach der Wende und im Krisenjahr 1994 sehr großes Vertrauen in der Bevölkerung. Dies sank im Laufe der Transformation, befindet sich aber immer noch auf relativ hohem Niveau. Die Kirchenbindung der Slowaken sollte aber nicht überbewertet werden, wie auch die Randposition der einzigen christlich-orientierten Partei, der *Christlich-demokratischen Bewegung (KDH)*, innerhalb des Parteienspektrums zeigt. Dennoch fördert die Bindung an die autoritäre katholische Kirche obrigkeitsstaatliche Grundhaltungen in der Bevölkerung, die während der Herrschaftsperiode des sozialistischen Systems wenig Möglichkeiten hatte, demokratische Strukturen kennen zu lernen.

Nahezu völlig neu organisierte sich nach dem Systemwechsel der Bereich der zivilgesellschaftlichen Organisationen. Bereits 1995 waren etwa 6.000 registriert, von denen etwa 60% im Bildungsbereich und im Sozialwesen aktiv sind und sich in den ersten Jahren vorrangig auf die Hauptstadt konzentrierten. Ein Viertel der neugegründeten Organisationen sind Umweltorganisationen, die in der Slowakei (vergleichbar mit anderen zentral- und osteuropäischen Staaten) in Anbetracht starker Umweltverschmutzung und der Förderung strittiger Großprojekte zwar großen Zuspruch, aber wenig Mitglieder finden. Wie die Verbände des Wirtschaftssektors, bemühen auch sie sich durch Lobbyarbeit um Einfluss auf das Parlament und gründeten Anfang 1994 zu diesem Zweck ein Kooperationsgremium aus mehreren Umweltorganisationen.

Die Partizipation in zivilgesellschaftlichen Organisationen ist wie bei den Parteien relativ niedrig, jedoch geringfügig höher als in anderen zentral- und osteuropäischen Staaten. Das insgesamt schwache gesellschaftliche Engagement ist mit der Ablehnung und dem Misstrauen gegenüber organisierten Aktivitäten nach den Erfahrungen in der sozialistischen Gesellschaft und mit den wirtschaftlichen Problemen, aufgrund derer die Bevölkerung ihre Zeit verstärkt zur Sicherung des Lebensunterhalts oder zur Weiterbildung aufwenden muss, erklärbar. Die etwas stärkere Bereitschaft zur Mitarbeit auf lokaler Ebene und die im Vergleich zu anderen zentral- und osteuropäischen Staaten höhere Partizipation auf allerdings niedrigem Niveau können auf die

Traditionen der slowakischen Gesellschaft und die noch stärkeren gemeinschaftlichen Bindungen zurückgeführt werden.

1.2.4 Politische Kultur

Zum Verständnis der politischen Kultur in der Slowakischen Republik dürfen die Erfahrung jahrhundertelanger Fremdbestimmung und Repression durch andere Nationen beziehungsweise Staaten (vor allem unter der ungarischen Herrschaft), die späte Urbanisierung und Industrialisierung sowie die verhältnismäßig starke Bindung an die katholische Kirche nicht außer Acht gelassen werden. Diese Faktoren förderten das Fortbestehen traditioneller kollektiver Bindungen, behinderten den Individualisierungsprozess und legten die Grundlagen für einen Paternalismus, der seitens des sozialistischen Systems weiter gefördert und gebraucht wurde. Aufgrund der Industrialisierung und Urbanisierung sowie der finanziellen Förderung des slowakischen Landesteils der ČSSR und des damit einhergehenden verbesserten Lebensstandards wurde die sozialistische Ära von der slowakischen Bevölkerung weitaus weniger negativ bewertet als im tschechischen Landesteil. Zugleich bestehen allerdings infolge der Erfahrungen aus der Ersten Tschechoslowakischen Republik (1918-1939) demokratische Traditionen, die im historischen Gedächtnis eines Großteils der slowakischen Bevölkerung jedoch auch mit der Erinnerung an eine tschechische Bevormundung verbunden sind.

Diese beiden ambivalenten Erfahrungen führen zu einer Spaltung der Bevölkerung hinsichtlich der politischen Kultur in eine eher traditionell-national orientierte und eine weltoffenere demokratisch orientierte Gruppe. Trotz dieser Spaltung, die sich im Parteiensystem widerspiegelt, ist die diffuse und outputunabhängige Unterstützung der demokratischen politischen Ordnung, der in einer systemtheoretischen Perspektive ein hoher Stellenrang eingeräumt wird, verhältnismäßig weit verbreitet. Auch die steigende Unzufriedenheit mit der demokratischen Entwicklung konnte die prinzipielle Bejahung des demokratischen politischen Systems nicht gefährden. Während nach der Teilung der ČSFR die Unzufriedenheit mit der Entwicklung in den Zweifeln an der Trennung von der Tschechischen Republik und in der Angst vor zunehmenden wirtschaftlichen Problemen zu suchen war, verstärkte sie sich ab 1996 infolge des zunehmenden Bewusstwerdens der undemokratischen Regierungspolitik. Dies weist auf eine demokratische Grundeinstellung eines Großteils der Bevölkerung hin, die zwischen den Ergebnissen der Arbeit der politischen Amtsträger und den Vorgaben der politischen Ordnung zu unterscheiden weiß. Das Vertrauen der Bürger in einzelne Institutionen des Staates hat seit 1991/1992 jedoch abgenommen. Prinzipiell höher ist es gegenüber Institutionen, in denen Persönlichkeiten dominieren, wie beim

Staatspräsidentenamt oder bei der Regierung, wobei die Unterstützung gegenüber der Regierung ab 1992 aufgrund der bereits genannten Gründe abnahm.

Die Eskalation der Streitigkeiten zwischen den langjährigen Amtsträgern Mečiar (Ministerpräsident) und Kováč (Staatspräsident), die auch polarisierend auf die Bevölkerung einwirkten, ließ die Funktionen der Institutionen verstärkt hinter die Persönlichkeiten der Amtsinhaber zurücktreten. Dies zeigte sich besonders deutlich in dem massiven Vertrauensanstieg gegenüber dem Staatspräsidenten im Krisenjahr 1994, in dem Kováč mit seiner kritischen Rede zur Nation zum Sturz des Ministerpräsidenten beitrug. Der Einfluss der allgemeinen Unterstützung von Institutionen, in denen die Amtsinhaber als Persönlichkeiten hervortreten, spiegelte sich bei einem Großteil der Bevölkerung immer wieder auch im Erfolg der langjährigen Regierungspartei *Bewegung für eine demokratische Slowakei (HZDS)* unter der Leitung des Charismatikers Mečiar wider. Trotz der sinkenden Zufriedenheit mit dem Output der Regierung und der Ablehnung von Parteien konnte die *Bewegung für eine demokratische Slowakei (HZDS)* wiederholt die Wahlen gewinnen (wenn auch mit sinkenden Stimmenanteilen). Die Ambivalenz zwischen der steigenden Unzufriedenheit und der gleichzeitigen spezifischen Unterstützung der Verantwortlichen ist somit nur durch den tiefen Riss in der Gesellschaft zu erklären. So scheint der strukturkonservative Teil der Bevölkerung zwar der kleinere, aber homogenere zu sein, dessen politische Präferenzen sich über einen längeren Zeitraum infolgedessen durchsetzen konnten.

Die Skepsis gegenüber den politischen Institutionen trifft als politische Akteure auch die Parteien. Ihre fehlende Bürgernähe wie auch ihre Verantwortung für die innerparlamentarischen Konflikte trugen vielmehr zum Gefühl der Einflusslosigkeit und zunehmenden Resignation und Gleichgültigkeit gegenüber der politischen Entwicklung bei. Dies kann, muss aber nicht zu einer sinkenden Unterstützung der politischen Ordnung führen, was in der Slowakei bislang allerdings nicht der Fall war. Weitaus höheres Ansehen in der Bevölkerung besitzen Institutionen und Akteure, die in die innerparlamentarischen Konflikte nicht unmittelbar involviert sind, wie Kirchen oder Umweltverbände. Die im Vergleich mit der Bevölkerung anderer osteuropäischer Staaten starke Kirchenbindung, die niedrige, allerdings vergleichsweise höhere Parteienidentifikation und die schwache Partizipation im politischen Prozess deuten auf ein Bedürfnis nach sozialer Integration und auf einen traditionellen Paternalismus hin.

Prägend und polarisierend wirkten auch die nationalistischen Tendenzen, die in weiten Teilen der slowakischen Bevölkerung bestehen und sich vorrangig gegen die starke und gut organisierte ungarische Minderheit richten. Die latent anti-ungarischen Stimmungen, die ihre Ursprünge in der jahrhundertelangen Repression durch Ungarn während der Zugehörigkeit der Slowakei zum ungarischen Teil der Habsburgermonarchie sowie im Gebietsverlust an Ungarn 1939 haben, wurden nach der Unabhängigkeit von der Tschechischen Republik durch die politischen Eliten bewusst geschürt. In Anbetracht der Beteiligung von ungarischen Parteien an der Koalitionsregierung unter Leitung von Mikuláš Dzurinda (seit 1998) ist auch von einem Wechsel in der Minderheitenpolitik auszugehen.

1.2.5 Fazit

Nachdem die Slowakische Republik ab 1993 zunehmend politisch und wirtschaftlich in die Isolation geriet und 1998 in- und ausländische Beobachter gar ein Abdriften in ein autoritäres Regierungssystem fürchteten, lässt der Wahlausgang von 1998 auf eine zukünftige demokratische Konsolidierung hoffen. Trotz der zügigen Einrichtung formaler demokratischer Institutionen kann in der Slowakischen Republik zehn Jahre nach dem Zusammenbruch des sozialistischen Systems nicht von einer institutionellen Konsolidierung gesprochen werden. Der Versuch des Ministerpräsidenten, seine Macht auszudehnen, sowie das Scheitern der Neuwahl eines Staatspräsidenten (1998) und die Schwäche der konstitutionellen Sanktionen gegenüber den schon gängigen Verfassungsbrüchen der langjährigen Regierung Mečiar können als Indikatoren für die mangelnde Konsolidierung der einzelnen Verfassungsinstitutionen und ihrer Handlungsfähigkeit gesehen werden. Als weiterer Indikator hierfür gelten auch die von den populistischen Parteien ab 1993 in Gang gehaltenen autoritären und nationalistisch-populistischen Diskurse, die sich vor allem gegen den Staatspräsidenten und die ungarische Minderheit richteten. Auch hinsichtlich der Unabhängigkeit der einzelnen Institutionen von nichtlegitimierten Machtstrukturen (z.B. alte Eliten, Mafia) kann in Anbetracht der in den ersten Jahren entstandenen klientelistischen Strukturen zwischen Wirtschaft, wichtigen Verwaltungsinstitutionen und der bis 1998 amtierenden Regierung nicht von einer Konsolidierung gesprochen werden.

Hauptgründe für die Deformierung des parlamentarischen Systems lagen zum einen in den undemokratischen Methoden der von 1993 bis 1998 nahezu durchgehend amtierenden Regierung unter Ministerpräsident Mečiar sowie in der Schwäche der parlamentarischen Opposition, die den Machtmissbrauch der Regierung erst ermöglichte. Diese Schwäche geht in erster Linie auf die Spaltung der politischen Parteien in zwei stark polarisierte Gruppen, die grob als „Strukturkonservative" und als „Modernisierer" bezeichnet werden können, zurück. Während Erstere von einer starken Partei mit einer charismatischen Führungspersönlichkeit dominiert wurden, litt die Gruppe der Modernisierer lange Zeit unter einem Mangel an herausragenden Persönlichkeiten und unter der internen Fragmentierung entlang sekundärer Konfliktlinien. Allerdings kann die Entwicklung nicht nur auf die Zersplitterung der demokratisch orientierten Parteien zurückgeführt werden. Vielmehr basiert sie auf der Spaltung der gesamten Gesellschaft in einen eher traditionell-national orientierten und einen weltoffeneren demokratisch orientierten Bevölkerungsteil. Vertieft wurde die Spaltung durch die Abtrennung von der Tschechischen Republik, die nur von etwa 50% der Bevölkerung bejaht wurde. Dennoch scheint die demokratische Orientierung der Bevölkerung aber noch stark genug zur Stützung einer zukünftigen demokratischen Konsolidierung zu sein, wie die Wahlen 1998 zeigten. Entscheidend wird sein, ob die demokratisch orientierten Parteien interne Differenzen überwinden können, da sie in Anbetracht der immer noch relativ starken strukturkonservativen Kräfte zur Kooperation gezwungen sind. Zudem hängt ihr Erfolg auch von der Erfüllung der Erwartungen der Bürger hinsichtlich einer wirtschaftlichen und politischen Konsolidierung wie einer internationalen Anerkennung ab. Wieweit Letztere in Form von Einladungen der EU und der NATO zu Beitrittsverhandlungen bestätigt wird, bleibt abzuwarten und liegt nicht allein in slowakischer Hand.

1.3 Das politische System Ungarns

1.3.1 Einleitung

Die sozialistische Ein-Parteien-Herrschaft in Ungarn hatte sich nach einer Phase von stalinistischem Totalitarismus im Anschluss an den Aufstand von 1956 schon relativ früh in den sechziger Jahren liberalisiert. Deshalb gestaltete sich die Phase des Machtübergangs von der Ein-Parteien-Herrschaft zu den neuen politischen Kräften Ende der achtziger Jahre im Vergleich zu den anderen Staaten Zentral- und Osteuropas am reibungslosesten und undramatischsten. Der Begriff des „ausgehandelten Übergangs“ trifft wohl für dieses Land am ehesten zu. Schon vor 1989 – als dem Jahr des endgültigen Übergangs – kam es zur Bildung von oppositionellen Bewegungen (1987 wurde das *Demokratische Forum (MDF)* als eine lose zusammengeschlossene Quasi-Partei gegründet). Die *Sozialistische Partei (MSZP)* wandelte sich spätestens nach der Ablösung von János Kádár im Jahre 1988 zu einer kommunistischen Reformpartei, die sich dann 1989 eine eher sozialdemokratisch geprägte politische Programmatik gab und ein Mehrparteiensystem akzeptierte. Im Laufe dieses Jahres kam es zu einem nationalen „Runden Tisch“ mit Beteiligung der unterschiedlichen politischen Gruppen, der sich dann auf einen Termin für Wahlen im Jahre 1990 und notwendige Verfassungsergänzungen einigte. Letztere wurden vom Parlament verabschiedet, das 1985 gewählt worden und damit noch nicht aus freien Wahlen hervorgegangen war. Die Übergangsregierung unter Ministerpräsident Miklós Németh, die von Ende 1988 bis zu den Wahlen im Frühjahr 1990 im Amt war, ist in Deutschland vor allem durch den damaligen Außenminister und späteren Ministerpräsidenten Gyula Horn bekannt geworden, der die ungarisch-österreichische Grenze für Ausreisewillige aus der DDR öffnete und so nicht unerheblich zum Fall der Berliner Mauer und des politischen Systems der Deutschen Demokratischen Republik beitrug.

Von Bedeutung für den Transformationsprozess und seine geringe Dramatik sind auch die ökonomischen Reformen, die in Ungarn schon sehr früh partielle marktwirtschaftliche Strukturen geschaffen haben. In den achtziger Jahren wurden zum Beispiel kleinere private Kooperativen legalisiert. Durch eine Teilung der Volkswirtschaft in einen binnen- und außenwirtschaftlichen Sektor, wobei Letzterer auf der Basis „harter“ ausländischer Devisen operierte, waren schon die Transformation erleichternde Anpassungen erfolgt. So waren in Ungarn im Vergleich zu den anderen Staaten des kommunistischen Wirtschaftsverbundes (COMECON-Block) sowohl die Warenversorgung als auch der Konsumstandard über weite Strecken erheblich besser („Gulaschkommunismus“).

1.3.2 Verfassung

Die ungarische Verfassung stammt aus der Zeit der kommunistischen Machtübernahme 1948/49 und wurde inzwischen in umfassender Weise ergänzt. Trotz Ausarbeitung einer neuen Verfassung durch eine parteienübergreifende Kommission von 1994 bis 1998 haben politische Streitigkeiten in Legislative und Exekutive bis heute die Verabschiedung eines neuen Verfassungstextes verhindert. Sollte eine Verabschiedung in der laufenden Legislaturperiode mit der dafür notwendigen Zwei-Drittel-Mehrheit gelingen, sind zwar zahlreiche Änderungen im Detail, aber keine Auswechslung der grundlegenden Systemarchitektur zu erwarten. Die durch die geltende Verfassung definierten Institutionen und ihre Beziehung zueinander ergeben ein ziemlich lupenreines parlamentarisches Regierungssystem mit einer dem Ein-Kammer-Parlament (Nationalversammlung) verantwortlichen Regierung (Ministerrat) und einem weitgehend auf repräsentative und zeremonielle Funktionen beschränkten Präsidenten als Staatsoberhaupt. Letzterer wird auf 5 Jahre vom Parlament gewählt und kann nur einmal wieder gewählt werden. Um gewählt zu werden, benötigt ein Kandidat in den ersten beiden Wahlgängen eine Zwei-Drittel-Mehrheit. Im dritten Wahlgang, für den nur noch die beiden Stimmstärksten des zweiten Wahlgangs antreten dürfen, genügt dann logischerweise die einfache Mehrheit. Damit ist sichergestellt, dass auf jeden Fall ein Staatspräsident gewählt wird.

Die Regierung

Ohne die politische und integrative Bedeutung des derzeitigen Amtsinhabers und ersten demokratisch gewählten Präsidenten (Árpád Göncz) zu unterschätzen, kann bei dieser Verfassungslage und der nun über zwei Legislaturperioden zu beobachtenden Verfassungspraxis von einer hohen Konzentration der exekutiven Macht bei der Regierung unter Führung des Ministerpräsidenten ausgegangen werden. Einmal gewählt, wird die politische Stellung des Ministerpräsidenten zusätzlich durch ein konstruktives Misstrauensvotum, ähnlich der Konstruktion im deutschen Grundgesetz, abgesichert. Hinzu kommt, dass das Misstrauen nur dem Ministerpräsidenten bzw. der Regierung insgesamt durch die Wahl eines Nachfolgers ausgesprochen werden kann. Dies ist eine der zahlreichen Verfassungsänderungen, die 1990 beschlossen wurden. Einzelne Minister können damit nicht vom Parlament aus dem Amt entfernt werden, was die prinzipielle Ressortverantwortlichkeit der Minister zugunsten einer politischen Gesamtverantwortung der Regierung relativiert. Der Ministerrat – so die Bezeichnung für die Regierung in der Verfassung – wird dadurch zum Kollektivorgan, dessen Beratungen vom

Ministerpräsidenten geleitet werden. Über eine Richtlinienkompetenz, wie sie der deutsche Bundeskanzler besitzt, verfügt er jedoch nicht. Die Position der Exekutive gegenüber der Legislative wird zusätzlich durch die Praxis des Regierens mit Hilfe von exekutiven Verordnungen und Dekreten gestärkt, die keiner parlamentarischen Zustimmung bedürfen.

Trotz der starken Stellung der Regierung kann man nicht von einem rationalisierten Parlament sprechen, wie das für das Regierungssystem der V. Republik in Frankreich behauptet wurde. Da es keine exekutive Doppelspitze mit einem politisch effektiven und plebiszitär legitimierten Präsidenten wie im semi-präsidentiellen System gibt, sondern die gesamte Exekutive aus dem Parlament hervorgeht, ist eine derart reduzierte politische Rolle des Parlaments strukturell ausgeschlossen. Von Bedeutung sind bei dieser Frage natürlich auch die parlamentarischen Mehrheitsverhältnisse. Gibt es eine solide Mehrheit auf der Basis einer geschlossenen Koalition oder gar einer Ein-Parteien-Regierung, dann wird, wie das im britischen Regierungssystem der Fall ist, die politische Handlungsfähigkeit der Regierung weiter gestärkt. Zumindest das Parlament in seiner Gesamtheit bzw. die dann eher schwache Opposition verliert in diesem Fall an politischem Gewicht, da die Gewaltenverschränkung von Exekutive und Legislative (Regierungsmehrheit) zunimmt. Da es in Ungarn auf der gesamtstaatlichen Ebene auch keine zweite Kammer mit föderal-regionaler Repräsentationsgrundlage gibt, entfällt damit auch ein gewaltenteiliges Element, das die Opposition bei gegebenen Mehrheitsverhältnissen politisch nutzen könnte (siehe dazu im Vergleich Deutschland). Wie wir jedoch bei der Darstellung des Parteiensystems weiter unten feststellen werden, sind „britische Verhältnisse" der Mehrheitsbildung im ungarischen Parlament zumindest zurzeit noch nicht in Sicht.

Abb. 7: Das ungarische Regierungssystem

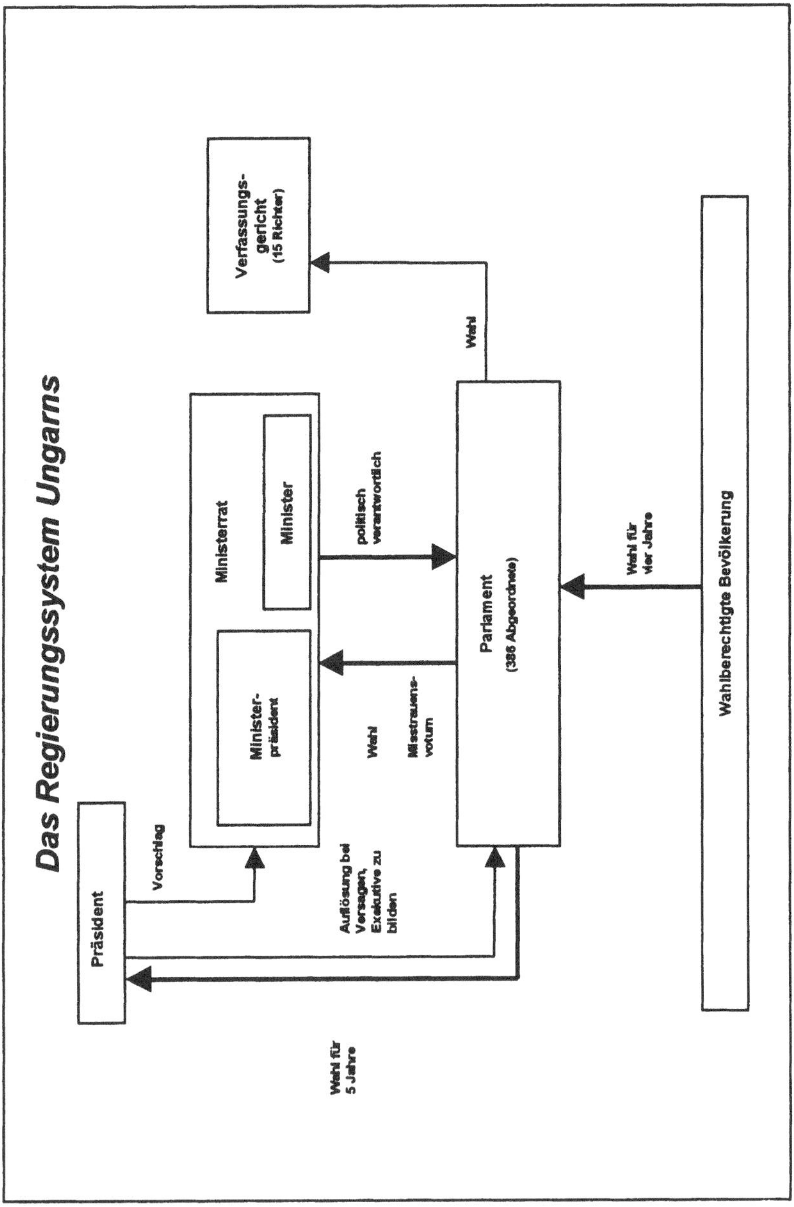

Das Parlament

Die trotz allem starke Stellung des Parlaments (Nationalversammlung) mit seinen derzeit 386 Mitgliedern kommt auch in seiner faktischen Nichtauflösbarkeit während einer Wahlperiode zum Ausdruck. Nur im Falle, dass es innerhalb von einem Jahr viermal der Regierung das Vertrauen entzogen hat bzw. unfähig ist, innerhalb der Frist von vierzig Tagen nach Ende des Mandats einer Regierung den vom Staatspräsidenten vorgeschlagenen neuen Ministerpräsidenten zu wählen, ist der Präsident nach Konsultation mit der Regierung und den Parteiführern im Parlament berechtigt, dieses vorzeitig aufzulösen. Trotz des in Ungarn den Parlamentsausschüssen und einzelnen Abgeordneten zustehenden Initiativrechts für Gesetze werden diese – wie in einem parlamentarischen Regierungssystem üblich – in überwiegender Zahl von der Regierung eingebracht. Deshalb kommt dem Parlament in erster Linie die Funktion der Beratung und Verabschiedung der Regierungsvorlagen zu. Dabei darf während der Legislaturperiode des ersten Parlaments (1990-1994) durchaus von einer Überforderung der parlamentarischen Arbeit gesprochen werden. Sie resultierte aus der Doppelfunktion des Parlaments als Verfassungs- und Gesetzgeber während der Transformationsphase. Dies beweist erneut das Dilemma der Gleichzeitigkeit: einerseits müssen zuerst grundlegende Verfahrensregeln definiert werden, andererseits sollen gleichzeitig auch effektive materielle Politikentscheidungen getroffen werden. Kritiker bemängeln folglich auch den gesetzestechnischen Dilettantismus und die fehlende politische Programmatik, die vor allem die Arbeit des ersten Parlaments ausgezeichnet haben. Eine Kritik, die sich in einem parlamentarischen Regierungssystem jedoch in erster Linie an die Regierung richten sollte, da sie für die entsprechenden gesetzgeberischen Vorarbeiten bzw. Vorgaben verantwortlich ist. Angesichts der ideologischen Heterogenität der Regierungskoalition sowie der stärksten Regierungspartei selbst (*Demokratisches Forum, MDF*) ist ihre mangelhafte programmatische Konsistenz kaum überraschend.

Neben der Gesetzgebungsfunktion hat die Nationalversammlung auch eine Kontrollfunktion (z.B. durch Untersuchungsausschüsse) gegenüber der Regierung sowie die Wahlfunktion für eine Reihe bedeutender Ämter und Funktionen. So wählt zum Beispiel das Parlament mit Zwei-Drittel-Mehrheit die 15 Richter des Verfassungsgerichts, die parteipolitisch nicht aktiv sein dürfen. Ferner wählt es die Ombudsmänner für Bürgerrechte und ethnische Minderheiten, den Präsidenten des Rechnungshofes, den Vorsitzenden des Obersten Gerichtshofes (den Stellvertreter darf der Präsident bestimmen) sowie den Generalstaatsanwalt mit unterschiedlichen Quoren.

Die interne Arbeitsweise der Nationalversammlung – festgelegt durch eine Geschäftsordnung – unterscheidet sich in den Grundzügen nur unwesentlich von den Parlamenten in anderen parlamentarischen Regierungssystemen. Unter den Koalitionspartnern des ersten Parlaments wurde eine Ausschussstruktur ausgehandelt, die zehn ständige Ausschüsse umfasst und im Wesentlichen ein Spiegelbild der ministeriellen Arbeitsteilung in der Regierung darstellt. Aufgrund der prinzipiellen Bedeutung der Verfassungsentwicklung spielte dabei der Verfassungs- und Rechtsausschuss eine besondere Rolle. Zur Unterstützung der Parlamentsfunktionen wurden zudem vier so genannte Spezialausschüsse, die sich mit Wahlen und Immunitätsfragen beschäftigen sollen, eingerichtet. Ferner wurde ein kleinerer Ausschuss zur Vorbereitung der Parlamentssitzungen und zur Unterstützung des Parlamentspräsidenten geschaffen, der beim Deutschen Bundestag Ältestenrat heisst. Neben der intensiven Beratung von Gesetzesvorlagen, haben Ausschüsse die wichtige Funktion der Kontrolle der Regierungsarbeit, wozu das Parlament in besonderen Fällen auch Untersuchungsausschüsse bilden kann. Im Zuge der parlamentarischen Arbeit wurde deutlich, dass einige ständige Ausschüsse aufgrund ihres zu breiten Aufgabenzuschnitts überlastet waren, was zur Bildung von Unterausschüssen geführt hat. Neue Aufgaben und Politikfelder brachte die Etablierung neuer Ausschüsse mit sich. Dazu gehört zum Beispiel ein Ausschuss für den Beitritt zur Europäischen Union.

1.3.3 Gesetzgebung und Policy-Output

Wie in parlamentarischen Regierungssystemen üblich, stammt die überwiegende Zahl der Gesetzesentwürfe, die im Parlament beraten werden, von der Regierung (in Ungarn ca. 70% aller Gesetze). Bemerkenswert ist die relativ hohe Zahl von 20% aller Vorlagen, die von Parlamentsausschüssen eingebracht werden. Dieses von der Verfassung zugestandene Recht ist eine ungarische Spezialität, die den Parlamentsausschüssen in den meisten anderen parlamentarischen Regierungssystemen verwehrt ist. Dort können nur Fraktionen oder einzelne Abgeordnete Gesetzesentwürfe einbringen. Gesetze werden im Parlament in nur zwei Lesungen behandelt. Die eingebrachten Gesetze werden vom Präsidium vor der ersten Plenumsdebatte den zuständigen Ausschüssen überwiesen. Ihre Stellungnahmen, Empfehlungen und Änderungswünsche gehen in die allgemeine Debatte des Plenums ein. Nach der Überarbeitung der Vorlagen werden in einer zweiten, detaillierten Debatte insbesondere die Ergänzungen und Änderungen diskutiert. Daran schließt sich die Abstimmung über den Gesetzestext an. Dieses Normalverfahren kann durch das Parlament geändert werden. So ist zum Beispiel die Zusammenlegung der beiden Lesungen möglich. Mit dieser „beschleunigenden"

Geschäftsordnung trug die ungarische Nationalversammlung ihrer zentralen Aufgabe als Gesetzgeber in einer Transformationssituation Rechnung. Beschlüsse werden bei normalen Gesetzen mit der Mehrheit der anwesenden Mitglieder gefasst. Bei allen verfassungsändernden Beschlüssen ist eine Zwei-Drittel-Mehrheit der Mitglieder des Parlaments erforderlich. Dies bedeutet faktisch, dass Teile der Opposition einer Verfassungsänderung zustimmen müssten. Da die Regierung Antall (1990-1994) vor der Aufgabe stand, beträchtliche Teile der alten Verfassung an die Erfordernisse eines demokratischen Rechtsstaats anpassen zu müssen, hat sie sich diese Mehrheit durch ein Abkommen mit der liberalen Oppositionspartei, dem *Bund Freier Demokraten (MSZP)*, während der Legislaturperiode des ersten Parlaments gesichert.

Die für eine solche Transformationsphase typische Flut von Gesetzen verhinderte allerdings eine effektive Kontrollfunktion des Parlaments und seiner Ausschüsse – zumindest während der Zeit des ersten Parlaments von 1990 bis 1994. Zu viele Angelegenheiten einschließlich ihrer verfassungsrechtlichen Grundlagen mussten neu geregelt oder den Anfordernissen einer Demokratie mit marktwirtschaftlicher Ordnung angepasst werden, als dass Zeit für eine wirksame Kontrolle der Regierungsadministration und der von ihr betriebenen Implementation der neuen Gesetze übrig blieb. Die unzureichende Kontrolle der Regierungsarbeit bei der Implementation führte dann auch zu erheblichen Effektivitäts- und Effizienzproblemen. Das heißt, mit der Gesetzgebung verbundene inhaltliche Ziele wurden nicht konsequent genug verfolgt und viele der eingesetzten Finanzmittel blieben ohne die erhoffte Wirkung. Dabei unterschieden sich die Kritiker der Regierungspolitik, wie nicht anders zu erwarten, je nachdem, ob sie dem Regierungs- oder dem Oppositionslager politisch nahe standen.

Von hoher Bedeutung für die Popularität der Regierung bei den Wählern ist auch in Ungarn die ökonomische Lage. Die 1994 und 1998 vollzogenen Regierungswechsel sind nach übereinstimmender Ansicht der Experten – neben den Veränderungen im Parteiensystem selbst – auf die wirtschaftliche Situation des Landes und damit auf die Lebensverhältnisse von breiten Bevölkerungsschichten zurückzuführen. Die Parlamentswahlen 1994 waren durch den vorausgegangenen Versuch der vom *Demokratischen Forum (MDF)* geführten Regierung geprägt, die wirtschaftliche Situation der Bevölkerung durch eine drastische Erhöhung der Staatsausgaben zu verbessern. Dadurch sollte auch die steigende Arbeitslosigkeit bekämpft werden. Die Folge dieser Politik war eine dramatische Zunahme des Haushaltsdefizits bei sich gleichzeitig verschlechternder Außenhandelsbilanz. In dieser Situation wurde die *Sozialistische Partei (MSZP)*, die für einen Politikwechsel stand, für die Wähler attraktiv. Der Versuch der Regierung, sie als Nachfolgeorganisation der sozialistischen Einheitspartei darzustellen, scheiterte. Die überwiegende Mehrheit der Bevölkerung war offensichtlich nicht mehr bereit, die Argumentation des Regierungslagers zu akzeptieren, in der für alle existierenden politischen und ökonomischen Probleme allein das sozialistische Erbe verantwortlich gemacht wurde.

Nach der Wahl, bei der die *Sozialistische Partei (MSZP)* mit 33% der Wählerstimmen eine 54%-Mehrheit an Parlamentssitzen gewann (eine Folge des ungarischen Wahlrechts; siehe dazu den nächsten Abschnitt) und dennoch eine Koalition mit den Liberalen einging, setzte die Regierung ein wirtschaftliches Konsolidierungsprogramm in Gang, das neben der Fortsetzung und Vollendung der Privatisierung eine Sanierung der maroden Staatsfinanzen zum Ziel hatte. Zur Korrektur der außenwirtschaftlichen Schieflage wurde die ungarische Währung (der Forint) stark abgewertet. Zur Kontrolle der Inflation wurde eine wirksame Einkommenspolitik angestrebt. Somit hat eine ehemalige Systempartei entgegen den Erwartungen nicht die Interessen ihrer alten Klientel verfolgt, sondern eine radikale ökonomische Modernisierungs- und Liberalisierungspolitik betrieben. Um die Glaubwürdigkeit der ungarischen Wirtschafts- und Finanzpolitik auf den internationalen Finanzmärkten zu steigern, wurde sogar ein Abkommen mit dem Internationalen Währungsfonds (IWF) geschlossen, das Ungarn einen Kredit (so genannte Sonderziehungsrechte des IWF) bei Einhaltung makroökonomischer Rahmendaten (Inflationsrate, Haushaltsdefizit etc.) in Aussicht stellte. Dieser Kredit wurde nie abgerufen. Die Regierung war allein von der psychologischen Wirkung dieses Abkommens überzeugt.

Die Wirkung des wirtschaftspolitischen Austeritätsprogramms blieb nicht aus. Die Makrodaten verbesserten sich tatsächlich, allerdings zu Lasten der Einkommenssituation der privaten Haushalte. Damit stieg, wie nicht anders zu erwarten, die Unzufriedenheit unter den Wählern. Der Versuch der Regierung, im Vorfeld der Wahlen von 1998 durch eine halbherzige Politikwende die Einkommenslage der Privathaushalte zu verbessern, scheiterte. Mit dem Versprechen, durch Erhöhung der Sozialausgaben und niedrigere Steuersätze mehr für die Einkommenssituation der Bevölkerung zu tun, gewann die Oppostion unter Führung des ehemals liberalen, aber inzwischen konservativ-populistischen *Bund Junger Demokraten* (*FIDESZ*) die Wahlen. Damit funktioniert der Mechanismus der alternierenden Parteienregierung, wie er für den parlamentarischen Prototyp – das britische Westminster-Modell – als wirksames Mittel zur demokratischen Kontrolle politischer Macht charakteristisch ist. Aber ob dieser Mechanismus auch zu einer längerfristigen Legitimität und politischen Stabilität der ungarischen Demokratie führt, ist eine Frage, die wohl noch nicht endgültig beantwortet werden kann. Die ökonomischen Härten der Umstrukturierung könnten bei den Wählern nicht nur zu einer Unzufriedenheit mit den jeweiligen Regierungsparteien führen, sondern auch zu einer Ablehnung des Parteiensystems insgesamt.

1.3.4 Parteiensystem und Wahlen

In der Terminologie von SARTORI hat sich in Ungarn seit 1990 ein gemäßigt fragmentiertes Parteiensystem mit relativ ausgeprägter Polarisierung entwikkelt. Es besteht nach der Wahl von 1990 aus drei unterscheidbaren Parteigruppierungen: einer christlich-konservativen, einer liberalen und einer sozialistisch-sozialdemokratischen. Alle Gruppierungen waren bisher an Regierungsbildungen beteiligt. Dabei wird die in den meisten zentral- und osteuropäischen Ländern dominante Konfliktlinie im Parteiensystem zwischen „Modernisierern" einerseits und „Traditionalisten" andererseits durch den ideologischen Links-Rechts-Gegensatz überlagert. Dadurch entstehen politikfeldspezifische Verschiebungen auf der Rechts-Links-Achse. Während in Westeuropa die „rechten" (christlich-konservativen) Parteien einen ökonomischen Liberalismus vertreten, streben sie in Ungarn als Vertreter der Interessen von „Modernisierungsverlierern" eine ökonomische und sozialpolitische Abfederungsstrategie für diese Bevölkerungsgruppe an. Ihre Programmatik ähnelt deshalb auf diesem Gebiet den linken Parteien Westeuropas. Dagegen vertritt die *Sozialistische Partei (MSZP)* sowohl politisch liberale Positionen als auch marktoptimistische wirtschaftliche Vorstellungen. Wenn man allerdings dabei an die Entwicklungen linker Parteien in Westeuropa (z.B. an *New Labour* in Großbritannien) denkt, dann scheinen auch auf dieser Dimension die politischen Unterschiede geringer zu werden.

In Ungarn entstand trotz dieser ideologischen Verschiebungen ein ausdifferenziertes und relativ stabiles Parteiensystem, dessen Entstehung, wie in den anderen postsozialistischen Ländern auch, durch den jeweils spezifischen Verlauf des Transformationsprozesses und die weiter zurückliegenden historischen Erfahrungen erklärt werden kann. Von relativer Stabilität muss deshalb gesprochen werden, weil sich insbesondere die politischen Lager rechts von der Mitte noch nicht stabilisiert haben und von starken Parteibindungen und Stammwählerschaften im westeuropäischen Sinn nicht gesprochen werden kann. Letztere lösen sich ja auch in Westeuropa nach den Befunden der Wahlforscher zunehmend auf, was die Annäherung der Parteiensysteme in Ost und West zumindest hinsichtlich der Wählerunterstützung beschleunigen könnte.

Nun zur Entstehung und Entwicklung des ungarischen Parteiensystems im Einzelnen. In Ungarn gewannen Regimekritiker in der zweiten Hälfte der achtziger Jahre an Einfluss und organisierten sich in zwei Parteien: zum einen im *Bund Freier Demokraten* (*SZDSZ*) mit einer pro-europäischen, marktwirtschaftlich-liberalen Orientierung, zum anderen im *Ungarischen Demokratischen Forum* (*MDF*), das sich stärker national-konservativ an der ungarischen Wertetradition orientierte. Weitere Oppositionsparteien betraten die politische Bühne nach 1988 mit der Legalisierung politischer Parteien. Dazu gehört in erster Linie der *Bund Junger Demokraten* (*FIDESZ*) mit einer anfänglich progressiv-liberalen Ausrichtung seiner studentischen Gründungsmitglieder aus der Juristischen Fakultät der Budapester Universität, die aber im Laufe der neunziger Jahre deutlich konservativ-populistische Züge annahm. Seit den Wahlen von 1998 ist er die stärkste Partei im Parlament und bildet mit dem stark geschrumpften *Demokratischen Forum* (*MDF)* und der *Partei der Kleinlandwirte, der Landarbeiter und des Bürgertums* (*FKGP*) eine Regierungskoalition. Bei der zuletzt genannten Partei handelt es sich um die Wiedergründung einer Partei, die schon vor der kommunistischen Herrschaft zwischen 1945 und 1948 existierte. Ihr Hauptziel nach der Wiedergründung war die Reprivatisierung des Besitzes der kleinen Landwirte. Sie wendet sich heute vor allem gegen die Einflüsse westlichen Kapitals in der Landwirtschaft und wird in besonderem Maße von der älteren Bevölkerung auf dem Land unterstützt. Ebenfalls historische Vorläufer besitzt die *Christlich-Demokratische Volkspartei* (*KDNP*) mit einer konservativen Mitte-Rechts-Position. Sie verlor allerdings bei der letzten Wahl ihre parlamentarische Basis. Neu eingerückt ins Parlament ist 1998 die 1993 gegründete *Partei der Ungarischen Wahrheit und des Lebens (MIÉP)* die eine Abspaltung des *Demokratischen Forums (MDF)* darstellt. Sie ist die einzige Partei, die sich gegen eine Mitgliedschaft Ungarns in der NATO ausspricht und deshalb als Koalitionspartner von den anderen konservativen Parteien abgelehnt wird.

Die Linkspartei des ungarischen Parteiensystems ist die *Sozialistische Partei* (*MSZP*), die nach Auflösung der alten Staatspartei mit einer sozialistisch-sozialdemokratischen Ausrichtung 1989 gegründet wurde. Da sich ein kleiner Teil unter dem alten Namen *Ungarische Sozialistische Arbeiterpartei* (*MSZMP*) von dieser Neugründung distanzierte und weiter existierte, war es leichter, den Bürgern den Neubeginn und die ideologische Reorientierung zu vermitteln. Dennoch stellte die Partei zunächst eher ein Sammelbecken für unterschiedliche linke Strömungen dar und erst im Laufe der neunziger Jahre gewann die sozialdemokratische Strömung mit einer Unterstützung des marktwirtschaftlichen Systems unter ihrem Führer Gyula Horn deutlich die Oberhand.

Die ersten Wahlen im Jahre 1990 nach der Transformation des politischen Systems brachten den Sozialisten jedoch eine herbe Niederlage. Es gelang ihnen, nur etwas mehr als 8% der Mandate zu erlangen. Stärkste Partei wurde das *Demokratische Forum (MDF)*, das zusammen mit den beiden anderen konservativen Parteien (die *Partei der Kleinlandwirte, FKGP,* und die *Christlich-Demokratische Volkspartei, KDNP*) eine Koalition unter dem Vorsitzenden des Forums, Jószef Antall, bildete. Wichtig dabei ist, dass nach der Wahl eine Absprache mit dem sich in der Opposition befindlichen *Bund Freier Demokraten (SZDSZ)* zustande kam, die der Regierung bei wichtigen Abstimmungen eine verfassungsändernde Zwei-Drittel-Mehrheit einbrachte. Auf diese Weise wurde zum Beispiel Árpád Göncz durch das Parlament zum Staatspräsidenten gewählt. Ursprünglich wollte die Sozialistische Partei 1989 ihren Kandidaten durch Volkswahl in dieses Amt wählen lassen. Sie scheiterte jedoch in einer für diese Verfassungsänderung anberaumten Volksabstimmung. Die Regierung hatte trotz zunehmender Konflikte vor allem im *Demokratischen Forum (MDF)* (z.B. durch Abspaltung der *Partei der Ungarischen Wahrheit und des Lebens, MIÉP,* 1993) die gesamte Legislaturperiode Bestand, was angesichts des gerade neu formierten Parteiensystems und der politisch-ideologischen Heterogenität nicht unbedingt zu erwarten war. Die Stunde der *Sozialistischen Partei (MSZP)* schlug bei den Wahlen im Jahre 1994. Wie in vielen anderen Ländern Zentral- und Osteuropas, führten die zweiten Wahlen zu einem „Comeback“ der gewandelten, alten Staatsparteien. So auch in Ungarn, wo die *Sozialistische Partei (MSZP)* die absolute Mehrheit im Parlament erreichte. Sie ging dennoch eine Koalition mit dem *Bund Freier Demokraten (SZDSZ)* ein und setzte zur Sanierung der von der Vorgängerregierung in desolatem Zustand hinterlassenen Staatsfinanzen ein umfassendes Sparprogramm in Gang. Dies kostete die Regierung bei den Wählern trotz eintretender Erfolge (z.B. beachtliches Wachstum des Bruttosozialprodukts) gegen Ende der Legislaturperiode erhebliche Sympathien. Insbesondere die Unzufriedenheit der so genannten „Kleinen Leute“ führte dann bei den Wahlen 1998 dazu, dass die Sozialisten zwei Drittel ihrer Direktmandate verloren, obwohl sie fast den gleichen Prozentsatz an Parteistimmen wie 1994 erhielten. Aufgrund der Wirkungen des komplizierten Wahlrechts (siehe unten) wurde sie jedoch dadurch nur zweitstärkste Partei im Parlament. Trotz weniger Parteistimmen wurden die *Jungdemokraten (FIDESZ)* stärkste Partei und bildeten die schon oben angeführte konservative Rechtskoalition. Sie sieht sich in der politischen Tradition der ersten demokratisch gewählten Regierung unter Antall, zumal das *Demokratische Forum (MDF)* dank der Wahlhilfe der *Jungdemokraten (FIDESZ)* an der Koalition beteiligt ist und die Wählerschaft dieser Partei sich mit einiger Sicherheit auch aus ehemaligen Anhängern des *Demokratischen Forums (MDF)* rekrutiert.

Abb. 8: Parteien im ungarischen Parlament und ihre Stimmanteile

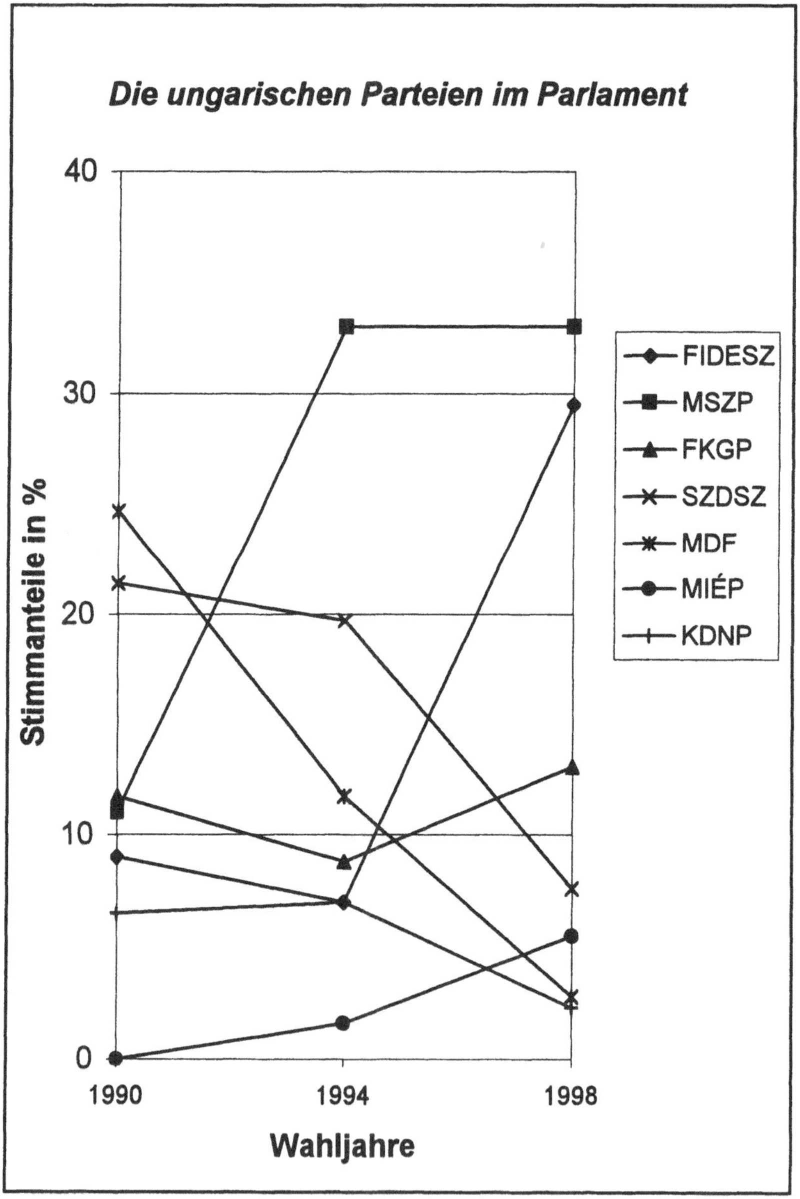

Die starken Veränderungen in der parlamentarischen Stärke der Parteien sind u.a. durch das spezifische ungarische Wahlsystem verursacht. Im Gegensatz zu den Verhältniswahlsystemen der meisten Länder Zentral- und Osteuropas haben wir es in Ungarn mit einer Kombination von Mehrheitswahl in Ein-Personen-Wahlkreisen und Verhältniswahl von Parteilisten in 20 Wahlbezirken bzw. auf nationaler Ebene zu tun. Der Mehrheitswahl wird in der Theorie eine konzentrierende Wirkung auf die Entwicklung des Parteiensystems und damit eine Stärkung der Regierungsfähigkeit durch komfortablere parlamentarische Mehrheiten nachgesagt. Sie gibt den Wählern auch eine größere „Hebelwirkung“ im Sinne der Veränderung parlamentarischer Mehrheiten. Verhältniswahlsysteme legen dagegen größeren Wert auf die Repräsentierung des Wählerwillens. Die bisherigen Wahlergebnisse in Ungarn zeigen, dass das Mischsystem die erwarteten Wirkungen des Mehrheitssystems aufweist, da deutliche Abweichungen der Wahlergebnisse von der Proportionalität zu beobachten sind. Diese Abweichungen begünstigen die großen Parteien bzw. die Wahlsieger und erleichtern damit die Regierungsbildung.

Das Wahlrecht ist Ergebnis eines Kompromisses zwischen der Opposition und den Systemvertretern, der bei den „Runden Tischen“ des Jahres 1989 erzielt wurde. Er trägt dem Wunsch der Beteiligten nach einer balancierten Veränderung und der Bildung stabiler Mehrheitsverhältnisse Rechnung. Technisch funktioniert das ungarische Wahlsystem so, dass 176 Abgeordnete oder 45% in Ein-Personen-Wahlkreisen gewählt werden, während 210 oder 55% über Parteilisten ihr Mandat erhalten. Jeder Wähler hat zwei Stimmen: die erste für den Kandidaten, die zweite für die Partei. Da im ersten Wahlgang nur derjenige Kandidat gewählt ist, der über 50% der Kandidatenstimmen erhält, liegt wie in Frankreich ein absolutes Mehrheitswahlrecht vor, das einen zweiten Wahlgang erfordert, bei dem die relative Mehrheit genügt. Voraussetzung zur Teilnahme am zweiten Wahlgang ist ein Stimmenanteil von mindestens 15%. Dieser zweite Wahlgang bietet den Parteien Gelegenheit, durch Absprachen spätere Koalitionen zu stärken (durch Kandidaturverzicht des im ersten Wahlgang schwächeren Kandidaten). Eine Strategie, die bei den letzten Wahlen zum größten Teil den Sieg der Opposition über die regierende *Sozialistische Partei (MSZP)* erklärt. Obwohl Letztere proportional genauso stark blieb wie in der Wahl 1994, verlor sie über 20% der Mandate. Damit ist das Wahlsystem allerdings noch nicht vollständig beschrieben. Die Listenplätze werden noch einmal aufgeteilt in 152 Mandate, die in den 20 Wahlbezirken mit der Zweitstimme gewählt werden, und 58 Mandate, die über nationale Parteilisten vergeben werden. Über diese nationalen Listen werden Parteien, die landesweit mehr als 5% der Stimmen erhalten haben, entsprechend den Stimmenanteilen der „Verlierer“ bei der Direktwahl in den

Ein-Personen-Wahlkreisen und den Stimmen, die bei der Listenwahl der ersten Runde für die Zuteilung eines Mandats über die erforderliche Stimmenzahl hinausgehen, also „überschüssig“ sind, „entschädigt“. Dadurch findet zwar eine „proportionale“ Korrektur der absoluten Mehrheitswahl statt, aber die Bevorzugung der großen bzw. erfolgreichen Parteien durch das Wahlrecht bleibt bestehen.

Neben der Fünf-Prozent-Klausel (nur 4% bei der ersten Wahl 1990) gibt es einige weitere Hindernisse, die die Parteien überspringen müssen, um bei nationalen Wahlen antreten zu können. So müssen die Wahlkreiskandidaten 750 Unterschriften aus dem Wahlkreis für ihre Kandidatur beibringen und eine nationale Liste darf nur die Partei aufstellen, die gültige Listen, bei denen die Bewerberzahl mindestens den zu vergebenden Mandaten entsprechen muss, in mindestens sieben (von 20) Wahlbezirken eingereicht hat. Diese Hürden benachteiligen kleinere Parteien zusätzlich und unterstützen damit eine Konzentration der Mandate auf wenige Parteien im Parlament. Der Umstand, dass das Wahlrecht bis heute nicht wesentlich geändert wurde, kann jedoch als ein Anzeichen dafür gewertet werden, dass das Wahlvolk wie die Parteieliten der größeren Parteien mit diesem komplexen System insgesamt zufrieden sind. Es hat nicht unwesentlich dazu beigetragen, dass die Vielzahl der Parteineugründungen nach 1989 nicht zu einer völligen Zersplitterung des Parlaments geführt hat. Aber auch die Zersplitterung der Stimmen im Elektorat hält sich in Grenzen. So ging der Prozentsatz der „verlorenen“ Stimmen, d.h. Stimmen für Parteien ohne parlamentarische Repräsentation von 15% bei den Wahlen 1990 auf weniger als 10% bei den Wahlen 1998 zurück. Außerdem hat sich das System der etablierten Parteien stabilisiert. Diejenigen, die die Gründungswahlen erfolgreich im Sinne parlamentarischer Repräsentation absolviert haben, sind in den folgenden Wahlen trotz der wahlrechtsbedingten beachtlichen Schwankungen in den Fraktionsstärken wieder ins Parlament eingezogen. Ausnahmen bilden der Niedergang des *Demokratischen Forums (MDF)* und der *Christdemokratischen Volkspartei (KDNP)*. Das *Demokratische Forum (MDF)* hat dabei das Schicksal ideologisch und interessenpolitisch heterogener Parteien/Bewegungen erlitten, die vor und während der Übergangsphase durch die Funktion einer Systemopposition zusammengehalten wurden. Die Folge waren Abspaltungen wie im Falle des *Demokratischen Forums (MDF)* durch die *Partei der Ungarischen Wahrheit und des Lebens (MIÉP)* im Jahre 1993. Ähnlich erging es zum Beispiel auch der *Solidarność* in Polen, obwohl es sich dabei nicht um eine Partei im engeren Sinne handelte. Erschwerend kam für das *Forum (MDF)* der Verlust der zentralen Führungspersönlichkeit (Tod von Antall 1993) hinzu.

Mit dieser relativen Stabilität ist das Parteiensystem Ungarns zu einer entscheidenden Stütze für die Institutionen der parlamentarischen Demokratie und dabei zu einer zentralen Funktion einer stabilen Regierungsbildung geworden. Inwieweit es damit zu einer Stabilisierung der Regimeunterstützung (Systemlegitimität) im Sinne von EASTON beiträgt, hängt auf der Inputseite vor allem von seinen Fähigkeiten ab, Interessen wirksam zu artikulieren und zu aggregieren. Auf der Outputseite wird es vor allem darum gehen, inwieweit wechselnde Parteiregierungen mit demokratisch erneuerter politischer Unterstützung in der Lage sein werden, die Interessen breiter Bevölkerungsschichten durch einen anhaltenden Wirtschaftsaufschwung zu befriedigen.

1.3.5 Intermediäre Gruppen

Die Stabilität eines Parteiensystems hängt nicht unwesentlich von den gesellschaftlichen Gruppen und Organisationen ab, die den Parteien im interessenpolitischen Vorfeld aufgrund ihrer Affinität zu bestimmten politischen Ideologien bzw. Programmen relativ stabile Stammwähler zuführen. Ohne derartige gesellschaftliche Verankerungen kann man auch von einem über der gesellschaftlichen Basis „schwebenden Parteiensystem“ sprechen. Auf diesem Gebiet existieren in den Ländern Zentral- und Osteuropas aufgrund der sozialen und ökonomischen Transformation die größten Probleme. Politische Parteien lassen sich relativ schnell und einfach durch „politische Unternehmer“ (DOWNS) gründen und bei eintretenden Wahlerfolgen auch organisatorisch stabilisieren. Das gilt insbesondere bei einem Einzug ins Parlament, weil dadurch staatliche Unterstützung und Ressourcen zur Verfügung stehen. Parteien sind damit weit weniger der Logik kollektiven Handelns (OLSON) unterworfen. Für die Entstehung, Entwicklung und Befestigung von umfassenden gesellschaftlichen Gruppen muss ein vermittelbares gemeinsames Interesse vorliegen und sich ein Organisationskern bilden, dem es durch die Produktion selektiver Anreize (d.h. von Vorteilen, die nur den zur Beschaffung des Kollektivgutes beitragenden Mitgliedern zugänglich sind) gelingt, potentielle Mitglieder für ein aktives Engagement – sei es in Form von Organisationsarbeit oder finanziellen Zuwendungen – zu gewinnen. Nur auf diese Weise kann das so genannte Trittbrettfahrerproblem bei der Beschaffung kollektiver Güter (siehe dazu den vierten Abschnitt in Kapitel I des Buches) überwunden werden. Darunter ist der Versuch zu verstehen, in den Genuss eines Kollektivgutes ohne eigenen Beitrag zu gelangen. Da bei Bereitstellung eines Kollektivguts definitionsgemäß niemand von dessen Konsum (Nicht-Rivalität im Konsum) ausgeschlossen werden kann, gibt es für ein rational handelndes Individuum keine Anreize, für dessen Beschaffung Kosten zu übernehmen. Relativ einfacher kann das Kollektivgüterproblem von Gruppen und Organisationen bewältigt werden, die auf vorhandene Ressourcen zurückgreifen können oder die Interessen spezieller und verhältnismäßig kleiner privilegierter Gruppen vertreten wollen. Zu Ersteren gehören in den zentral- und osteuropäischen Transformationsländern häufig Gewerkschaften, zu Letzteren zum Beispiel Alteigentümer von großen Besitzungen. Mit den zuerst Genannten wollen wir uns hier näher beschäftigen. Dabei wird – so viel kann vorweg verraten werden – auch ein deutlicher Unterschied zu den anderen Ländern, insbesondere zu Polen, sichtbar.

Wenn wir uns hier explizit auf den Erklärungsansatz der ökonomischen Theorie der Politik zu den Schwierigkeiten der Entstehung von privaten, zivilgesellschaftlichen intermedären Organisationen beziehen, dann heißt das nicht, dass dies der einzige Erklärungsansatz für die Schwäche zivilgesellschaftlicher Strukturen in Zentral- und Osteuropa wäre. Die stärker von der Systemtheorie beeinflusste politische Kulturforschung betont zum Beispiel die Rolle von sozialisationsbedingten Werthaltungen, die eher eine Tendenz zum „Rückzug ins Private" als eine zu öffentlichem Engagement erwarten lassen.

Ungarische Gewerkschaften sind traditionell stark segmentiert, wenig repräsentativ bzw. umfassend in ihrer Mitgliedschaft und nur begrenzt mobilisierungsfähig. Diese Feststellung trifft selbst für die in einem Dachverband organisierten offiziellen Gewerkschaften während der sozialistischen Ein-Parteien-Herrschaft zu. Im Verlauf des Systemwechsels kam es einerseits zu gewerkschaftlichen Neugründungen (der *Demokratischen Liga unabhängiger Gewerkschaften* (*FSZDL* oder nur *LIGA*) sowie der *Föderation der Betriebsräte* (*MOSZ*)), andererseits zu einer Reform und Umwandlung der „alten" Gewerkschaften in zwei Nachfolgeorganisationen des Dachverbandes mit den Bezeichnungen *Landesbund der Gewerkschaften Ungarns* (*MSZOSZ*) für den industriellen und *Kooperationsforum der Gewerkschaften* (*SZEF*) im öffentlichen Sektor. Rein quantitativ blieben sie die bedeutenderen Gewerkschaften. Dies trifft jedoch nicht notwendigerweise auch für ihren politischen Einfluss zu. Während die Neugründungen in erster Linie politische Unterstützung von den regierenden konservativen bzw. liberalen Parteien erhielten, bot sich für die *Sozialistische Partei (MSZP)* aufgrund der durch den Systemwechsel geschaffenen vergleichbaren Organisationsprobleme eine Unterstützung des transformierten Gewerkschaftsbundes an, die jedoch aus nahe liegenden Gründen während der Legislaturperiode des ersten Parlamentes noch keine große politische Wirkung hatte. Obwohl die während des Systemwechsels gegründeten neuen Gewerkschaften nur bescheidene Organisationserfolge aufweisen konnten, trug ihre Unterstützung durch die anderen Parteien zu einer weiteren Segmentierung bzw. Pluralisierung der ungarischen Gewerkschaften bei. Die erste konservative Regierung versuchte auch, einerseits die „alten“ Gewerkschaften durch eine Neu-Registrierung der Mitgliedschaft und durch die Einführung von Betriebsräten auf Firmenebene zu schwächen. Andererseits wurden sie durch das tripartistisch besetzte Gremium eines Rates für Interessenabstimmung zumindest formal in das staatliche Institutionengefüge eingebunden. Die sich im Verlauf der Legislaturperiode (1990-94) verschärfenden sozio-ökonomischen Probleme führten dann zu einer Gegentendenz mit der stärkeren Annäherung der Gewerkschaften an die *Sozialistische Partei (MSZP)*, die damit ihre Wählerbasis tendenziell verbreitern konnte, was auch zu ihrem klaren Sieg bei den Wahlen 1994 beitrug. Diese Annäherung und Zusammenarbeit – Letztere vor allem mit dem *Landesbund*, dem größten ungarischen Gewerkschaftsverband – erhöhten während der Regierungszeit der Sozialisten trotz oder gerade wegen fehlender bzw. schwacher weiterer gesellschaftlicher Institutionen der Interessenvermittlung (z.B. umfassende Tarifverhandlungen) tendenziell den Einfluss der Gewerkschaften auf die Politik. Im Gegenzug erhielten die Gewerkschaften dann auch mehr gesellschaftliche Unterstützung, ohne ihre Segmentierung und organisatorischen Schwächen entscheidend zu überwinden. Hinzu kam, dass aufgrund der ökonomischen Krise(n) der Verteilungsspielraum gering war, was auch die Institution des tripartistisch besetzten Rates der Interessenabstimmung weitgehend zur Wirkungslosigkeit verurteilte.

Der Nachteil einer vorwiegend auf politische Unterstützung setzenden Strategie war, dass die durch die Annäherung an die *Sozialistische Partei (MSZP)* mögliche politische Einflussnahme auf deren Regierungszeit beschränkt bleiben musste. Aufgrund der heterogenen Organisationsdomänen und der Ressourcenknappheit mit fehlenden Möglichkeiten der Bereitstellung effektiver Anreizstrukturen gelang es den Gewerkschaften nicht, schlagkräftige, umfassend kollektiv handlungs- und konfliktfähige Organisationen zu bilden.

Das Beispiel der ungarischen Gewerkschaften trifft durchaus auch für die Organisationssituation anderer gesellschaftlicher Interessenlagen zu. So sind Unternehmerverbände, sofern es sich nicht um reine Lobbyorganisationen handelt, – wie auch in anderen Staaten – häufig ein Spiegelbild von Gewerkschaftsstrukturen, da Tarifverhandlungen nach organisatorischen Pendants verlangen. Insgesamt hat der Transformationsprozess in der Form eines Elitenkompromisses nicht zur Ausbildung starker gesellschaftlicher Organisationen geführt. Dadurch blieben auch Ansätze eines gesellschaftlichen Korporatismus (z.B. Sozialpakte) nur Stückwerk. Die nach OLSON gegen übermäßige Umverteilungsforderungen eher abgeneigten umfassenden Interessenorganisationen müssen in Ungarn die politische Arena weitgehend den gut organisierten speziellen und partikularen Interessen überlassen. Damit steigt die Chance zur Bildung von Verteilungskoalitionen zu Lasten der Allgemeinheit bzw. des Gemeinwohls im OLSONschen Sinne.

Eine nicht zu unterschätzende Rolle bei der Strukturierung und Formierung gesellschaftlicher Interessen bildet die Transformationsstrategie für die Wirtschaft und dabei insbesondere das Privatisierungskonzept, d.h. die Art und Weise der Überführung von Staatsbetrieben in private Unternehmen. Im Gegensatz zu anderen Staaten Zentral- und Osteuropas wurde weder das Konzept der kostenlosen bzw. mit symbolischen Preisen versehenen Verteilung des staatlichen Unternehmenbesitzes in Form von Coupons oder Aktien an die Bevölkerung verfolgt, noch eine Rückgabe an Alteigentümer (Reprivatisierung) betrieben. Die vorherrschende Strategie war der Verkauf auf der Grundlage von „Marktpreisen". Dabei ist zu beachten, dass zwei staatliche Agenturen diesen Prozess überwacht und gesteuert haben. Von echten Marktpreisen kann dabei – ähnlich wie bei den Transaktionen der Treuhandanstalt in Ostdeutschland – nur eingeschränkt gesprochen werden. Für die staatlichen Großbetriebe wurde eine Staatsholding gegründet, um insbesondere die schwer verkäuflichen Großbetriebe bzw. Kombinate zu sanieren und gegebenenfalls zu entflechten. Die zweite Institution funktionierte im Stil einer Agentur ohne selbst im Besitz der Vermögenswerte zu sein. Sie war damit für die Anbahnung und Überwachung der Transaktionen an die privaten Investoren zuständig. Da eine verbreitete Furcht vor einem Ausverkauf der ungarischen Wirtschaft an ausländische Investoren existierte, wurde der Erwerb von Betrieben und Produktivvermögen durch Ausländer im Wesentlichen auf drei Möglichkeiten begrenzt: zum einen können Anteile am ehemaligen Staatsvermögen durch Vermittlung der Vermögensagentur erworben werden. Zum Zweiten gibt es die häufig genutzte Möglichkeit der so genannten Joint Ventures, und drittens sind Neuinvestitionen auf „der grünen Wiese" durch Ausländer gestattet. Mit dieser Privatisierungsstrategie wurde einerseits das Problem der fehlenden Investitionen aufgrund von Kapitalmangel bei Couponprivatisierung zum Nulltarif in Grenzen gehalten, andererseits eine im Ergebnis breit gestreute und dezentrale Verteilung des Staatsbesitzes erreicht. Eine Konzentration der Vermögenswerte, wie zum Beispiel in Russland in den Händen der ehemaligen Nomenklatura und staatlichen Wirtschaftsfunktionären, konnte dadurch weitgehend verhindert werden. Damit ist auch auf Eigentümer- bzw. Arbeitgeberseite eher mit einer pluralistischen und segmentierten Interessenlage zu rechnen, die die Entstehung umfassender Organisationen eher erschwert. Allerdings bleiben zumindest die von der Theorie kollektiven Handelns konstatierten Vorteile bei der Kollektivgüterbeschaffung durch die in diesem Bereich prinzipiell kleineren und mit spezifischeren Interessen ausgestatteten latenten Gruppen erhalten.

Vor diesem Hintergrund überrascht es nicht, dass verschiedene empirische Erhebungen in der Mitte der neunziger Jahre Ungarn neben Polen als das Land mit dem geringsten politischen Integrationsgrad der Bevölkerung in zivilgesellschaftlichen Organisationen ausweisen. Dies trifft für Mitgliedschaften in Parteien (ca. 3%) wie Gewerkschaften (ca. 19%) zu. Dieser Umstand steht mit einem relativ geringen Vertrauen in solche Institutionen und einer geringen Identifikation mit Parteien in Zusammenhang. Nur 18% bezeichnen sich 1995 als Anhänger einer Partei. Dies kontrastiert mit Werten über 59% in den westeuropäischen Demokratien. Es ist allerdings bekannt, dass das aus der amerikanischen Wahlforschung stammende Konzept der Parteiidentifikation im internationalen Vergleich erhebliche Validitätsprobleme bei der Messung aufweist, auf die hier nicht näher eingegangen werden kann. Die Gründe sind in der historischen, kulturellen und institutionellen Rolle von Parteien zu suchen. Unterstützt werden solche Befunde durch ein sehr starkes Gefühl der Macht- und Einflusslosigkeit der Bevölkerung gegenüber den politischen Eliten. In dieser Dimension bildet Ungarn das Schlusslicht unter den Demokratien Zentral- und Osteuropas.

Eine geringere zivilgesellschaftliche Einbindung ist in Ungarn auch durch die geringe Kirchenbindung zu vermuten. Nur ca. 10% (Polen 56%) der wahlberechtigten Bevölkerung bekunden nach einer österreichischen Studie Mitte der neunziger Jahre eine starke Kirchenbindung, gemessen an regelmäßigem und häufigem Kirchgang. Angesichts solcher empirischer Befunde stellt sich die Frage, auf welche Weise die Vermittlung zwischen den Interessen der Individuen und dem politischen System angesichts einer so geringen Integration der Bevölkerung in zivilgesellschaftliche Strukturen überhaupt funktionieren kann. Die Antwort liegt in dem Hinweis auf die auch in den „alten" Demokratien zunehmende Bedeutung der Massenmedien, insbesondere des Fernsehens. Auch in Ungarn genießen diese Institutionen das größte Vertrauen als Informationsquelle. Damit kann von einer Tendenz zu einer weitgehend passiven, medial vermittelten politischen Integration gesprochen werden. Inwieweit dies ein funktionaler Ersatz für die traditionelle eher aktive, über Organisationsmitgliedschaften vermittelte politische Einbindung darstellt, kann hier nicht geklärt werden. Fest steht, dass es auch in den westeuropäischen Regierungssystemen Entwicklungen in diese Richtung gibt. Seit geraumer Zeit wird dort bei den traditionellen Milieuparteien eine Erosion ihrer sozialen Basis und ihrer Verankerung in entsprechenden intermediären Organisationen beobachtet. Das gilt für das christliche wie das Arbeitermilieu in vergleichbarer Weise. Gleichzeitig entstehen neue Typen von Parteien, die nicht über eine stabile gesellschaftliche Basis verfügen, und sich stattdessen durch eine hohe Medienpräsenz den Wählern empfehlen (so zum Beispiel die von Berlusconi gegründete *Forza Italia*). Unterstellt man den Fortgang dieser Entwicklung, dann würden sich die Demokratien in Ost- und Westeuropa von unterschiedlichen Richtungen kommend in dieser Hinsicht ähnlicher werden. Parteien wären dann nicht mehr Mitgliedsorganisationen, sondern eher Unternehmen, die ihre Produkte – sprich: politischen Programme – über die Massenmedien „verkaufen". Ein Politikstil, der seit geraumer Zeit aus den USA bekannt ist. Eine solche denkbare Konvergenz der politischen Systeme in Ost- und Westeuropa impliziert aber keineswegs, dass dadurch das Problem einer stabilen demokratischen Regierungsweise gelöst wäre – zumal die möglichen destabilisierenden Wirkungen dieser Entwicklung auf die demokratischen Institutionen der westeuropäischen Länder langfristig ebenfalls kaum abzuschätzen sind.

1.3.6 Politische Kultur

Nach der Aufhebung der Teilung des ungarischen Territoriums in ein von den Türken und den Habsburgern beherrschtes Gebiet – nach dem Sieg der Österreicher im Vertrag von Karlovatz (1699) – verblieb Ungarn mehr als 200 Jahre in der österreichischen bzw. österreichisch-ungarischen Monarchie. Diese so genannte Doppelmonarchie wurde 1867 mit einer begrenzten Souveränität für den ungarischen Landesteil eingerichtet. Zuvor war – wie auch in den anderen Staaten Europas – der Revolutionsversuch von 1848 u.a. mit Hilfe russischer Truppen gescheitert. Die weitgehende innenpolitische Autonomie Ungarns in der Zeit bis zum Ersten Weltkrieg war begleitet von einem beachtlichen wirtschaftlichen Aufschwung, vor allem der Hauptstadt Budapest, die sich zu einer europäischen Metropole entwickelte. Trotz der außen- und finanzpolitischen Abhängigkeit von Österreich blicken viele Ungarn mit Stolz auf diese Phase wirtschaftlicher und kultureller Blüte zurück. Umso schwer wiegender wurde der Preis empfunden, den Ungarn durch die Gebietsabtrennungen nach dem Ersten Weltkrieg im Frieden von Trianon (Pariser Vorortverträge) für seine Zugehörigkeit zu Österreich und damit zu den Verlierern des Krieges zu bezahlen hatte. Es verlor zwei Drittel seines Staatsgebietes und seiner Bevölkerung, was dazu führte, dass bis heute beachtliche ungarische Minderheiten in der Slowakei und in Rumänien leben. Dieser Verlust kann als der Grund für die Entstehung des so genannten „Gravamina-Nationalismus" betrachtet werden, der bis heute zu nationalistischen Strömungen und Äußerungen in der ungarischen Politik beiträgt (z.B. auch während der Zeit der ersten nach-sozialistischen Regierung unter Antall vom *Demokratischen Forum, MDF*). Die Zwischenkriegszeit Ungarns war vor allem durch das autoritär-konservative Regime von Admiral Horthy geprägt, was dann auch die fatale Annäherung an Deutschland bewirkte. Wiederum auf der „falschen" Seite wurde das Land 1945 von sowjetischen Truppen besetzt. Bereits in diesem Jahr wurden Wahlen abgehalten, aus denen die *Partei der Kleinlandwirte, der Landarbeiter und des Bürgertums (FKGP)* als Sieger hervorging. Der Einfluss der Kommunisten stieg jedoch unter der sowjetischen Besatzung und schon 1947 wurden sie in den Wahlen stärkste Partei. Im Zuge der osteuropäischen Blockbildung, unter dem Einfluss des Stalinismus, wurde dann die kommunistische Herrschaft etabliert. Damit endete eine kurze Episode der Demokratie in Ungarn.

Entscheidender für die heutige politische Kultur in Ungarn ist die Periode der kommunistischen Ein-Parteien-Herrschaft insgesamt, aber in besonderer Weise sind es die letzten fünf bis zehn Jahre. In dieser Periode wurden durch die herrschenden Staats- und Parteieneliten, wie durch die sich formierenden Oppositionsgruppen, die Weichen für einen vergleichsweise undramatischen und eher kontinuierlich verlaufenden Übergang von der sozialistischen Diktatur und Planwirtschaft zu einem demokratischen politischen System mit Marktwirtschaft gestellt. Dieser Prozeß war durch Kompromiß- und Konsensbildung innerhalb der „alten“ und „neuen“ Eliten ohne eine breitere Partizipation der Bevölkerung gekennzeichnet. Dieser Sachverhalt erschwert auch die relativ eindeutige Zuordnung von Bevölkerungsgruppen zu bestimmten politischen Lagern und damit Parteien. In der Literatur wird von vier sozio-politischen Wertetraditionen ausgegangen, die ungefähr die Bandbreite politisch-kultureller Orientierung in der Bevölkerung abstecken sollen. Dabei sind in der Realität komplexe Mischformen häufiger als die „reinen“ Typen zu erwarten. Zunächst vermutet man eine breite nationale Orientierung, die sich zwar primär auf die historische Bedeutung Ungarns bezieht, aber eine vorsichtige Modernisierung (insbesondere Demokratisierung) nicht ausschließt. Die typische soziale Gruppe dafür ist das kleinstädtische Bürgertum. Davon ist die eindeutig pro-westliche Orientierung zu unterscheiden, die auf pluralistischen und individualistischen Ordnungsvorstellungen beruht. Während diese vor allem im großstädtischen Bürgertum sozial verankert ist, ist die agrargesellschaftliche Tradition eher ein die bäuerlich-konservative Wertetradition betonendes Orientierungssystem. Schließlich ist noch die (post-) sozialistische Gesellschaftsvorstellung zu erwähnen, die auf eine „kollektive Modernisierung“ des in Ungarn verhältnismäßig liberalen, pluralistischen und damit weniger diskreditierten Realsozialismus setzt. Diesen vier Orientierungen lassen sich dann auch die parlamentarischen Parteien zuordnen: der ersten das *Demokratische Forum (MDF)*, der zweiten die liberalen Parteien, der dritten die *Partei der Kleinlandwirte (FGKP)* und der vierten die Sozialisten.

Unterstellt man die empirische Gültigkeit dieser Typologie, dann würde auch die in der Literatur vertretene These zutreffen, dass die für die Entstehung und Entwicklung westlicher Parteiensysteme zentrale Dimension des

Gegensatzes von Kapital und Arbeit auch im postsozialistischen Ungarn nur eine nachrangige Bedeutung hat. Stattdessen haben wir es in den zentral- und osteuropäischen Ländern mit einer Überlagerung durch den Konflikt zwischen „Modernisierern“ und „Traditionalisten“ zu tun (siehe dazu oben die Ausführungen über das Parteiensystem Ungarns), wobei Letztere ihre Ordnungsvorstellungen entweder eher dem nationalen Fundus oder stärker dem realsozialistischen Gesellschaftsprojekt entnehmen können. Mischformen und Kombinationen sind dabei selbstverständlich möglich. Allerdings dürfte der auch in einigen westeuropäischen Parteiensystemen noch sichtbare Gegensatz von Stadt – Land bzw. Zentrum – Peripherie in Ungarn ebenfalls die politisch-kulturelle Entwicklung beeinflussen. Man spricht in diesem Zusammenhang vom „ständischen“ und „bürgerlichen“ Ungarn. Auch in der Begrifflichkeit dieser Unterscheidung kommt vor allem ein Elitenkonflikt ohne breite und unabhängige Partizipation der Bevölkerung zum Ausdruck – ein Element, das für die ungarische politische Kultur strukturdominant sein dürfte. Dieser Sachverhalt könnte sich langfristig als eines der größten Probleme der parlamentarischen Demokratie und ihrer Stabilität herausstellen. Wenn es nicht gelingt, breitere Bevölkerungsschichten in die politischen Debatten und Institutionen einzubinden, dann werden die Debatten der politischen Repräsentanten als Elitengezänk und „Streithammeldemokratie“ (so eine in Ungarn populäre Ausdrucksweise) wahrgenommen. Damit würde auch die für das Funktionieren einer parlamentarischen Demokratie essentielle alternierende Regierungsweise von unterschiedlichen politischen Parteien/Koalitionen, die in Ungarn bislang zu beobachten ist, nur in einer formalen, aber damit nicht notwendigerweise legitimitätsstiftenden Weise zur Stabilisierung des Regierungssystems beitragen. Man kann nicht davon ausgehen, dass die Institutionen der parlamentarischen Demokratie Ungarns schon den Grad an Institutionalisierung genießen, den die jahrhundertelang gewachsenen Institutionen des britischen Parlamentarismus besitzen. Letztere sind legitim und vor allem „würdig“ (BAGEHOT) – trotz der dort seit jeher geringen Integration der britischen Bevölkerung in die Politik. Den britischen Bürgern scheint die Rolle des „Richters“ über die „Verbrechen und Grausamkeiten“ der Regierung nach spätestens fünf Jahren zu genügen.

Inwieweit diese „reduzierte“ Staatsbürgerrolle den ungarischen Wählern ausreicht, kann nur durch entsprechende empirische Befunde beantwortet werden. Wir haben im Theorieteil dieses Bandes das systemtheoretische Input-Output-Modell von EASTON als ein Erklärungsmodell innerhalb der Vergleichenden Regierungslehre vorgestellt. Darauf wollen wir bei der Beantwortung der Frage, in welchem Umfang die ungarischen Bürger ihr politisches System unterstützen, zurückgreifen. Wie wir gesehen haben, unterscheidet EASTON drei Ebenen des politischen Systems, die durch die Bürger in zweierlei Weise unterstützt werden können: die Ebene der staatlichen Einheit („polity"), die Ebene des politischen Regimes („regime") und die Ebene der politischen Herrschaftsträger („authorities"). Für jede der drei Ebenen kann die Unterstützung diffus (policy-unabhängig und langfristig) oder spezifisch (policy-abhängig und kurzfristig) erfolgen. Ebenen und Unterstützungsformen stehen dabei im Hinblick auf ihre Bedeutung für die Stabilität des politischen Systems in einer der Reihenfolge ihrer Nennung entsprechenden hierarchischen Beziehung. Da empirische Befunde in vergleichbarer Weise vor allem für die spezifische Regimeunterstützung vorliegen, wollen wir uns darauf konzentrieren. In vergleichenden Studien in West- und Osteuropa wurde als Indikator für die spezifische Unterstützung des politischen Regimes die Zufriedenheit mit dem Funktionieren der Demokratie (gemessen mit einer vierstufigen Skala) verwendet. Fasst man die Stufen „sehr zufrieden" bzw. „eher zufrieden" zusammen, so liegen die Werte für Ungarn auf dem Niveau von Italien, und damit am Ende aller europäischer Staaten bei 20% der Befragten. Dieser vergleichsweise sehr niedrige Wert (Dänemark = 83%) sollte nicht dahingehend interpretiert werden, dass Ungarn und Italiener zu 80% die demokratische Staatsform ablehnen. Es hat sich nämlich gezeigt, dass der Indikator relativ sensitiv gegenüber den materiellen Politikentwicklungen, insbesondere im Bereich der Wirtschaftspolitik, ist. Bei anderen Operationalisierungen der Regimeunterstützung wird deshalb nach der Präferenz für die Demokratie im Vergleich zu einer Diktatur gefragt, d.h. nach einer diffusen output-unabhängigen Unterstützung. Ca. zwei Drittel der Ungarn ziehen dabei die Demokratie als Staatsform in jedem Fall vor (zum Vergleich Dänemark 93%). Obwohl sich bei dieser Operationalisierung die Frage stellt, inwieweit eine Ablehnung der Diktatur gleichbedeutend mit einer generalisierten Demokratieunterstützung angesehen werden kann, lässt sich aus diesem Ergebnis eine gewisse Entwarnung entnehmen. Offensichtlich sind die Ungarn mit ihrer spezifischen Variante von Demokratie relativ unzufrieden, aber in überwiegender Zahl noch nicht der demokratischen Regierungsweise und dem Mehrparteiensystem entfremdet.

Dennoch ist der Befund mangelnder Unterstützung der in Ungarn existierenden Demokratie in Verbindung mit der oben festgestellten geringen Integration der ungarischern Bevölkerung in intermediäre, zivilgesellschaftliche Organisationen für die politische Zukunft des Landes alles andere als unerheblich. Wir haben es in Ungarn mit einem Land zu tun, in dem die politischen Institutionen die Basis für einen reibungslosen, zweimaligen demokratischen Regierungswechsel geliefert haben, ohne dadurch an Legitimität zu gewinnen. Da sich diese Legitimität auf relativ niedrigem Niveau befindet und ein schwacher zivilgesellschaftlicher Integrationsgrad zumindest kurzfristige Steigerungen derselben über zunehmende politische Partizipation („inputs") weitgehend ausschließt, kann dieses Defizit nur über eine Verbesserung des Politikoutputs für die breite Masse der Bevölkerung korrigiert werden. Die neue ungarische Regierung ist damit aufgefordert, ihre populistischen Wahlversprechen umzusetzen. Welche Rolle dabei der geplante Beitritt zur Europäischen Union spielen wird, ist eine spannende Frage, die wir später (im V. Kapitel) aufgreifen werden.

1.3.7 Fazit

Institutionell betrachtet repräsentiert Ungarn zusammen mit Tschechien inzwischen den Typus der stabilen parlamentarischen Demokratie unter den Ländern Zentral- und Osteuropas. Dies gilt trotz des Umstandes, dass die Verfassungsdiskussionen in beiden Ländern noch nicht abgeschlossen sind. So steht in Ungarn die Verabschiedung einer neuen Verfassung noch aus. Aufgrund der notwendigen parlamentarischen Zwei-Drittel-Mehrheit kann eine Entscheidung auch nur im Konsens zumindest unter den großen Parteien, d.h. mit Zustimmung der sich derzeit in der Opposition befindenden Sozialisten, erreicht werden. Inwieweit die politischen Differenzen zwischen der gegenwärtig deutlich rechts orientierten Regierungskoalition und den Sozialisten ausgeräumt werden können, ist im Moment schwer zu beantworten.

Für die Stabilität der zentralen Verfassungsinstitutionen und des Parteiensystems spricht die Tatsache, dass inzwischen zwar zwei demokratisch gewählte Regierungen vom Wähler wieder abgewählt wurden, dass aber beide die volle Legislaturperiode im Amt waren. Damit zeigt sich in Ungarn zumindest auf den ersten Blick das Modell alternierender Parteienregierung – allerdings auf der Grundlage von Koalitionen. Die Chance des Regierungswechsels wird durch das Wahlsystem deutlich erhöht, was die Möglichkeit der Erneuerung der politischen Unterstützung für die herrschenden Parteieliten („authorities" in der Terminologie von EASTON) bietet. Ob dadurch die Legitimität der demokratischen Regierungsweise und der dadurch bedingten Spielregeln des politischen Wettbewerbs gestärkt werden konnte, muss angesichts der berichteten empirischen Ergebnisse bezweifelt werden. Insgesamt betrachtet erscheint die parlamentarische Demokratie Ungarns noch mangelhaft in der Zivilgesellschaft verankert. Dies zeigt sich in ausgeprägten Gefühlen politischer Ohnmacht der Bürger gegenüber der Politik und einer deutlichen Schwäche intermediärer Organisationen. Der Hinweis, dass sich Westeuropa in eine ähnliche Richtung entwickelt, ist nicht notwendigerweise ein beruhigendes Argument. Der direkte Zugriff der Eliten auf die Bevölkerung und umgekehrt ohne einen Puffer durch intermedäre Organisationen ist in vielen wissenschaftlichen Arbeiten als der Hauptgrund für das Scheitern demokratischer Projekte (z.B. der Weimarer Republik) identifiziert worden. Inwieweit Medien und die von ihnen ein- und angeleiteten „Diskurse“ ein funktionales Äquivalent zur demokratischen Stabilisierung von Gesellschaften sein können, ist bis heute – trotz vieler spekulativer Thesen – noch eine offene Frage.

Mit diesen Ausführungen wollen wir keineswegs ein mögliches bevorstehendes Scheitern der ungarischen Demokratie vorhersagen. Im Gegenteil: wenn es ermutigende Beispiele demokratischer und wirtschaftlicher Entwicklung in Osteuropa gibt, dann gehört Ungarn in die Spitzengruppe. Um diese Entwicklung fortzusetzen, wäre allerdings trotz der beträchtlichen internen Konflikte über dieses Thema eine zunehmende Integration des Landes in die westeuropäischen intergouvernementalen und supranationalen Strukturen hilfreich. Dieser Weg ist aber nicht ohne Risiken, da mit Sicherheit weitere Anpassungsleistungen mit entsprechenden „Zumutungen“ für die Bevölkerung notwendig sein werden. Ein Rückfall in eine stärker nationalistische Politik ist deshalb nicht völlig ausgeschlossen. Das Problem einer Politik der europäischen Integration ist in den neuen Demokratien Zentral- und Osteuropas mehr noch als im Westen, dass es sich um ein Projekt der Eliten handelt, dem weite Teile der Bevölkerung aufgrund der darin enthaltenen politischen und wirtschaftlichen Risiken wenig Attraktivität abgewinnen können. Das Argument, dass die Alternativen langfristig noch risikoreicher wären, ist dabei kaum hilfreich.

2. Semi-präsidentielle und präsidentielle Systeme

2.1 Das politische System der Republik Polen

2.1.1 Einleitung

Die Republik Polen stellt unter den Staaten des ehemaligen Ostblocks ein semi-präsidentielles Regierungssystem dar, das seine endgültige Form erst relativ spät, mit In-Kraft-Treten der Verfassung von 1997, erhalten hat. Das Besondere an der polnischen politischen Transformation, die einen häufig zitierten Fall eines so genannten „ausgehandelten Systemwechsels" darstellt, ist der Systemübergang durch Verhandlungen zwischen bisherigen Machthabern und Oppositionellen am „Runden Tisch", einer Verhandlungsform, die zum Vorbild für andere Transformationsstaaten wurde. Dieser Variante des Systemwechsels geht eine relativ starke Systemopposition während der Jahrzehnte kommunistischer Herrschaft voraus, weswegen Polen häufig im Selbst- sowie im Fremdbild als Land des antikommunistischen Widerstandes gilt. So hat es in der Zeit der Volksrepublik immer wieder Gruppen- oder Massenproteste gegeben – getragen vom gewerkschaftlichen und studentisch-universitären Spektrum. In Bezug auf die politische Entwicklung Polens in den 90er-Jahren existiert die These, dass der kompromisshafte Systemwechsel, der auch alte Eliten (vor allem in den regionalen Verwaltungen) weiterhin an der Macht beteiligte, zu einem verlangsamten Institutionenaufbau im neuen politischen System führte. Dennoch gehört Polen aus westlicher Perspektive bei allen Integrationsfragen immer mit in die erste Reihe, auch wenn es nicht – wie z.B. Ungarn – als „Musterschüler" der Transformation gilt.

2.1.2 Verfassung

Wie bereits angedeutet, hat sich der Verfassungsgebungsprozess in der Republik Polen – im Vergleich zu zahlreichen anderen Reformstaaten – recht langwierig gestaltet und die Jahre des provisorischen Verfassungskonstruktes waren von unklaren Kompetenzen und entsprechenden Konflikten zwischen den Verfassungsinstitutionen geprägt. Die erste nichtkommunistische Regierung unter Tadeusz Mazowiecki als Ministerpräsidenten setzte schon 1989 zu Beginn ihrer Amtszeit die zwei Anfangskapitel der alten kommunistischen Verfassung über die „politische Staatsform" und die „Gesellschaftspolitische und Wirtschaftliche Ordnung" außer Kraft. Damit wurden vor allem die vormalige Führungsrolle der *Polnischen Vereinigten Arbeiterpartei (PZPR)* sowie die Bestimmungen über das Volkseigentum als ökonomische Grundlage des Landes abgeschafft. Nachdem zwei Versuche der Verfassungsgebung gescheitert waren, galt seit 1992 zunächst ein Verfassungsprovisorium, das aus drei Teilen bestand: Zum einen aus der so genannten „Kleinen Verfassung", einem Gesetz mit Verfassungsrang, in dem die Elemente des neuen semi-präsidentiellen Regierungssystems in Grundzügen festgelegt wurden, des Weiteren aus einem Verfahrensgesetz, das das weitere Vorgehen der Verfassungsgebung festlegte, sowie schließlich aus Teilen der alten sozialistischen Verfassung. Daraus resultierte auch das Fortbestehen alter, typisch sozialistischer Rechte, wie das auf kostenlose Gesundheitsversorgung. Die Verfassungsentwicklung war maßgeblich davon geprägt, dass ab 1993 die Parlamentsmehrheit – ebenso wie der Vorsitz der parlamentarischen Verfassungskommission – in den Händen der Nachfolgeorganisationen der vormals kommunistischen Kräfte lag. Präsident war jedoch bis Ende 1995 der *Solidarność*-Führer Lech Wałęsa, womit eine konfliktreiche politische Konstellation bestand. Aufgrund der Möglichkeit, einen außerparlamentarischen Verfassungsentwurf zu entwickeln (neben dem Initiativrecht der Kommission, einer Abgeordnetengruppe und des Präsidenten), konnten auch die nicht im Parlament vertretenen *Solidarność*-Gruppen einen so genannten „Bürger-Entwurf" vorlegen, der die geforderten 500.000 Unterschriften erreichte. Die aus der Kommissionsarbeit hervorgegangene Kompromiss-Verfassung aus allen sieben Entwürfen wurde im Frühjahr 1997 vom Parlament und – wie es im Verfassungsprovisorium vorgesehen war – von der Bevölkerung in einem Referendum angenommen. Die notwendige einfache Mehrheit konnte dabei zwar erreicht werden, jedoch lässt die Beteiligung von nur 43% der Wahlberechtigten auf ein geringes Bewusstsein für die Bedeutung einer neuen Konstitution schließen.

Obwohl die Entstehung stark von der Dominanz der Nachfolgeorganisationen des alten Systems im Parlament geprägt war (die *Solidarność*-Gruppen betonten vielfach ihre geringen Beteiligungsmöglichkeiten), findet sich im ersten Kapitel der Verfassung das Verbot von Parteien und Organisationen, die sich auf Nazismus, Faschismus aber auch auf Kommunismus berufen (Art. 13). Auch die Präambel stellt einen Kompromiss der beiden Lager dar. Dabei wird ein direkter Bezug auf die vorangegangene Diktatur vermieden:

„eingedenk der bitteren Erfahrungen aus den Zeiten, in welchen die grundlegenden Freiheiten und Rechte des Menschen in unserem Vaterland gebrochen wurden".

Des Weiteren finden das christliche Erbe – das die katholischen Gruppen möglichst umfassend in der Verfassung verankern wollten – sowie allgemeine Werte gleichermaßen ihren Platz:

„sowohl die, die an Gott glauben...als auch die, die diesen Glauben nicht teilen, sondern an die universellen Werte, die aus anderen Quellen hervorgehen...".

2.1.3 Institutionen des Regierungssystems

Präsident

Gemeinsam mit der polnischen Regierung – dem Ministerrat – bildet der Präsident die vollziehende Gewalt im polnischen Regierungssystem. Das Präsidentenamt war als neue Institution bei den Verhandlungen des „Runden Tisches" 1989 auf Forderung der damaligen Machthaber geschaffen worden, die damit ihren Einfluss länger zu erhalten hofften. Es war somit eine der institutionellen Kompromisslösungen, die aus einem ausgehandelten Systemübergang zumeist hervorgehen. Die Beteiligten einigten sich darauf, General Wojciech Jaruzelski als einzigen Kandidaten durch die beiden Parlamentskammern Sejm und Senat in das Amt des Präsidenten wählen zu lassen. Mit der schnellen unübersehbaren Verschiebung der Machtverhältnisse hin zu den Reformgruppen hatten die alten Systemkräfte jedoch nicht gerechnet und so endete Jaruzelskis Amtszeit schon vorzeitig im Sommer 1990.

Der polnische Präsident ist das Staatsoberhaupt Polens und wird in der Verfassung als Hüter des Fortbestandes staatlicher Gewalt bezeichnet. Er hat die Einhaltung der Verfassung, die Souveränität und Sicherheit des Staates sowie die Unverletzlichkeit und Unabhängigkeit seines Gebietes zu wahren. Lediglich diese grundsätzlichen Funktionsbeschreibungen gleichen denen des französischen Präsidenten, der jedoch darüber hinaus die ordnungsgemäße Tätigkeit der Staatsorgane zu sichern hat und damit – anders als der polnische Präsident – eine einflussreiche Schiedsrichterfunktion einnehmen kann (stärkere Parallelen zwischen den französischen und polnischen Präsidialkompetenzen hatte es in der Übergangsverfassung gegeben). Auch mit Blick auf weitere Befugnisse beider Präsidenten lassen sich prinzipielle Ähnlichkeiten feststellen, der Unterschied liegt jedoch darin, dass die Gemeinsamkeiten lediglich im Verfassungstext und weniger in der politischen Praxis zu finden sind, in der der französische Präsident – auch in einer Situation der „cohabitation" – weitaus einflussreicher ist, der polnische Präsident sich hingegen im politischen Alltag weitgehend auf seine verfassungsmäßigen Rechte beschränkt.

Zwar sind einige Kompetenzen des polnischen Präsidenten durch die endgültige Verfassung von 1997 – im Unterschied zur Übergangsverfassung von 1992 – eingeschränkt worden, doch wird er nach wie vor direkt durch das Volk gewählt, wodurch er eine von den anderen Verfassungsinstitutionen unabhängige Position hat. Somit liegt im polnischen Regierungssystem eine duale Legitimität vor, da nicht nur das Parlament direkt gewählt wird. Die Amtszeit des Staatsoberhauptes beträgt fünf Jahre, jeder Präsident kann ein weiteres Mal für dieses Amt kandidieren. Er ist Vertreter des Staates in äußeren Angelegenheiten und ernennt Diplomaten oder Vertreter in internationalen Organisationen und beruft diese ab. Ihm ist bei seinen außenpolitischen Aktivitäten verfassungsgemäß auferlegt, mit dem Ministerpräsidenten sowie den jeweils zuständigen Ministern zusammenzuarbeiten. Da jedoch der Regierung die Führung der Innen- und Außenpolitik obliegt, sind durch die gemeinsamen Zuständigkeiten von Präsident und Regierung in der praktischen Außenpolitik verschiedene Macht- und Konfliktvarianten denkbar. In der politischen Praxis kann somit eine „cohabitation" – wie seit dem Regierungswechsel vom Herbst 1997 – zu entsprechenden Auseinandersetzungen führen. Zwischen der Mitte-Rechts-Regierung und dem aus dem postkommunistischen *Bündnis der demokratischen Linken (SLD)* stammenden Präsidenten Aleksander Kwaśniewski zeigten sich z.B. Konflikte um die Besetzung von Botschafterposten (was zu den originären außenpolitischen Aufgaben des Präsidenten zählt), weil der Ministerrat auf ihm politisch nahe stehendes Personal drängte.

Dennoch sind die Präsidialkompetenzen durch die Verfassung von 1997 gerade im Gebiet der Außenpolitik erheblich reduziert worden, denn bis dahin oblag dem Staatsoberhaupt zum einen die allgemeine Leitung auf diesem Gebiet, zum anderen konnte es Einfluss auf die Besetzung des Außen-, Innen- und Verteidigungsministeriums nehmen, weil der Ministerpräsident keine Personalvorschläge ohne Rücksprache mit dem Staatsoberhaupt machen durfte. Diese Verfassungsregelung hat Kwaśniewskis Vorgänger, der legendäre *Solidarność*-Führer und erste frei gewählte Präsident, Lech Wałęsa, in freier Interpretation der provisorischen „Kleinen Verfassung" zu einem regelrechten Vetorecht bei der Ministerienbesetzung erweitert, nachdem 1993 erstmalig eine polnische „cohabitation" durch die Wahl einer Regierung aus dem postkommunistischen Lager (Koalition von *Bündnis der demokratischen Linken (SLD)* und *Polnischer Bauernpartei (PSL)*) entstanden war. Wałęsas Politik zeichnete sich ohnehin durch geringes Vertrauen in die Legitimität und Effektivität politischer Institutionen und eine starke Orientierung auf individuelle politische Akteure aus, was sich bis zum Ende seiner Amtszeit deutlich zeigte. Kwaśniewski hingegen hat die ihm zustehenden Rechte der „kleinen Verfassung“ nicht mehr in Anspruch genommen, allerdings entsprach die Regierungsmehrheit zu der Zeit auch „seinem“ politischen Lager.

Weiterhin besitzt der Präsident den Oberbefehl über die Streitkräfte, der in Friedenszeiten an den Verteidigungsminister delegiert ist. Als militärisches Beratungsorgan steht ihm ein Rat für Nationale Sicherheit zur Seite, dessen Mitglieder er beruft. Rechtsakte des Präsidenten bedürfen der Gegenzeichnung des Ministerpräsidenten mit Ausnahme von genau festgelegten Aufgaben, die zum einen aus seinen zentralen Vollmachten bestehen (z.B. Designierung des Ministerpräsidenten), und zum anderen Präsidialkompetenzen umfassen, die auch für parlamentarische Systeme typisch sind (z.B. Berufung von Richtern). Die Amtsenthebung des Präsidenten ist nur bei entsprechendem Urteil des Staatsgerichtshofs wegen einer Verfassungsverletzung, eines Gesetzesbruchs oder einer Straftat möglich.

Als etwas reduzierte Version des französischen Ministerrats und damit als eine eher unklare Verfassungsinstitution existiert der Kabinettsrat, der aus Ministerrat und Präsident besteht. Zwar wird er vom Präsidenten einberufen und tagt unter seinem Vorsitz „in Fragen von besonderer Bedeutung“, jedoch gibt die Verfassung hierfür keine konkreten Anlässe an. Vor allem besitzt das Gremium nicht die Kompetenzen des Ministerrats, sodass der Präsident den Kabinettsrat nicht instrumentalisieren kann, um hierdurch die Regierungsgeschäfte zu leiten. Im französischen Regierungssystem führt der Präsident hingegen den Vorsitz des Ministerrats und hat somit je nachdem, ob Premierminister und Präsident derselben politischen Gruppe angehören oder nicht, entsprechenden Einfluss auf die Regierungsgeschäfte, obwohl diese verfassungsgemäß vom Premierminister geleitet werden.

Im Rahmen der Gesetzgebung hat der polnische Präsident die Möglichkeit, durch ein suspensives Veto einzugreifen und ein ihm zur Unterzeichnung vorgelegtes Gesetz wieder an den Sejm zurückzuverweisen. Dessen Einspruch kann das Parlament lediglich mit einer Dreifünftelmehrheit überstimmen. Die Position des Präsidenten im Gesetzgebungsprozess ist in der endgültigen Verfassung geschwächt worden, denn zum einen konnte sein Veto zuvor nur mit einer Zweidrittelmehrheit aufgehoben werden, zum anderen konnte er gleichzeitig das Verfassungsgericht anrufen, um ein Gesetzesvorhaben prüfen zu lassen und ein Veto einlegen. Jetzt muss er sich für eine der beiden Möglichkeiten entscheiden. Vom präsidentiellen Vetorecht ausgenommen sind Gesetze zum Staatshaushalt. Seit dem konservativen Regierungsantritt (ungefähr zeitgleich mit In-Kraft-Treten der neuen Verfassung) und somit dem erneuten Zustand der „cohabitation“ hat Aleksander Kwaśniewski begonnen, seine Vetomöglichkeiten umfassend zu nutzen. Meistens in Fragen, die die grundsätzlichen Konflikte zwischen konservativem und linkem Lager widerspiegeln, wie z.B. sein Veto gegen die Abschaffung von Sexualkundeunterricht in Schulen (was zeitlich in die Debatte um die Verschärfung von Abtreibungsgesetzen fiel, sodass dieser in Polen polarisierte Themenkomplex insgesamt in der Diskussion war) oder gegen die Öffnung der Geheimdienstarchive, was die Auseinandersetzungen um die Vergangenheitsbewältigung verdeutlicht. Der vorhandene Einfluss seines Vetos zeigt sich bei der aktuellen Stimmenverteilung im Sejm darin, dass die Parlamentsfraktionen der Regierungskoalition *Freiheitsunion (UW)* und *Wahlaktion Solidarność (AWS)* das Veto nur überstimmen können, wenn es ihnen gelingt, auch die postkommunistische *Bauernpartei (PSL)* von einer entsprechenden Abstimmung zu überzeugen.

Regierung

Der Ministerrat stellt den anderen Teil der exekutiven Doppelspitze des polnischen Regierungssystems dar. Die laut Verfassung gegebene Möglichkeit seiner Zusammensetzung ist ungewöhnlich breit, denn er muss sich nicht nur aus dem Ministerpräsidenten und seinen Ministern zusammensetzen, sondern kann auch eine nicht festgelegte Zahl an stellvertretenden Ministerpräsidenten umfassen. Darüber hinaus können Ausschussvorsitzende in den Ministerrat berufen werden. Mit letzterem liegt eine ungewöhnliche Möglichkeit der Verschränkung von Exekutive und Legislative vor. Im Prozess der Regierungsbildung müssen Präsident und Sejm kooperieren, denn bei anhaltender Uneinigkeit droht die Auflösung des Parlaments durch den Präsidenten. Der Präsident designiert einen neuen Ministerpräsidenten und ernennt auf Vorschlag des Ministerpräsidenten die neue Regierung. Der neue Ministerrat muss innerhalb von vierzehn Tagen auf der Grundlage seines Regierungsprogramms vom Parlament ein Vertrauensvotum erbitten. Im Fall der Nichterteilung kann der Sejm einen Kandidaten für das Ministerpräsidentenamt sowie die von ihm vorgeschlagenen Mitglieder des Ministerrates wählen. Sollte der Präsident diesen Ministerrat nicht im Anschluss ernennen, kann er nochmals einen weiteren Ministerpräsidenten designieren. Bei Ablehnung dieses insgesamt dritten Kandidaten durch den Sejm kann er das Parlament auflösen und Neuwahlen anberaumen. Da die Regierung jedoch in der Praxis aus der Parlamentsmehrheit hervorgeht, wird der Präsident seinen Personalvorschlag nicht unterbreiten, ohne das Parlament zu konsultieren (was z.B. in den Verfassungen im parlamentarischen Ungarn und im semi-präsidentiellen Rumänien explizit vorgesehen ist), sodass sein Personalvorschlag im Normalfall dem Wunsch der Mehrheit im Parlament entspricht.

Dem Ministerrat wird in der Verfassung die Leitung der Innen- und Außenpolitik Polens zugesprochen, womit diese exekutiven Tätigkeiten prinzipiell in seinen Händen und nicht in denen des Präsidenten liegen. Zu den ausdrücklich in der Verfassung erwähnten Aufgaben zählen der Entwurf des Staatshaushaltes (hier steht die Gesetzesinitiative nur dem Ministerrat zu), die Gewährleistung der Verteidigungsfähigkeit und vor allem die Ausübung der allgemeinen Leitung im Bereich der Beziehungen zu anderen Staaten. Letzteres bedeutet – im Unterschied zur „kleinen Verfassung" – in der Tendenz eine Unterordnung der diesbezüglichen Präsidialkompetenzen unter die des Ministerrats.

Die Position der Regierung in ihrer Verantwortlichkeit gegenüber der ersten Parlamentskammer, dem Sejm, hat sich durch die Verfassung von 1997 insofern geändert, als dass sie nur noch durch ein konstruktives Misstrauensvotum gestürzt werden kann. Der Grund für diese Veränderung liegt darin, dass die instabilen Parlamentsmehrheiten in der bisherigen Entwicklung des polnischen Regierungssystems zu häufigen Regierungswechseln geführt haben und mehrere Regierungen durch Misstrauensvoten zu Fall gebracht worden waren. Einzelnen Ministern kann hingegen nach wie vor das Misstrauen ausgesprochen werden, was die Position der Regierung schwächen kann. Die Funktion des Ministerpräsidenten innerhalb des Ministerrats umfasst vor allem die Leitung, Kontrolle und Koordination der Regierungsarbeit. Sollte er zurücktreten, so hat er die Demission des gesamten Ministerrats einzureichen.

In der bisherigen Entwicklung der polnischen Transformation und Konsolidierung hat sich (bis zur Wahl 1997) kein Ministerrat wesentlich länger als eineinhalb Jahre im Amt gehalten. Bis 1993 war aufgrund der Kräfteverhältnisse im Parlament keine stabile Mehrheitsregierung möglich. Jedoch selbst in der ersten regulären vierjährigen Legislaturperiode des Sejm (1993-1997) hat die Parlamentsmehrheit des *Bündnis der demokratischen Linken (SLD)* und der *Polnischen Bauernpartei (PSL)* drei verschiedene Ministerräte aus ihren Reihen gebildet. Dies ließ sich zum einen auf politische Streitigkeiten zwischen beiden Partnern zurückführen, zum anderen hatte der damalige Präsident Wałęsa alle Möglichkeiten genutzt, die Regierungen zu destabilisieren, indem er seinen Einfluss auf die Besetzung von Verteidigungs-, Außen- und Innenministerium nutzte, was verschiedene regierungsinterne Konflikte zur Folge hatte. Darüber hinaus griff er kurz vor Ende seiner Amtszeit die Spionagevorwürfe gegen den damaligen SLD-Ministerpräsidenten Józef Oleksy auf, der daraufhin zurücktreten musste und erst später von der Staatsanwaltschaft für unschuldig erklärt wurde. Von einer Stabilisierung der Regierungssituation der seit 1997 amtierenden Mitte-Rechts-Regierung ist zum einen durch die relativ konsolidierte parlamentarische Parteiensituation und zum anderen durch die neue Hürde des konstruktiven Misstrauensvotums auszugehen.

Abb. 9: Das politische System Polens

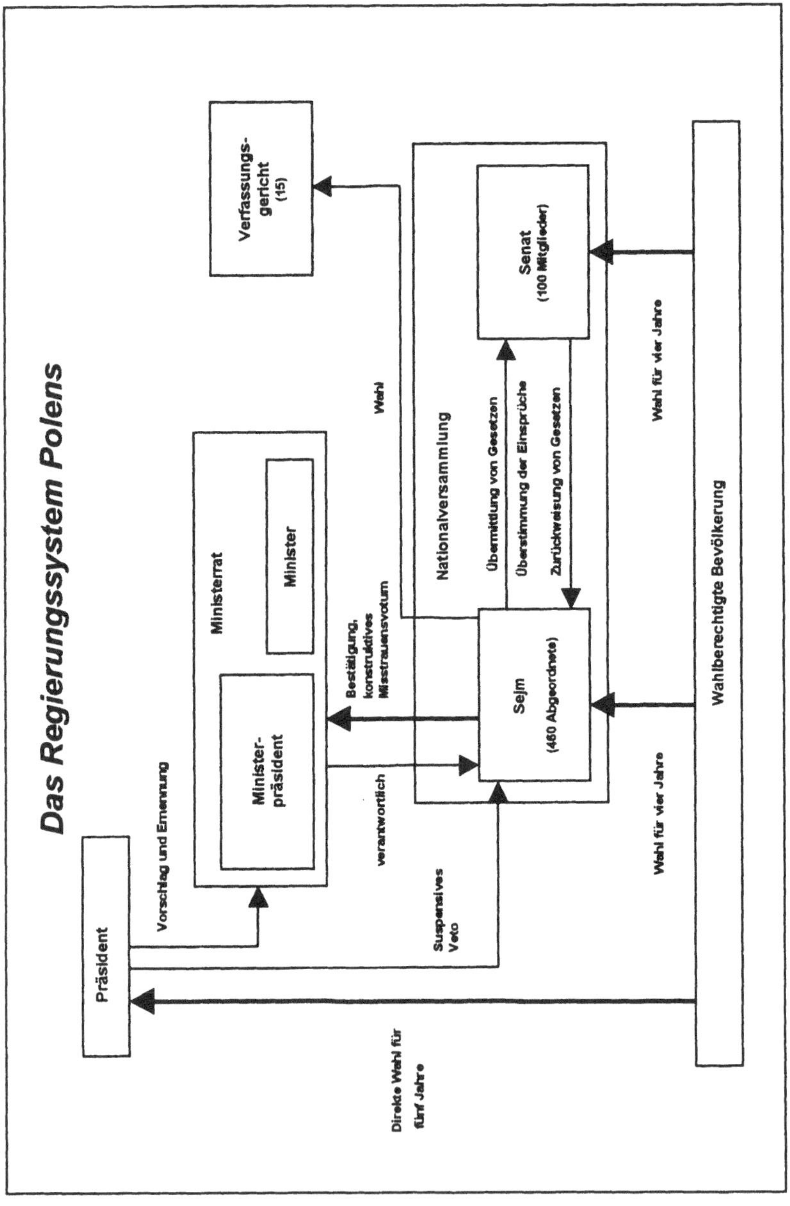

Parlament

In Polen existiert ein Zweikammerparlament, das aus Sejm und Senat besteht, die zusammen die Nationalversammlung bilden. Zentrale Aufgaben, wie die Kontrolle der Tätigkeit der Regierung, die Abstimmung über den jährlichen Staatshaushalt sowie die Entscheidung über die Feststellung des Kriegszustands obliegen der ersten Kammer, dem Sejm. Der Senat war während der Verhandlungen am „Runden Tisch" auf Forderung der Opposition geschaffen worden. Der institutionelle Kompromiss bestand darin, dass der Senat zwar mit geringeren Befugnissen ausgestattet, jedoch zum Ausgleich frei gewählt werden sollte, wohingegen die Mehrheit der Sejm-Mandate in dieser ersten Wahl während des Systemwechsels den alten Regimeträgern zugesprochen worden war und nur 35% der Sitze frei gewählt werden konnten.

Der Sejm setzt sich aus 460 Abgeordneten zusammen, die nach den Grundsätzen des Verhältniswahlrechts für vier Jahre gewählt werden. Der Senat besteht aus 100 Senatoren, die nach dem einfachen, relativen Mehrheitswahlrecht gewählt werden und sich seit 1989 durch die Wahl von jeweils zwei Mandatsträgern in 47 (von insgesamt 49) Wojewodschaften sowie durch je drei Senatoren aus den Wojewodschaften Kattowitz und Warschau zusammengesetzt haben. Diese territoriale Einteilung der Wojewodschaften, die seit den 70er-Jahren existiert hat, wurde Anfang 1999 reformiert, sodass lediglich 16 größere Wojewodschaften existieren, wobei die neuen Verwaltungseinheiten größere Kompetenzen erhalten haben. Entsprechend der reduzierten Zahl der Wojewodschaften wird sich im Rahmen der zukünftigen Senatswahlen auch die Zahl der Senatoren pro Wojewodschaft ändern.

Zu den weiteren Sejm-Kompetenzen zählt die Anberaumung eines gesamtstaatlichen Referendums. Jedoch hat auch der Präsident die Möglichkeit, ein Referendum zu initiieren. In diesem Fall muss die zweite Kammer, der Senat, mit absoluter Mehrheit zustimmen. Gültigkeit hat ein Referendum nur dann, wenn über die Hälfte der Wahlberechtigten daran teilgenommen hat. Dies ist für die polnische Situation eine recht hohe Hürde, da sich die Wahlbeteiligung bei den bisherigen Parlamentswahlen um die 50%-Marke herum bewegt hat und auch beim Verfassungsreferendum lediglich bei ca. 43% gelegen hat. Die Auflösung des Parlaments durch den Präsidenten ist zum einen möglich, wenn die Regierungsbildung nach dem oben skizzierten Verfahren nicht zustande gekommen ist, oder wenn der von der Regierung eingebrachte Entwurf eines Haushaltsgesetzes nach Ablauf von vier Monaten nicht dem Präsidenten zur Unterzeichnung vorgelegt worden ist.

Die Gesetzesinitiative steht den Sejm-Abgeordneten, den Senatoren, dem Präsidenten, dem Ministerrat sowie einer Gruppe von mindestens 100.000 wahlberechtigten Bürgern zu. Bei der Gesetzgebung verfügt der Sejm über größere Kompetenzen als der Senat, da z.B. Gesetzesentwürfe nur in diese Kammer eingebracht werden. Die Verfassung sieht drei Lesungen der Entwürfe vor und die Verabschiedung von Gesetzen mit einer einfachen Mehrheit. Nach der Überweisung der Gesetze an den Senat beschließt dieser seine Zustimmung oder Zurückweisung mit einer einfachen Mehrheit oder bekundet seine Zustimmung dadurch, dass er innerhalb von 30 Tagen keinen Beschluss fasst. Der Sejm kann jedoch die Ablehnung von Gesetzen durch den Senat mit einer absoluten Mehrheit überstimmen, sodass keine Einigungspflicht mit der zweiten Kammer vorliegt. In der Diskussion um die Bedeutung der zweiten Kammer gehen die Bewertungen auseinander. Auf der einen Seite wird sie als eine Art „Verdopplungskammer" gesehen, weil beide Kammern zeitgleich gewählt werden und die politische Zusammensetzung des Senats – trotz unterschiedlicher Wahlmodi – seit 1991 ohnehin der des Sejm ähnelte. Zudem ist der Senat bisher dem Charakter nach keine Regionalvertretung gewesen und wird sich trotz des neuen Selbstbewusstseins der nun einflussreicheren Wojewodschaften aufgrund des deutlichen Parteieinflusses vermutlich nicht in diese Richtung entwickeln. Auf der anderen Seite wird auf bisherige Verbesserungen von Gesetzen hingewiesen, die durch Einsprüche der zweiten Kammer zustande gekommen sind. Diese Funktion spielte jedoch vor allem während der intensiven und nicht selten überstürzten Gesetzgebungstätigkeit in der ersten Phase der Transformation eine Rolle und verliert mehr und mehr an Gewicht.

2.1.4 Parteien

Das Parteiensystem Polens war in den ersten Transformationsjahren nach 1989 von einer äußerst starken Fragmentierung und einer zwischenzeitlich hohen Zahl der im Parlament vertretenen Parteien geprägt. Dies gilt sowohl für die Nachfolgeparteien der *Polnischen Vereinigten Arbeiterpartei (PZPR)* und der Blockparteien als auch für die vormals oppositionellen Gruppen. Die grundsätzlichen Konfliktlinien, die bis heute das Parteiensystem charakterisieren, sind Fragen von freier Marktwirtschaft oder Staatsinterventionismus sowie von eher autoritären oder liberalen Zügen bei der Ausgestaltung des politischen Systems. Ebenso stehen Konflikte um die europäische Integration Polens oder eine eher nationale Orientierung des Landes im Zentrum. Des Weiteren sind Fragen nach der Rolle der katholischen Kirche im politischen System wichtig. Ebenso spielten Auseinandersetzungen um die Art und Weise der Aufarbeitung der kommunistischen Vergangenheit eine Rolle. Die polnischen Parteien lassen sich darüber hinaus grob einteilen in Neugründungen, die aus dem oppositionellen Lager der Vorwendezeit entstanden sind, auf der einen Seite und in Nachfolgeparteien der kommunistischen Partei und ihrer Blockparteien aus der Zeit der Volksrepublik auf der anderen Seite. Inhaltlich haben sich beide Typen ausdifferenziert. Organisatorisch besteht eine Gemeinsamkeit der Nachfolgeparteien darin, dass sie teilweise auf ihre vormalige Organisationsstruktur, ihr Personal, ihre Immobilien oder sogar ihr Vermögen zurückgreifen können, was ihnen erhebliche Vorteile in der Parteiarbeit und vor allem in Wahlkampfsituationen bietet. Das Parteiensystem scheint sich spätestens im Zusammenhang mit der letzten Parlamentswahl vom Herbst 1997 konsolidiert zu haben. Seitdem sind lediglich fünf Parteien bzw. Wahlbündnisse im Sejm vertreten. Zwar waren bereits bei der Wahl von 1993 nur sechs Parteien ins Parlament eingezogen (in beiden Fällen sind zusätzlich noch Abgeordnete der Partei der deutschen Minderheit vertreten), jedoch war ein Drittel der Wählerstimmen nicht im Parlament repräsentiert, da eine Vielzahl von *Solidarność*-nahen Parteien an den Wahlhürden gescheitert war. Nicht nur diese Erfahrung war entscheidend für eine Konzentration des Parteiensystems zwischen diesen beiden Parlamentswahlen, als sich viele gescheiterte Parteien des vormaligen Oppositionslagers zu Bündnissen zusammenschlossen. Ebenso große Bedeutung hatte diesbezüglich die Präsidentschaftswahl von 1995, die Aleksander Kwaśniewski als vormaliger Politiker des *Bündnis der demokratischen Linken (SLD)* gewann. Von den anfänglich 29 polnischen Parteien, die in den ersten frei gewählten Sejm von 1991 eingezogen waren, haben sich viele entweder wieder aufgelöst oder sind in veränderter Form, als Teilströmung oder Neugruppierung, im heutigen polnischen Parteiensystem präsent.

Die oben genannte erste zentrale Gruppe von Parteien machen jene aus, die aus dem vormaligen Oppositionslager um die Gewerkschaft *Solidarność* herum hervorgegangen sind. Hierzu zählen auch die Koalitionspartner der derzeitigen polnischen Regierung: die *Wahlaktion Solidarność (AWS)* sowie die *Freiheitsunion (UW)*. Die *Wahlaktion Solidarność (AWS)* stellt eine umfangreiche Sammelbewegung von ca. 40 verschiedenen Gruppen und Parteien dar, die dem Umfeld der Gewerkschaft *Solidarność* zuzuordnen sind und deren Kern die Gewerkschaft bildet. Dieses Wahlbündnis war im Sommer 1996 gegründet worden – also lediglich gut ein Jahr vor der Parlamentswahl, in der es die relativ stärkste Fraktion im Parlament wurde. Die Gründung resultierte aus der oben skizzierten Erfahrung, dass fast alle der noch 1991 im Parlament vertretenen *Solidarność*-nahen Parteien an der parlamentarischen Wahlhürde von 1993 gescheitert waren, obwohl sie insgesamt über 30% der Wählerstimmen auf sich vereinigten. Die 1993 verschärfte Sperrklausel führte somit im konservativen Parteienspektrum durch die Gründung der *Wahlaktion Solidarność (AWS)* zur Stabilisierung und Konzentration.

Der in sich heterogene Zusammenschluss der *Wahlaktion Solidarność (AWS)* lässt sich politisch dem Mitte-Rechts-Spektrum zuordnen. Ihre Wähler sind vielfach in der katholisch orientierten Arbeiterschaft zu finden. Als Wahlbündnis verschiedener politischer Ausrichtungen gestaltet sich die Erarbeitung gemeinsamer parlamentarischer Positionen jedoch zuweilen schwierig. Innerhalb der *Wahlaktion Solidarność (AWS)* wurde deswegen nach dem Wahlsieg von 1997 aus der Parlamentsarbeit heraus eine neue Partei gegründet, die Partei *Soziale Bewegung AWS (RS AWS)*. Sie hat zum einen das Ziel, der Gewerkschaft *Solidarność* als wichtigster Gruppe innerhalb des Wahlbündnisses einen politischen Arm zu geben (die Gewerkschaft selbst sollte sich von ihren parteipolitischen Funktionen zurückziehen). Zum anderen sollte die *Wahlaktion* politisch homogener gestaltet werden, so dürfen der *Sozialen Bewegung AWS (RS AWS)* keine Parteien beitreten, was die Auflösung vieler kleiner Gruppierungen innerhalb des Wahlbündnisses nahe legt. Insgesamt lassen sich in dem „Sammelbecken" *Wahlaktion Solidarność (AWS)* nach wie vor drei inhaltliche Strömungen unterscheiden. Erstens die maßgebende chistlich-soziale Strömung, die ihre organisatorische Form in der Partei *Soziale Bewegung AWS (RS AWS)* gefunden hat. Zweitens existiert eine konservativ-liberale, arbeitgeberorientierte Strömung. Drittens lässt sich eine klerikal-nationale Strömung ausmachen. Sie besteht vor allem aus der Partei *Christliche nationale Vereinigung (ZChN)*, die sich im Oktober 1989 gegründet hatte und Anfang der 90er-Jahre die wichtigste Sammelbewegung verschiedener rechter *Solidarność*-Gruppen gewesen war. Zwar erreichte sie 1991 fast 9% der Stimmen, war jedoch bei der folgenden Parlamentswahl gescheitert und entschied sich trotz inhaltlicher Differenzen für einen Eintritt in die *Wahlaktion*.

Der Koalitionspartner der *Wahlaktion Solidarność (AWS)*, die *Freiheitsunion (UW)*, gehört ebenfalls zu den Parteien, die aus der *Solidarność* hervorgegangen waren. In ihr sammeln sich die liberalen Kräfte des früheren *Solidarność*-Umfelds und viele bekannte polnische Intellektuelle der vormaligen Systemopposition (wie z.B. der erste nichtkommunistische Ministerpräsident Tadeusz Mazowiecki). Sie wurde 1994 aus dem Bündnis von zwei eher unterschiedlichen Parteien, der *Demokratischen Union (UD)* und dem *Liberal-Demokratischen Kongress (KLD)*, gegründet und bindet somit zwei unterschiedliche inhaltliche Strömungen. Die programmatische Ausrichtung des *Liberal-Demokratischen Kongresses (KLD)* war geprägt von wirtschaftsliberalen Forderungen, wie z.B. einer schnellen Privatisierung. Die Wählerunterstützung dieser als sozial unverträglich empfundenen Transformationskonzepte war eher gering, sodass die Partei zwar seit 1991 im Parlament vertreten war (zu der Zeit stellte sie mit Jan Bielecki immerhin den Ministerpräsidenten, wenn auch in einer Minderheitsregierung), aber 1993 scheiterte. Die *Demokratische Union (UD)* war 1990 aus den Spaltungs- und Neugründungsprozessen innerhalb des ersten Parlaments entstanden. In ihr sammelten sich sozial-liberale und konservativ-liberale Strömungen und sie galt als die Partei der Intellektuellen in Polen. Ihr programmatischer Schwerpunkt lag auf der Betonung gesellschaftlichen Pluralismus, der Etablierung eines Rechtsstaates, staatlicher Dezentralisierung sowie marktwirtschaftlicher Entwicklungen mit sozialer Abfederung. Obwohl die *Demokratische Union (UD)* im Unterschied zu den meisten anderen *Solidarność*-Gruppen auch 1993 im Parlament vertreten war, hielt sie ihr Wahlergebnis von ca. 10% (1991 12%) doch für enttäuschend, sodass sie sich zum Zusammenschluss mit dem *Liberal-Demokratischen Kongress (KLD)* entschloss. Das gemeinsame Auftreten als *Freiheitsunion (UW)* bei der Parlamentswahl von 1997 brachte 13% der Stimmen und 60 Sitze im Sejm, wodurch eine Koalition mit dem Gewinner *Wahlaktion Solidarność (AWS)* nahe lag. Die programmatischen Standpunkte der *Freiheitsunion (UW)* zeichnen sich durch eine marktwirtschaftliche Grundhaltung und eine außenpolitische Westorientierung aus. Jedoch lassen sich nach wie vor verschiedene Positionen gemäß den Standpunkten der Vorgängerparteien bei Fragen einer mehr sozialen oder mehr liberalen wirtschaftlichen Grundordnung und der Rolle der katholischen Kirche unterscheiden.

Die *Union der Arbeit (UP)*, die seit 1992 existiert, gehört ebenfalls zu den neuen Parteien auf dem politischen Parkett Polens. Sie ist insofern eine interessante Partei, als sie zum einen aus dem *Solidarność*-Umfeld entstand, jedoch zum anderen eher linksorientierte politische Inhalte vertritt und einen gewissen Anteil ihrer Mitglieder aus dem reformerischen Flügel der *Polnischen Vereinigten Arbeiterpartei (PZPR)* rekrutiert. Sie ist somit die Partei, die „alte" und „neue" Kräfte verbindet. Ihr gelang auch 1993 – als alle *Solidarność*-Gruppen außer der *Demokratischen Union (UD)* scheiterten – der Sprung in das Parlament und sie beteiligte sich, ohne offizieller Koalitionspartner zu sein, zwischenzeitlich mit einem Minister an der damaligen SLD-PSL-Regierung. Diese Kooperation führte jedoch zum Glaubwürdigkeitsverlust bei den Wählern, sodass sie bei den letzten Parlamentswahlen als einzige *Solidarność*-Partei nicht den Sprung ins Parlament schaffte. Inhaltlich definiert sie sich zum einen als eine Art ältere *Labour Party* und legt einen deutlichen Schwerpunkt auf die Sozialverträglichkeit der wirtschaftlichen Umgestaltung des Landes sowie auf die Wahrung von Arbeitnehmerinteressen. Zum anderen zeichnet sie sich durch eine dezidiert kirchenkritische Grundhaltung aus, was sie von den anderen *Solidarność*-Gruppen eindeutig trennt. Jedoch ist ihre Bedeutung dadurch geschwächt, dass sie seit 1997 nicht mehr im Parlament vertreten ist, weil sie knapp an der 5%-Hürde scheiterte.

Die zweite zentrale Gruppe in der Parteienlandschaft bilden die Nachfolgeparteien der früheren *Polnischen Vereinigten Arbeiterpartei (PZPR)* (also der kommunistischen Einheitspartei in der Volksrepublik) sowie ihrer Blockparteien. Von größter Bedeutung ist dabei das *Bündnis der demokratischen Linken (SLD)*. Auch dieses Wahlbündnis ist, ebenso wie die größte Gruppe des anderen politischen Lagers, die *Wahlaktion Solidarność (AWS)*, ein Zusammenschluss von ca. 30 Gruppierungen. Die bedeutendste inhaltliche und organisatorische Kraft innerhalb des *Bündnis der demokratischen Linken (SLD)* stellt die *Sozialdemokratie der Republik Polen (SdRP)* dar, die im Zusammenhang mit der Auflösung der *Polnischen Vereinigten Arbeiterpartei (PZPR)* 1990 gegründet worden war. Zwar ist sie keine programmatische Nachfolgepartei, jedoch hat sie deren umfassendes Erbe im personellen Bereich und in der Übernahme der vergleichsweise funktionstüchtigen Organisationsstruktur angetreten. Weil in der Verfassung festgelegt wurde, dass Parteien, die sich auf Nazismus, Faschismus und Kommunismus berufen, verboten sind, kann sich keine der de-facto-Nachfolgeorganisationen programmatisch auf ihre Vorgänger berufen.

Das Programm der *Sozialdemokratie der Republik Polen (SdRP)* (als dominante Kraft innerhalb des *Bündnis der demokratischen Linken (SLD)* prägt sie dieses programmatisch) zeichnet sich durch ein Bekenntnis zur parlamentarischen Demokratie und sozialen Marktwirtschaft aus. Durch die Regierungsübernahme 1993 manifestierte sich darüber hinaus das Bekenntnis zur Westeuropaorientierung Polens in Verbindung mit dem Bestreben nach dem EU- und NATO-Beitritt. Innerhalb der Partei dominiert eine politische Gruppierung mit pragmatischer Grundhaltung. Dennoch existiert auch eine Strömung, die sich stärker in der Tradition der kommunistischen Vergangenheit sieht, auch wenn sie sich – aufgrund des Verfassungsverbots – nicht explizit auf den Kommunismus bezieht. Die *Sozialdemokratie der Republik Polen (SdRP)* erkennt zwar einerseits die Schuld ihrer kommunistischen Vorgängerpartei an, betont jedoch andererseits, dass die Volksrepublik nicht nur als Unrechtsregime zu sehen sei. Dem entspricht, dass in den Spitzenpositionen der Partei nach wie vor Eliten aus dieser Zeit zu finden sind. Neben der *Sozialdemokratie* besteht die stärkste Gruppierung innerhalb des *Bündnis der demokratischen Linken (SLD)* aus der vormals regimetreuen Gewerkschaft *Gesamtpolnische Allianz der Gewerkschaften (OPZZ)*.

Anhand des Wählerverhaltens zeigt sich seit 1993, dass dem *Bündnis der demokratischen Linken (SLD)* zum einen insgesamt großes Vertrauen entgegengebracht wird (es erhielt 1993 20% der Stimmen und zum Ende der vierjährigen Regierungszeit 1997 27%), zum anderen, dass verschiedene gesellschaftliche Gruppierungen zu seinen Wählern zählen und nicht nur Anhänger des alten Regimes, sondern z.B. auch Gruppen des Mittelstandes.
Eine weitere Partei mit einem organisatorischen Vorgänger in der Volksrepublik ist die *Polnische Bauernpartei (PSL)*, die aus der Blockpartei *Vereinigte*

Bauernpartei (ZSL) hervorgegangen ist. Der Name der „gewendeten" *Polnischen Bauernpartei (PSL)* erinnert fälschlicherweise an eine 1949 aufgelöste Oppositionspartei der Bauern. Neben dieser postkommunistischen Partei haben nach 1989 verschiedene neue Bauernbewegungen aus dem Oppositionslager versucht, an die eigentliche Parteientradition anzuknüpfen, konnten sich jedoch nicht behaupten, wie z.B. die *Bauernallianz* (PL), die in der *Wahlaktion Solidarność (AWS)* aufging. Die – ebenso wie das *Bündnis der demokratischen Linken (SLD)* – auf die organisatorische Struktur ihrer kommunistischen Vorgängerpartei zurückgreifende *Polnische Bauernpartei (PSL)* konnte zwischenzeitlich beachtliche Wahlergebnisse erzielen (15% der Stimmen bei der Sejm-Wahl von 1993), was ihr die Regierungsbeteiligung mit dem größeren Koalitionspartner *Bündnis der demokratischen Linken (SLD)* einbrachte. In ihrer Regierungsarbeit offenbarte sich jedoch deutlich, dass die *Polnische Bauernpartei (PSL)* im landwirtschaftlich geprägten Polen zwar zum einen auf eine große Basis zurückgreifen kann, da etwa ein Viertel der Bevölkerung im Agrarbereich beschäftigt ist. Auf der anderen Seite mangelt es in dieser Partei an Konzepten zur Umgestaltung der Agrarstruktur, die bei der Integration Polens in die EU nicht konkurrenzfähig wäre und deren Reform bei den polnischen Bauern auf große Ängste stößt. So hat sie sich im Rahmen der Koalition eher als Blockierer herausgestellt und entsprechend große Stimmenverluste bei der letzten Parlamentswahl erlitten (nur noch 7%). Die programmatischen Streitfragen innerhalb der *Polnischen Bauernpartei (PSL)* sind die einer eher protektionistischen Landwirtschaftspolitik mit Schutz der vielen kleinen (faktisch nicht lebensfähigen) Betriebe auf der einen Seite sowie einer Umgestaltung der Landwirtschaft in größere Betriebsstrukturen auf der anderen Seite. Erstere Position entspricht einer ungewöhnlichen Verfassungsregelung, die besagt, dass der Familienbetrieb die Grundlage der landwirtschaftlichen Ordnung darstellt.

Zu erwähnen ist noch die fünfte Parlamentspartei, die *Bewegung für den Wiederaufbau Polens (ROP)*, die mit knapp über 5% der Wählerstimmen 6 Mandate errungen hat. Sie entstand 1995 aus der Vielzahl entstehender und sich wieder auflösender kleinerer rechter Parteien. Ihr Stil ist eher populistisch und ihr politisches Programm ist geprägt von Kirchenorientierung, starkem Nationalismus, dirigistischer Wirtschaftsauffassung sowie antieuropäischer Grundhaltung. Obschon auch diese Partei ursprünglich aus dem *Solidarność*-Lager kommt, kam es zu keiner Annäherung an die *Wahlaktion Solidarność (AWS)*, wodurch sie die einzige Partei dieser Herkunft ist, die auf sich gestellt einen Wahlerfolg erzielen konnte.

Abb. 10: Das Parteiensystem in Polen

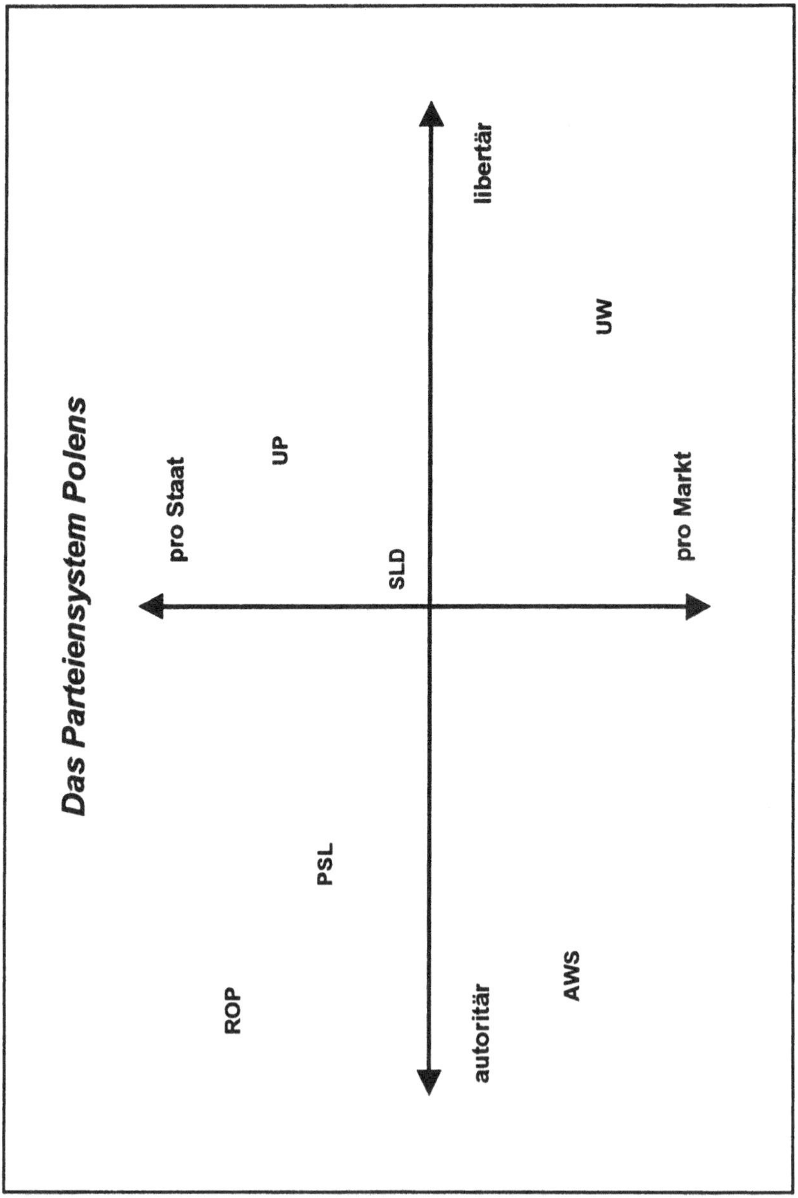

Bei den bisherigen vier Wahlen von Sejm und Senat haben z.T. unterschiedliche Wahlsysteme gegolten. Die ersten Wahlen unter demokratischeren Vorzeichen im Juni 1989 stellen als lediglich „halbfreie“ Wahlen eine Ausnahme dar, die am „Runden Tisch“ zwischen alten Machthabern und Opposition ausgehandelt worden waren. Bereits im Vorfeld wurden den bisherigen kommunistischen Machthabern 65% der Mandate im Sejm zugebilligt und somit waren nur 35% der Sitze frei wählbar. Lediglich im Senat konnten alle Mandate frei gewählt werden. Zu diesem Zeitpunkt war sich die Opposition ihres großen Rückhalts in der Bevölkerung nicht bewusst und hatte sich deswegen auf diesen Kompromiss eingelassen. Die Oppositionsgruppen waren geschlossen mit einem *„Parlamentarischen Bürgerklub“ (OKP)* angetreten, der alle frei zu wählenden Sitze des Sejm sowie 99 der 100 Senat-Mandate errang. Als nur für diese Wahl geltendes Wahlsystem war per Gesetz die absolute Mehrheitswahl zugrunde gelegt worden. Die große Bedeutung dieser Wahl wird vor allem in dem Votum der Bevölkerung für eine Demokratisierung gesehen, das den vormaligen Oppositionellen eine günstige Grundlage für ihre weitere Politik gegeben hat. Innerhalb des ersten halbfrei gewählten Parlaments kam es sowohl bei den Reformern als auch bei den Postkommunisten schnell zu Zersplitterungen und Partei-Neugründungen. Die parlamentarische Debatte um ein endgültiges Wahlgesetz für die erste freie Wahl lief auf das Verhältniswahlsystem hinaus, denn sowohl die alten Regimeträger als auch die vormaligen oppositionellen Gruppen vertraten inzwischen kleine neue Parteien und fürchteten bei einer Mehrheitswahl um ihren Einzug ins Parlament. Durch einen Parlamentsbeschluss wurde das Verhältniswahlsystem in Mehrpersonenwahlkreisen beibehalten (ein in den zentral- und osteuropäischen Ländern sehr verbreiteter Typus) und blieb – mit kleineren Veränderungen – das in den Folgejahren gültige Wahlprinzip. Dies sah die Wahl von 85% der Mandate in 37 Wahlkreisen vor, in denen zwischen 7 bis 17 Mandate vergeben wurden, sowie eine Listenwahl für die verbleibenden 15% der Mandate, verbunden mit einer 5%-Sperrklausel oder der Hürde, in mindestens fünf Wahlkreisen Mandate zu erringen. Die ersten vollständig freien und demokratischen Wahlen (die so genannten *Gründungswahlen*) fanden im Oktober 1991 statt und somit – im Vergleich zu anderen Staaten – erst relativ spät. Weil eine Sperrklausel lediglich für die Listenwahl existierte, konnten in den Sejm insgesamt 29 Parteien einziehen, davon nicht wenige mit nur einem Abgeordneten. Es entstand eine stark fragmentierte Parteiensituation, deren politische Folge unstabile parlamentarische Zusammenschlüsse und unsichere, kurzlebige Koalitionsregierungen waren. Nach einem erfolgreichen Misstrauensantrag gegen die Regierung von Hanna Suchocka löste Präsident Lech Wałęsa 1993 das Parlament auf und schrieb Neuwahlen aus. Insgesamt ist nicht nur anhand der polnischen Entwicklung deutlich geworden, dass die westlichen Erfahrungen über Wirkungsweisen von Wahlsystemen in Transformationsgesellschaften keine unbedingte Geltung haben. In diesem Zusammenhang wird der Anwendung des Verhältniswahlrechts zwar eine verstärkende Wirkung zugesprochen, es wird jedoch nicht als Verursacher der fragmentierten Parteienlandschaft gesehen. Auffallend ist deswegen, dass es bei der gleichzeitig nach dem Prinzip der Mehrheitswahl stattfindenden Senatswahl zu einer ähnlichen Fragmentierung gekommen ist, indem Kandidaten ähnlich vieler Parteien gewählt worden sind. Die intendierten Effekte des Majoritätsprinzips konnten sich somit aufgrund der großen Zersplitterung der politischen Gruppen nicht entfalten.

Kurz vor seiner Auflösung hatte das Parlament 1993 ein elaboriertes Wahlgesetz beschlossen, das bis heute Geltung hat. Zum einen wurde die Zahl der Wahlkreise auf 52 erhöht, jedoch waren nach wie vor 85% der Mandate in Mehrpersonenwahlkreisen (3 bis 17 Mandate) und 15% über eine Landesliste zu wählen. Zum anderen wurde die Sperrklausel spezifiziert. Sie wurde für die Landesliste auf 7% erhöht und galt nun auch in den Wahlkreisen bei 5% für Parteien und 8% für Bündnisse. Die zweite freie Parlamentswahl im Herbst 1993 brachte hierdurch zwar die gewünschte Parteienkonzentration, indem nur noch sechs Parteien (und vier Abgeordnete der deutschen Minderheit, die nicht an die Hürden gebunden waren) in den Sejm einzogen, die Sperrklauseln hatten jedoch auf der anderen Seite zur Folge, dass ein erheblicher Anteil (insgesamt 34%) der abgegebenen Stimmen keine Berücksichtigung gefunden hatte. Dies traf vor allem die aus dem *Solidarność*-Umfeld hervorgegangenen Parteien, die nach wie vor stark fragmentiert und deshalb nicht ins Parlament gelangt waren. Auch in diesem Fall zeigen sich somit zwei für das Verhältniswahlrecht eher untypische Effekte: zum einen eine Tendenz zur Parteienkonzentration, zum anderen eine große Anzahl unberücksichtigter Stimmen, was beides vor allem auf die genannten Sperrklauseln zurückzuführen ist. Durch das Herausfallen der vormaligen systemoppositionellen Gruppierungen konnten die Nachfolger der kommunistischen Parteien die parlamentarische Mehrheit erringen, was zu einer entsprechend abgesicherten Regierungsmehrheit des *Bündnis der demokratischen Linken (SLD)* und der *Polnischen Bauernpartei (PSL)* führte, die zusammen beinahe eine Zweidrittelmehrheit besaßen. Der Wahlsieg deckte sich mit der Mandatsverteilung im Senat, der nach wie vor nach Mehrheitswahl gewählt wurde; hier errangen die postkommunistischen Parteien zusammen 73 der 100 Senatorensitze.

Eine erneute Wende in Richtung einer konservativen Parlamentsmehrheit brachte die Parlamentswahl vom Herbst 1997. Nach der Konzentrierung der konservativen politischen Gruppen aus dem Umfeld der *Solidarność* in der *Wahlaktion Solidarność (AWS)* errang diese eindeutige 33% der Stimmen, jedoch auch der bisherige größere Regierungskoalitionär *Bündnis der demokratischen Linken (SLD)* behauptete sich mit 27%. Die Parteiensituation konzentrierte sich weiterhin auf nunmehr fünf im Parlament vertretene Parteien. Die Entwicklung zu einem stabilisierten Parteiensystem ist in Polen somit erst relativ spät eingetreten. Eine Konsolidierung ist vor allem durch die Konzentrationstendenzen im konservativen Spektrum aufgetreten, die sich im Bereich der linken postkommunistischen Nachfolgeparteien bereits seit längerem vollzogen hatten. Inzwischen stellt sich das polnische Parteiensystem bei einer Polarisierung zwischen den beiden großen Lagern somit gemäßigt pluralisiert dar. Es wird sich zeigen, ob die beiden Großparteien *Bündnis der demokratischen Linken (SLD)* und *Wahlaktion Solidarność (AWS)* stabil bleiben, wodurch sich die aktuelle Konstellation auch langfristig stabilisieren könnte. Eine problematische Frage ist jedoch auch, welche Entwicklung die derzeitige geringe Parteienidentifikation und die unverändert geringe Wahlbeteiligung (1993: 52%, 1997: 48%) nehmen werden.

2.1.5 Intermediäre Gruppen

Die Situation der intermediären Gruppen in Polen ist zum einen geprägt durch die Nachfolgeorganisationen aus der Zeit der Volksrepublik, die nach wie vor über funktionstüchtige Organisationsapparate und relativ große Mitgliederzahlen verfügen, und zum anderen durch eine Vielzahl neu gegründeter kleiner Gesellschaften, Stiftungen oder Vereine, die sich z.T. auf vormalige Oppositionsgruppen berufen, sich jedoch nicht selten schnell wieder auflösen. Die polnische Bevölkerung hat – wie in anderen postkommunistischen Staaten auch – in den Jahren seit dem Systemumbruch nach wie vor ein eher geringes Bedürfnis, sich organisatorisch anzubinden, sei es in Parteien, Gewerkschaften oder Verbänden.

Im Bereich der Gewerkschaften stehen sich überdeutlich die beiden großen Organisationen *Gesamtpolnische Allianz der Gewerkschaften (OPZZ)*, als vormals kommunistische Gewerkschaft und *Solidarność* als legendäre Trägerin des Systemumbruchs gegenüber. Beide Gewerkschaften verlieren seit 1989 stetig Mitglieder. Ebenso stellt oder stellte sich für beide die Schwierigkeit, durch ihre parlamentarische bzw. Regierungspolitik (*OPZZ* in dem *Bündnis der demokratischen Linken (SLD)* und *Solidarność* in der *Wahlaktion Solidarność (AWS)*) in Konflikt mit ihrer im Zuge der Wirtschaftstransformation neu zu bestimmenden Aufgabe als Interessenvertretung von Arbeitnehmern zu geraten. Seitdem sich die *Solidarność* durch die Regierungsübernahme der Wahlaktion wieder verstärkt in diesem Konflikt sah, lassen sich verschiedene Versuche erkennen, zu originär gewerkschaftlicher Arbeit zurückzukehren. Dies wurde zumindest als ein Ziel der Gründung der

Sozialen Bewegung ASW (RS AWS) formuliert, die den politischen Arm der Gewerkschaft innerhalb der *Wahlaktion Solidarność (AWS)* darstellen soll. Dieser Prozess würde für ein zunehmendes Verständnis für die Bedeutung der intermediären Instanzen zumindest in dieser Großorganisation sprechen.

Als noch schwächer wird die Formierung der Arbeitgeberschaft in Verbänden charakterisiert. Sie geht einher mit einer eher langsamen Herausbildung tripartistischer Strukturen. Hier unterscheidet sich Polen von den anderen Staaten Zentraleuropas, die relativ früh Institutionen für Verhandlungen zwischen Gewerkschaften, Arbeitgebern und Regierung geschaffen haben. Vor allem im Zusammenhang mit der Privatisierung wird auf das Fehlen von organisierten Formen der Unternehmenskooperation hingewiesen. Bemerkenswert ist jedoch, dass in der Literatur den Unternehmen als Einzelakteuren im Zuge der Privatisierung im Großen und Ganzen ein kooperativer Umgang mit den jeweilig vorhandenen Arbeitnehmervertretungen bescheinigt wird, sodass für den Bereich der Arbeitnehmer-Arbeitgeber-Beziehungen vor allem mikrokorporatistische Strukturen bedeutsam sind.

Eine zentrale Rolle spielt in Polen nach wie vor die katholische Kirche als gesellschaftliche Großorganisation (ca. 95% der Polen bezeichnen sich als katholisch). Sie stellte vor dem Systemumbruch ein Sammelbecken für die Gegner des Systems dar und war Ausgangspunkt und Förderin der Umbruchbestrebungen. Nachdem diese politische Funktion nach 1989 weggefallen war, steht die katholische Kirche vor der schwierigen Aufgabe, ihre gesellschaftliche Rolle neu zu bestimmen. Zwar stellt sie nach wie vor eine große Identifikationskraft vor allem bei den älteren Generationen dar, jedoch hat sie es bisher wenig erfolgreich verstanden, sich auf eine plurale Gesellschaft einzustellen. Vor allem Jugendliche und junge Erwachsene wenden sich von der Kirche ab und viele polnische Bürger stehen mit Unverständnis vor zuweilen populistischen Parolen und den in den Transformationsjahren häufigen politischen Einmischungen seitens der Kirche. Deutlich wird das durch Konflikte geprägte Verhältnis zwischen Gesellschaft und Kirche an den zentralen politischen Streitfragen, wie z.B. den Abtreibungsregelungen oder der Wiedereinführung von Religionsunterricht an Schulen.

Ein ausgeprägtes Verbändewesen, wie es in vielen westeuropäischen Staaten zu finden ist, gibt es in Polen nicht. Zwar ließen sich tausende Gesellschaften, Stiftungen und Vereine registrieren, jedoch ist ihre Mitgliederzahl häufig gering. Im Bereich von Jugendverbänden und -organisationen zeigt sich beispielsweise ein ähnliches Bild wie im Parteiensystem, in dem zwar heute gleichermaßen alte und neue Organisationen nebeneinander existieren, aber die postkommunistischen Jugendverbände auf eine große Zahl an weiterhin verbliebenen Mitgliedern sowie auf Finanzen und Strukturen zurückgreifen können (wie z.B. der postkommunistische polnische Pfadfinderverband). Viele kleine Neugründungen mit wenig Mitgliedern und geringen Finanzmitteln haben hingegen enorme Existenzschwierigkeiten.

2.1.6 Politische Kultur

Das historische Bewusstsein der polnischen Bevölkerung ist heute nach wie vor geprägt durch die lange Zeit der polnischen Teilungen zwischen dem Ende des 18. und dem Beginn des 19. Jahrhunderts. Diese Erfahrungen einer unterbrochenen Nationalstaatlichkeit und einer langen Fremdherrschaft sind bis heute sehr präsent. Dabei stehen vor allem Elemente des Widerstandes im Vordergrund, wie die Erfahrungen der Freiheitskämpfe gegen ungewollte Obrigkeiten. In der Folge sind bis heute viele als Helden oder Märtyrer stilisierte Freiheitskämpfer im kollektiven Gedächtnis verankert, auch in den jüngeren Generationen.

Das polnische Selbstbild als eine Nation des Widerstandes gegen ungewollte Herrschaft schlägt sich auch in der Verarbeitung der Jahrzehnte der kommunistischen Herrschaft nieder, indem das Bewusstsein der kollektiven Ablehnung sowie eines weit verbreiteten Widerstandes gegen das System der Volksrepublik im Vordergrund steht.

Prägend für den Umgang mit der jüngeren Vergangenheit ist jedoch der bereits dargestellte Systemwechsel durch einen Kompromiss zwischen alten Machthabern und vormaligen Systemoppositionellen am „Runden Tisch". Durch diesen weitgehend friedlichen Wechsel war das Bedürfnis nach einer strafrechtlichen Verfolgung der Träger des alten Systems oder nach verschiedenen Formen von Vergeltung zunächst gering. Verschiedene Teile der neuen politischen Elite haben mit entsprechenden Stellungnahmen hierzu maßgeblich beigetragen, so z.B. der erste nichtkommunistische Ministerpräsident Tadeusz Mazowiecki oder der bekannte vormalige Dissident Adam Michnik. Das Bewusstsein der polnischen Bevölkerung gegenüber der Vergangenheit und ihrer Aufarbeitung ist hingegen widersprüchlich. Zum einen existiert eine umfassende Ablehnung der kommunistischen Zeit, also ein Bewusstsein des „nie wieder". Zum anderen war kein ausgeprägtes Interesse an einer Vergangenheitsbewältigung vorhanden. Dies war einer der Gründe für die Wahl von postkommunistischen Parteien 1993, als eine „Abmahnung" der Wirtschaftspolitik der vorherigen Regierung wichtiger war als die Kontinuitäten zwischen dem alten System und den gewählten Parteien. Dennoch ist in der politischen Öffentlichkeit – vor allem im *Solidarność*-nahen Parteienspektrum – die Diskussion um die Aufarbeitung der jüngsten Vergangenheit eine virulente Streitfrage. Die beiden äußeren Pole der Debatte stellten dabei auf der einen Seite ein umfassendes „Lustrationsgesetz" (Durchleuchtungsgesetz) nach deutschen Vorbild dar sowie auf der anderen Seite der berühmte

„dicke Strich“ (gróba kreska) unter die Vergangenheit. Nach jahrelangen Auseinandersetzungen wurde inzwischen ein „Institut des nationalen Gedächtnisses“ in Anlehnung an die deutsche „Gauck-Behörde“ geschaffen und somit verspätet eine Entscheidung für die erste Lösung getroffen.

Die heutige Einstellung der polnischen Bevölkerung gegenüber dem politischen System ist jedoch nicht nur durch die dargelegten vergangenheitsbezogenen Aspekte und den „Runden Tisch“ geprägt, sondern auch durch den Ablauf der wirtschaftlichen Transformation in den ersten Jahren nach dem Systemwechsel. Die radikalen wirtschaftlichen Reformen der ersten Jahre, die so genannte „Schocktherapie“ unter Wirtschaftsminister Balcerowicz, deren soziale Folgen die Bevölkerung zu tragen hatte, führten zwischenzeitlich zu einer weitaus geringeren Zustimmung zur Demokratie als in anderen zentral- und osteuropäischen Staaten, die jedoch in den Folgejahren wieder anstieg. Die Einstellungen der Bevölkerung gegenüber einzelnen politischen Institutionen ist hingegen unterschiedlich. Auffallend ist das gleich bleibend geringe Vertrauen in die politischen Parteien, das sich auch in der konstant geringen Wahlbeteiligung niederschlägt (Sejmwahlen von 1991 43%, 1993 52%, 1997 48%). Die diffuse institutionenbezogene Unterstützung des Parlaments verbesserte sich hingegen und stimmt heute mit dem Niveau vergleichbarer Staaten überein. Trotz der allgemeinen Akzeptanz und der generellen Unterstützung des politischen Systems, herrscht in weiten Teilen der polnischen Bevölkerung eine eher politisch desinteressierte Grundhaltung.

2.1.7 Fazit

Das polnische Regierungssystem wird im Allgemeinen als konsolidiert bewertet. Durch den bereits dargelegten verlangsamten Institutionenaufbau aufgrund der erst spät in Kraft getretenen Verfassung, waren die Jahre nach dem Systemwechsel durch zahlreiche Kompetenzstreitigkeiten zwischen den einzelnen Verfassungsinstitutionen geprägt. Der verlangsamte Prozess wird auf verschiedene Faktoren zurückgeführt, vor allem jedoch wird er als Folge des von Kompromissen geprägten Systemübergangs am „Runden Tisch“ bewertet. Von anderen zentraleuropäischen Staaten unterscheidet sich Polen vor allem durch die Entscheidung für eine semi-präsidentielle Variante eines Regierungssystems, die ebenfalls ein Ergebnis des „Runden Tisches“ ist und somit weniger eine institutionelle Entscheidung, als die Folge eines praktischen Kompromisses darstellt. Trotz der verlangsamten Konsolidierung deckt sich die polnische Entwicklung inzwischen mit anderen zentraleuropäischen Staaten. Beispielsweise hat sich zum einen ein konsolidiertes Parteiensystem herausgebildet, jedoch ist zum anderen die Zivilgesellschaft noch ähnlich schwach herausgebildet wie in vergleichbaren Staaten.

Auch wenn Polen in verschiedenen Bereichen, wie z.B. der Wirtschaftstransformation, nicht zu den absoluten Vorreitern zu zählen ist, so verfügt es doch im Unterschied zu anderen zentraleuropäischen Staaten über die engsten Beziehungen zum „mächtigen“ Nachbarn und Integrationsbefürworter Bundesrepublik Deutschland. Dies hat in den verschiedensten innen- und außenpolitischen Bereichen positive Effekte für die Republik Polen mit sich gebracht.

So ist insgesamt davon auszugehen, dass Polen – trotz der verlangsamten Konsolidierung des Regierungssystems sowie der innerhalb Zentraleuropas vergleichsweise geringeren Unterstützung des demokratischen Systems und seiner Institutionen durch die Bevölkerung – über eine günstige Position bei der weiteren Einbindung in internationale Allianzen verfügt. Dies, wie sich an den positiven Reaktionen der Bevölkerung zum NATO- und erwarteten EU-Beitritt zeigt, wird nicht nur zu einer weiteren außenpolitischen, sondern ebenfalls zur innenpolitischen Stabilisierung beitragen.

2.2 Das politische System Russlands

2.2.1 Einleitung

Die Russische Föderation ist der Staat unter den jungen Demokratien Europas, dem die größte Bedeutung in der internationalen Staatengemeinschaft als – wenngleich angeschlagene – Weltmacht zukommt, der aber zugleich die schwersten Erblasten des alten Systems zu tragen hat. Mit seiner Hauptstadt Moskau als vormaligem Zentrum des sowjetischen Machtapparates und Steuerzentrale der früheren Satellitenstaaten ist die russische Entwicklung im Vergleich zu allen anderen Reformstaaten besonders geprägt durch das Fortwirken alter Kräfte aus sowjetischer Zeit und eine entsprechende Präsenz alter Eliten in der heutigen Politik. Kennzeichnend ist zudem das Fehlen demokratischer Traditionen, auf die Russland in der Zeit des Systemwechsels hätte zurückgreifen können. Des Weiteren muss berücksichtigt werden, dass Russland zwar im Mittelpunkt des Zarenreichs und der Sowjetunion gestanden hat, jedoch heute erstmals einen eigenständigen russischen Staat darstellt und auf keine staatliche Tradition zurückblicken kann. Aus der sowjetischen Entwicklung resultiert auch, dass das Land – im Unterschied zu anderen Mitgliedsstaaten der Sowjetunion – über wenige eigene russische Institutionen verfügte (z.B. gab es kein russisches Innenministerium, keine Akademie der Wissenschaften, keine russische kommunistische Partei), auf denen es in der Transformation hätte aufbauen können. In den Blick zu nehmen ist auch die Tatsache, dass die Russische Föderation ein Vielvölkerstaat ist, in dem die russische Bevölkerung in einigen Mitgliedsstaaten nur eine Minderheit darstellt und sich die Interessenlagen der einzelnen Subjekte dieser Föderation stark unterscheiden.

2.2.2 Verfassung

Russland ist es in den ersten Reformjahren gelungen, seinen Systemwechsel durch die Ausarbeitung und das In-Kraft-Treten einer neuen Verfassung zu vollziehen, die eine neue Staatsform festlegt und eine Abkehr von dem sowjetischen System bedeutet, in dem das oberste Organ die *Kommunistische Partei* darstellte, die verfassungsgemäß die „führende und lenkende Kraft der sowjetischen Gesellschaft“ war. In dieser neuen Verfassung, in der sich Russland zur föderativen rechtsstaatlichen Demokratie bekennt, wurden die Prinzipien eines präsidentiellen Regierungssystems mit semi-präsidentiellen Elementen festgelegt.

Verfassungsgebungsprozess

Der Prozess der Verfassungsgebung war von heftigen politischen Machtkämpfen und Auseinandersetzungen um den Erhalt von Elementen des alten Sowjetsystems und die Schaffung neuer politischer Institutionen begleitet. Ähnliche Konflikte hatten bereits die letzten Jahre der UdSSR unter Gorbatschow geprägt und setzten sich nach ihrer Auflösung im Dezember 1991 in Russland ebenso wie in den anderen Nachfolgestaaten der UdSSR fort.

Zum Systemwandel war es bereits in der Sowjetunion der Perestroika-Zeit durch die Schaffung neuer Staatsorgane gekommen. Schon im Herbst 1989 wurde neben dem bisherigen höchsten Organ der Staatsgewalt, dem Obersten Sowjet, ein Parlament etabliert, der Kongress der Volksdeputierten. Die sowjetischen Teilrepubliken übernahmen diese neue politische Institution, sodass auch in Russland das erste Parlament, der russische Kongress der Volksdeputierten, als höchstes Organ der Staatsgewalt noch vor Auflösung der UdSSR eingerichtet wurde. Der russische Kongress der Volksdeputierten wurde – zunächst gemeinsam mit Boris Jelzin, jedoch mehr und mehr als Gegenspieler des seit Mitte 1991 amtierenden ersten russischen Präsidenten – zu einem maßgeblichen Akteur im Verfassungsgebungsprozess Russlands. Entsprechend wird diese Zeit häufig als Doppelherrschaft von Präsident und Parlament sowie als Verfassungskrieg zwischen beiden charakterisiert. In diversen Ergänzungen der alten russischen Verfassung aus den 70er-Jahren wurden das Demokratieprinzip, der Föderalismus, die republikanische Regierungsform sowie das Ende der Einparteienherrschaft und Staatswirtschaft eingeführt. In der Kombination alter sozialistischer Grundsätze und neuer Ansätze eines demokratischen Systems existierten widersprüchliche Regelungen nebeneinander, so beispielsweise Grundzüge eines präsidentiellen Regierungssystems auf der einen und der weiterhin als höchstes Staatsorgan fungierende Kongress der Volksdeputierten auf der anderen Seite. Der Konflikt zwischen einem mit zahlreichen Kompetenzen ausgestatteten Präsidenten und einem Parlament, das weiterhin möglichst viel Macht auf sich zu vereinigen suchte, war unauflösbar. Das zähe Ringen um die politische Vormachtstellung bei der Ausgestaltung eines neuen Regierungssystems gipfelte 1993 in dem so genannten Krisenjahr. Letztendlich ist die neue Verfassung der Russischen Föderation durch Alleingänge ihres Präsidenten Boris Jelzin zustande gekommen, indem dieser die neue Verfassung abseits der parlamentarischen Institutionen durch eine von ihm zusammengerufene Konferenz mit Vertretern verschiedener gesellschaftlicher, politischer und wissenschaftlicher Gruppierungen entwickeln ließ. Nach der Ablehnung der hier entstandenen Entwürfe durch die Volksdeputierten löste der Präsident das Parlament per Dekret auf. Dies wird im Nachhinein zuweilen als „legitimer Staatsstreich" bezeichnet, der von einigen Parlamentariern nicht anerkannt wurde, die sich im Moskauer Parlamentsgebäude verschanzten. Mit der von Jelzin veranlassten gewaltsamen Erstürmung des Moskauer Parlamentsgebäudes erreichte der so genannte Verfassungskrieg seinen dramatischen Höhepunkt.

Die Annahme der Verfassung erfolgte schließlich durch ein Referendum im Dezember 1993 (für das verschiedene Analysen davon ausgehen, dass die erforderliche Teilnahme von 50% der Wahlberechtigten nicht erreicht und die Zahlen somit gefälscht wurden). Gleichzeitig wurde die in dieser Verfassung vorgesehene neue erste Parlamentskammer – die Staatsduma – gewählt, obwohl es sie bei der Wahl ihrer Mitglieder verfassungsrechtlich noch gar nicht gegeben hat. Der russische Verfassungsgebungsprozess war somit insgesamt von verschiedenen eigenmächtigen Vorgehensweisen des russischen Präsidenten Jelzin geprägt. Retrospektiv wird jedoch davon ausgegangen, dass die Reformkräfte für die Entwicklung einer demokratischen Vefassung ohne diese rigide Politik nicht ausreichend stark gewesen wären. Trotz der schwierigen Entstehungsgeschichte wird diese erste demokratische Verfassung Russlands – in ihrer teilweisen Anlehnung an die französische Verfassung der V. Republik – als insgesamt tragfähige Grundlage für ein funktionierendes demokratisches System gesehen, auch wenn die Verfassungspraxis von umfassenden Demokratieproblemen und konstitutionellen Konflikten geprägt ist.

2.2.3 Institutionen des Regierungssystems

Präsident

Das russische Regierungssystem lässt sich vom Verfassungstext her als präsidentielles Regierungssystem mit semi-präsidentiellen Komponenten charakterisieren. In der Verfassungswirklichkeit war eine Tendenz zu einem präsidentiellen System in den ersten Jahren nach Geltung der Verfassung unübersehbar. Inzwischen hat sich die Duma gegenüber dem Präsidenten leicht etabliert und die Parlamentarier sind sich ihrer politischen Rolle stärker bewusst. Dennoch kommt nach wie vor der Stellung des Präsidenten die größte Bedeutung innerhalb des Regierungssystems zu und er nutzt seine Macht vor allem gegenüber dem Parlament. Er ist nicht nur das Staatsoberhaupt, sondern leitet auch die Exekutive, sodass ihm die Regierung faktisch unterstellt ist. Der Präsident wird vom Volk für eine Amtszeit von vier Jahren direkt gewählt, wobei ein Präsident sich nur ein Mal zur Wiederwahl stellen darf. Die Kandidatenbenennung zur Präsidentenwahl erfolgt durch registrierte Wählervereinigungen, die je einen Kandidaten aufstellen können. Für dessen offizielle Anerkennung werden eine Millionen Unterschriften, verteilt auf verschiedene Föderationssubjekte, benötigt, was vor allem solche Organisationen begünstigt, die noch auf Strukturen aus der Zeit der Sowjetunion zurückgreifen können. Erreicht keiner der Kandidaten im ersten Wahlgang die absolute Mehrheit, so wird eine Stichwahl zwischen den beiden bestplatzierten Kandidaten vorgenommen. So mündete die Präsidentenwahl 1996 in eine Stichwahl zwischen dem bereits amtierenden Präsidenten Boris Jelzin und dem Chef der kommunistischen Partei Gennadij Sjuganow. Der Sieg Jelzins war dabei, trotz des relativ hohen Stimmenanteils des kommunistischen Kandidaten, eher eine Absage an die kommunistischen Kräfte als ein Votum für Jelzin.

Das Präsidentenamt bietet die Möglichkeit, innerhalb der Wahlperiode ohne Kontrolle durch andere Verfassungsinstitutionen die Exekutive zu leiten. Seine umfangreichen Kompetenzen drücken sich vor allem darin aus, dass er die Leitlinien der Innen- und Außenpolitik festlegt und dass ihm zudem die direkte Leitung der Außenpolitik obliegt. Diese Bereiche der Regierungspolitik sind somit auf den ersten Blick jeglicher parlamentarischer Kontrolle entzogen. Aufgrund seiner umfassenden Kompetenzen wurde der Präsident bisher zuweilen als „vierte Gewalt" bezeichnet, die über den drei klassischen Gewalten existiert, was sich auch durch sein Recht ausdrückt, Dekrete zu erlassen. Explizit weist die Verfassung hierzu darauf hin, dass seine so genannten „Ukaze" in der gesamten Föderation gelten und dass auch die Regierung ihre Politik nach ihnen auszurichten hat. In seinem Dekretrecht ist der Präsident an die Verfassung und an bereits in Bundesgesetzen geregelte Fragen gebunden. Die sehr rege Ausgabe von Dekreten des Präsidenten hat in den ersten Transformationsjahren vor allem in Fragen, die von der Duma noch nicht per Gesetz geregelt worden waren, zu einer Art zweiten Gesetzgebung, also einer quasi-legislativen Tätigkeit, geführt. Eine zweite Möglichkeit am Parlament vorbei zu agieren, bietet dem Präsidenten sein Recht, Referenden anzuberaumen, ohne dass hier eine Beschränkung auf bestimmte Fragen vorliegt.

Nahezu identisch mit den Aufgaben des französischen Präsidenten scheinen die grundsätzlichen, dem Präsidenten zustehenden Kompetenzen gewählt zu sein. Als Garant der Verfassung, als Hüter der staatlichen Souveränität, Unabhängigkeit und territorialen Integrität, hat er für das Zusammenwirken, Funktionieren und die Koordinierung der Staatsorgane zu sorgen. Ein wesentlicher Unterschied zum semi-präsidentiellen französischen System liegt jedoch darin, dass die exekutive Einflussnahme des französischen Präsidenten auf die sogenannte „domaine reservée" der Außen- und Verteidigungspolitik beschränkt ist. Der russische Präsident bestimmt hingegen qua Verfassungstext – wie gezeigt wurde – sowohl die Leitlinien der Außen- als auch der Innenpolitik.

Die Beziehung des Präsidenten zur Regierung besteht laut Verfassung in einer klaren Unterordnung Letzterer unter den Präsidenten. Dieser hat die Möglichkeit, jederzeit die Kabinettssitzungen zu leiten und somit die Funktionen des Ministerpräsidenten de facto zu übernehmen. Als eigentlicher Träger russischer exekutiver Politik ist er jedoch keiner Kontrolle durch das Parlament unterworfen und lediglich – aufgrund einer schweren Straftat oder Hochverrats – im Rahmen eines komplizierten Impeachmentverfahrens seines Amtes zu entheben. Da ein Stellvertreter nicht vorgesehen ist, übernimmt in Fällen von Amtsunfähigkeit oder Rücktritt der Ministerpräsident seine Kompetenzen, jedoch ist diese Möglichkeit nur für einen begrenzten Zeitraum von drei Monaten vorgesehen, nach dessen Ablauf Neuwahlen stattfinden müssen. Vor allem die häufigen Erkrankungen Boris Jelzins haben hier ein Defizit deutlich gemacht: Da keine Definition von Amtsunfähigkeit festgelegt wurde, kann ein de facto amtsunfähiger Präsident weiter an seinem Amt festhalten.

Im Umfeld des Präsidenten existiert eine Vielzahl konkurrierender Instanzen und Bürokratien, von denen die wichtigsten die ausgesprochen einflussreiche Präsidialadministration und der in der Verfassung vorgesehene Sicherheitsrat sind. Beide sind personell stark aufgeblähte Apparate, die sich Jelzin als ihn umgebende machtvolle Behörden geschaffen hat. Dabei sind vor allem die Kompetenzen, Strukturen und tatsächlichen Einflüsse der Präsidialadministration schwer zu ermitteln und ständigen Veränderungen unterworfen. Darüber hinaus hat sich der Präsident die sogenannten Machtministerien, das Verteidigungs-, Innen- und Außenministerium, seit 1994 per Dekret direkt unterstellt. In der Praxis sind jedoch seine Möglichkeiten der Kontrolle dieser Ministerialbürokratien begrenzt. Die Einordnung und die Bewertung des russischen Regierungssystems mit Blick auf die deutliche Machtfülle des Präsidenten unterscheiden sich stark. So wird zum einen die Anlehnung an das französische semi-präsidentielle Regierungssystem betont und es wird davon ausgegangen, dass diese konstitutionelle Grundlage – trotz der spezifisch russischen Situation – zumindest die Chance einer Entwicklung zu einem stabilen demokratischen System in sich birgt. Jedoch wird zum anderen vor allem auf die umfassenderen exekutiven Kompetenzen des russischen Präsidenten und vor allem auf seine Dekretmacht verwiesen, die in bestimmten realpolitischen Konstellation die Gefahr einer Präsidialdiktatur in sich bergen.

Regierung

Der russische Ministerrat setzt sich aus dem Ministerpräsidenten, einer verfassungsmäßig nicht festgelegten und in der Praxis wechselnden Zahl von Stellvertretern sowie den Bundesministern zusammen. Die Richtung der Regierungstätigkeit wird (wie bereits beschrieben, gemäß den präsidialen Vorgaben) vom Ministerpräsidenten festgelegt, der jedoch verfassungsmäßig aufgrund der exekutiven Dominanz des Präsidenten mehr auf die Funktion eines Kabinettchefs reduziert ist.

Die Regierung befindet sich in einer strukturell schwierigen Situation. Zum einen ist sie dem Parlament verantwortlich, zum anderen ist sie in ihrer konkreten Politik stark vom Präsidenten abhängig. Demzufolge hat sie nur begrenzte inhaltliche Gestaltungsmöglichkeiten und muss sich zuweilen auf die Ausführung der vom Präsidenten bestimmten Politik beschränken. Die präsidiale Anbindung wird auch dadurch deutlich, dass die Neuwahl eines Präsidenten immer auch ein neues Kabinett zur Folge hat, weil der amtierende Ministerrat seine Geschäfte dann niederlegen muss und der neue Präsident einen Personalvorschlag für einen neuen Premier vorlegt. Dies bedeutet, dass die politische Ausrichtung der Regierungsmitglieder in der bisherigen Praxis eher mit der des Präsidenten als mit der des Parlaments übereinstimmt, sodass das Strukturmerkmal semi-präsidentieller Systeme – die „cohabitation“ – in der russischen Praxis kaum vorkommen kann.

Einige Einschränkungen der Präsidialkompetenzen finden sich jedoch im Rahmen der Regierungsbildung, indem der Präsident den von ihm vorgeschlagenen Ministerpräsidenten nur mit Zustimmung der ersten Parlamentskammer, der Staatsduma, ernennen kann. Hier ist somit ein Zusammenwirken zwischen beiden Kräften erforderlich, damit es zur Regierungsbildung kommen kann. Die Duma hat die Möglichkeit, den Kandidaten dreimal abzulehnen, bevor der Präsident den Regierungschef trotz der parlamentarischen Ablehnung ernennt, gleichzeitig die Staatsduma auflöst und Neuwahlen anberaumt. Ähnlich gestalten sich die Verfahren eines Misstrauens- bzw. abgelehnten Vertrauensvotums, indem der Präsident auch hier nicht gezwungen ist, dem Votum des Parlaments nachzukommen, sondern stattdessen nach einem wiederholten Votum innerhalb von drei Monaten das Recht hat, die Staatsduma aufzulösen, anstatt die Regierung zu entlassen. Das zentrale parlamentarische Kriterium eines Regierungssystems, nämlich die Verantwortlichkeit der Regierung vor dem Parlament und vor allem die Möglichkeit des Parlamentes, der Regierung das Vertrauen zu entziehen, ist in der Russischen Föderation gemäß Verfassungstext somit nur sehr begrenzt vorhanden, weil das Parlament permanent von seiner Auflösung durch den Präsidenten bedroht ist.

In konkreten Auseinandersetzungen zwischen dem Parlament und dem Ministerrat kann die dem Präsidenten unterstellte Regierung bei parlamentarischen Blockaden relativ machtlos dastehen, weil sie den präsidentiellen Vorgaben Folge zu leisten hat und Kompromisse dadurch schwierig werden. Die bisherigen Regierungen konnten sich nicht auf eine ausreichende „Hausmacht" im Parlament stützen, was die Arbeit des Ministerrats erschwerte. Besonders die alljährliche zustimmungspflichtige Regierungsvorlage zum nächsten Bundeshaushalt wurde seitens der Duma häufig zum Moment der Machtdemonstration genutzt. Angesichts der schwierigen Finanz- und Wirtschaftssituation Russlands war es bei verschiedenen Themen zu schwer wiegenden Konflikten gekommen, die letztlich auf eine Konfrontation zwischen Parlament und Präsident hinausliefen (mit Misstrauensdrohungen auf der einen und Auflösungsdrohungen auf der anderen Seite). In der Regierungspraxis hat sich dabei gezeigt, dass eine begrenzte Kooperation zwischen Regierung und Parlament notwendig ist, was nur durch Regierungen mit einem gewissen Rückhalt in der Duma zu gewährleisten ist. Um diese Zusammenarbeit zu verhindern, hat Präsident Jelzin auch dem Anschein nach stärkere Regierungen entlassen, da eine derartige Praxis seine Machtposition gegenüber dem Parlament geschwächt hätte. So sind die Präsidialkompetenzen – trotz der zwischenzeitlichen Ansätze einer Stärkung des Parlaments – nach wie vor beachtlich.

Anhand der Beziehungen zwischen Regierung und Präsident wird im russischen Fall der Charakter des präsidentiellen Systems besonders deutlich. Orientiert man sich an Maurice DUVERGER, so ist eine der wesentlichen Kernfragen des Semi-Präsidentialismus die nach der Beziehung des Präsidenten zur jeweiligen parlamentarischen Mehrheit und zu der aus ihr hervorgehenden Regierung. Hieraus folgt, dass bei einer dem Präsidenten entgegenstehenden parlamentarischen Mehrheit und einer entsprechenden Regierung (der „cohabitation") die exekutive Präsidialpolitik geschwächt wird. In der Praxis des russischen Regierungssystems hingegen waren die bisherigen Regierungsbildungen nicht an parlamentarische Parteien und Mehrheitskoalitionen gebunden. Vielmehr hat sich gerade die mangelnde parlamentarische Anbindung der Ministerrat als politisches Problem herausgestellt.

Abb. 11: Das politische System Russlands

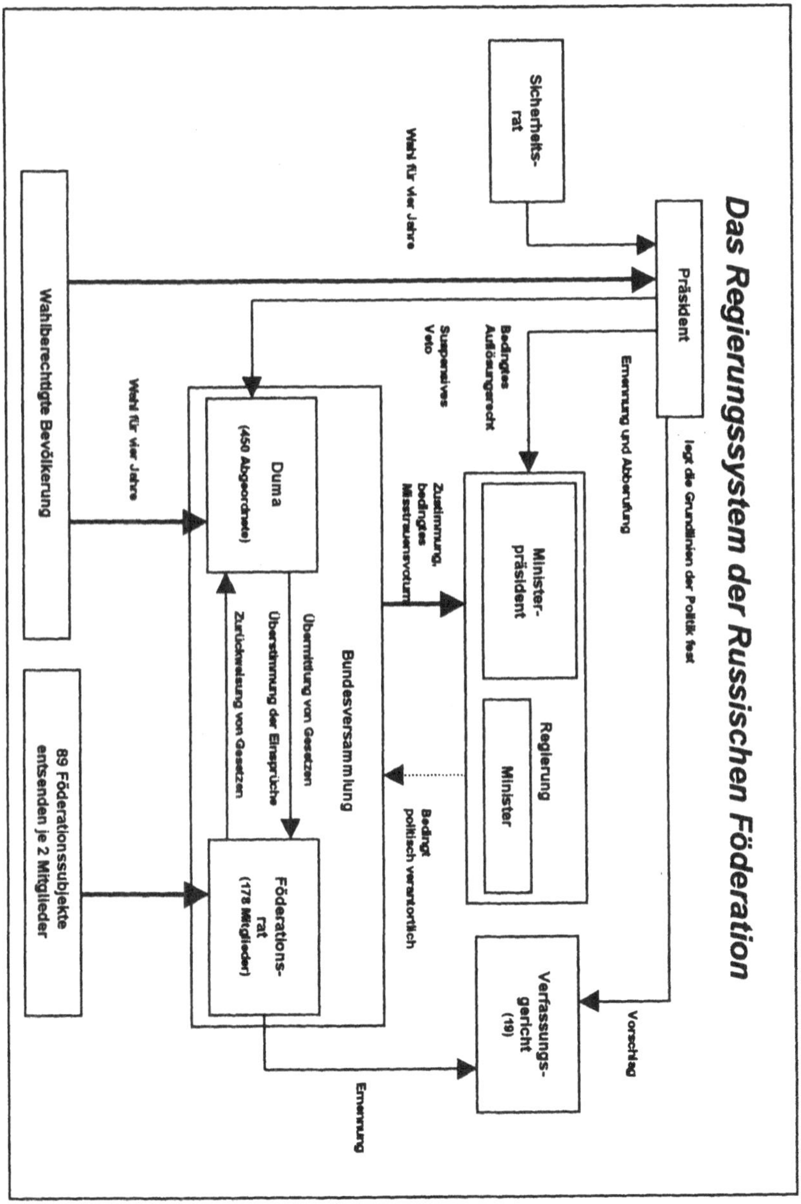

Parlament

In dem durch die Verfassung von 1993 neu geschaffenen russischen Zweikammersystem bildet die *Staatsduma* die erste Kammer als direkt gewähltes Parlament. Neben ihr existiert eine föderale Kammer, der *Föderationsrat*. Zusammen bilden sie die *Bundesversammlung*.

Die russische Staatduma besteht aus 450 Abgeordneten, die für vier Jahre durch das Verfahren des so genannten Grabensystems (einer Kombination aus Verhältnis- und Mehrheitswahlrecht) gewählt werden. Der Föderationsrat umfasst 178 Mitglieder. Da Russland eine Föderation aus 89 Mitgliedern, so genannten „Föderationssubjekten", ist, sind hier je zwei Vertreter aus jedem Subjekt vertreten: einer aus den Regionalparlamenten und einer aus der regionalen Exekutive. In der Praxis sind dies inzwischen der Gouverneur des Subjektes und der Präsident des jeweiligen Gebietsparlaments (eine Ausnahme bildete die erste Zusammensetzung des Föderationsrates, die durch Wahl zustande kam, jedoch lediglich – wie die Duma – für eine zweijährige Amtszeit).

Die Gesetzgebung obliegt beiden Kammern, jedoch werden Gesetzesinitiativen in die Staatsduma eingebracht, wobei das Initiativrecht bei der Duma, beim Föderationsrat, der Regierung, dem russischen Präsidenten, bei den Organen der Föderationssubjekte (Regierungen, Parlamente) und beim Verfassungsgericht sowie dem Obersten Gericht in Fragen ihrer Zuständigkeit liegt. Anders als in parlamentarischen Regierungssystemen, in denen zumeist die Regierung den größten Teil der Gesetzesvorlagen einbringt, hat im russischen Fall bisher die Duma die meisten Gesetzesentwürfe initiiert. Im Gesetzgebungsprozess sind insgesamt drei Lesungen der Entwürfe vorgesehen. Die organisatorische Arbeit im Gesetzgebungsprozess wird vom Rat der Staatsduma übernommen, der sich aus dem Dumavorsitzenden, den Fraktions- und Gruppenvorsitzenden sowie den mit beratender Stimme vertretenden Vorsitzenden der Duma-Komitees zusammensetzt. Es existieren verschiedene ständige Komitees, in denen auch im russischen Parlament der Großteil der Gesetzgebungsarbeit geleistet wird. Die Annahme von Gesetzen bedarf der Zustimmung beider Parlamentskammern und der Unterschrift des Präsidenten. Ein von der Duma angenommenes Gesetz muss innerhalb von fünf Tagen dem Föderationsrat zugeleitet werden. Dessen Zustimmung ist gegeben, wenn er innerhalb von vierzehn Tagen keine Stellung zu diesem Gesetz bezieht oder wenn er mit mehr als der Hälfte seiner Mitglieder zustimmt. Die föderale Kammer hat jedoch die Pflicht, sich mit Duma-Gesetzen zu zentralen staatlichen Fragen zu beschäftigen. Dies sind beispielsweise Gesetze zum Bundeshaushalt, zu Steuern und Abgaben, zu Fragen der Geldemission, der Ratifikation und Kündigung von internationalen Verträgen, zum Schutz der Staatsgrenze sowie Gesetze zu Fragen von Krieg und Frieden. Jedoch hat die Staatsduma auch die Möglichkeit, ein vom Föderationsrat abgelehntes Gesetz dennoch zu verabschieden, indem sie nochmals mit einem relativ hohen Quorum von mindestens zwei Dritteln der Gesamtzahl der Deputierten für das Gesetz stimmt. Aufgrund dieser Möglichkeit wird die russische Bundesversammlung zuweilen auch als unechtes Zweikammersystem bezeichnet, weil in dieser Konstellation kein Gesetz die Zustimmungspflicht der zweiten Kammer verlangt, sondern lediglich die – von der Duma zu überstimmende – Einspruchsmöglichkeit besteht. Darüber hinaus kann ein Schlichtungsausschuss gebildet werden, in dem die Differenzen beider Kammern beseitigt werden können, woraufhin der Gesetzentwurf wieder an die Staatsduma zurückverwiesen wird und das Verfahren erneut beginnt. Sollte das Parlament eine Gesetzesvorlage beraten wollen, die in der Konsequenz den Bundeshaushalt belasten würde, ist dazu laut Verfassung und Duma-Geschäftsordnung eine positive gutachterliche Stellungnahme der Regierung notwendig, eine Regelung, die vor allem in den Anfangsjahren der Gesetzgebungstätigkeit des Parlaments in der Praxis häufig ignoriert worden ist. Inzwischen gibt es verschiedene Beispiele, dass sich bei konfliktreichen Gesetzgebungsverfahren quasi ein erweiterter Schlichtungsausschuss in Form einer „trilateralen Kommission“ unter Einbeziehung der Regierung etabliert hat, was von eher kooperativen Tendenzen dieser Verfassungsinstitutionen zeugt.

Gegen die beschlossenen Gesetze kann der Präsident sein Veto einlegen, wovon er in der ersten Legislaturperiode bei knapp der Hälfte der Vorlagen Gebrauch machte, seitdem jedoch mit abnehmender Tendenz. Die Überstimmung des Präsidentenvetos erfordert eine erneute Debatte in beiden Kammern und kann nur mit der relativ hohen Hürde einer erneuten Zustimmung von 2/3 aller Abgeordneten der Bundesversammlung, also beider Parlamentskammern, überstimmt werden. Kein Vetorecht hat der Präsident hingegen bei Bundesverfassungsgesetzen, denen die Staatsduma mit 2/3 ihrer Mitglieder zustimmen muss und der Föderationsrat mit 3/4 seiner Mitglieder, woraufhin der Präsident das Gesetz innerhalb von vierzehn Tagen auszufertigen hat. Dies ist insofern von Bedeutung, als dass dieses Verfahren für die Änderungen der Verfassungskapitel gilt, in denen die Grundzüge des Regierungssystems und der föderative Aufbau festgelegt sind. Somit sind eine verfassungsmäßige Einschränkung der Präsidialkompetenzen sowie eine Stärkung des Parlaments unter Umgehung des ansonsten dominierenden Präsidenten möglich. Zusätzlich müssen jedoch auch 2/3 der Regionalparlamente in den Föderationssubjekten einer Verfassungsänderung zustimmen, was eine erhebliche Hürde darstellt. In der Praxis hat es mehrere gescheiterte parlamentarische Versuche einer Verfassungsänderung zur Stärkung der

Duma-Kompetenzen gegenüber der Regierung gegeben. Es ist davon auszugehen, dass diese Frage weiterhin virulent bleiben wird.

Die Funktionen der Staatsduma sind des Weiteren die Zustimmung zu einem neuen, vom Präsidenten ernannten Ministerpräsidenten sowie deren Kontrolle durch die Möglichkeit eines Misstrauensvotums. Wie bereits erläutert, ist diese Funktion des russischen Parlaments stark begrenzt durch die Möglichkeit des Präsidenten, die parlamentarische Entscheidung zu ignorieren und die Regierung trotz des Vertrauensentzugs nicht zu entlassen, jedoch nach einem zweiten parlamentarischen Versuch innerhalb von drei Monaten stattdessen die Staatsduma aufzulösen. Weil die Abgeordneten letztlich den Verlust ihres Mandates kaum riskieren wollen, hat das Misstrauensvotum im russischen Regierungssystem somit weniger den Charakter einer Kontrollfunktion gegenüber der Regierung als den eines „Warnschusses", der eventuell mehr den nicht absetzbaren Präsidenten als die ihm unterstellte Regierung zum Ziel hat.

Im originären Aufgabengebiet der ersten Parlamentskammer liegt des Weiteren die Ernennung und Amtsenthebung des Vorsitzenden der Zentralbank, des Vorsitzenden des Rechnungshofes sowie des Menschenrechtsbeauftragten. Zu den weiteren Aufgaben zählen die Verkündung einer Amnestie sowie die Erhebung der Anklage gegen den Präsidenten mit dem Ziel seiner Amtsenthebung, die lediglich aufgrund des Vorwurfs von Hochverrat oder einer schweren Straftat möglich ist. Die Duma ist – im Unterschied zum Föderationsrat – machtlos in Fragen des Kriegs- oder Ausnahmezustands oder eines Auslandseinsatzes der Streitkräfte. Ihre Beschlüsse fasst diese Kammer mit der Mehrheit der Stimmen ihrer Mitglieder.

Die verfassungsmäßigen Kompetenzen der zweiten Parlamentskammer, des Föderationsrats, sind zwar weitaus geringer als die der Staatsduma, jedoch hat sie inzwischen verstärkt den Charakter einer wirklich föderalen Kammer, wodurch ihre Bedeutung wächst. Der Wandel der Bedeutung dieser Parlamentskammer erklärt sich durch die schwierige Beziehung zwischen der Föderation und ihren 89 Mitgliedern, in der sich die bisherige Struktur, die zentralistische Übermacht Moskaus, nur langsam auflöst. Die Einführung der Direktwahl der Gouverneure in den Subjekten, die somit nicht mehr – wie in den ersten Jahren der Föderation – durch den Präsidenten eingesetzt und vor allem auch abgesetzt werden, hat die Machtverteilung zugunsten der Regionen verschoben. Durch diese neue direkt legitimierte Gouverneursgeneration hat sich der Föderationsrat zu einem machtvolleren Instrument regionaler Interessen entwickelt. Dies geht einher mit der weiteren Ausgestaltung der föderalen Struktur, die in der Verfassung nur in Grundzügen festgelegt wurde. Die Föderationssubjekte fordern mehr und mehr eigene Rechte ein und legen diese vertraglich gegenüber der Bundesebene fest. Die demokratische

Entwicklung in den kleineren regionalen Einheiten hat dazu geführt, dass es zu einer stärkeren Artikulation regionaler Interessen im Föderationsrat gekommen ist.

Zu den Zuständigkeiten des Föderationsrates gehören die Bestätigung von Grenzänderungen zwischen den einzelnen Subjekten, die Entscheidung über einen Auslandseinsatz des Militärs, die Ernennung der vom Präsidenten vorgeschlagenen Richter des Verfassungsgerichts, des Obersten Gerichts und des Obersten Arbitragegerichts. Die Verhängung des Kriegsrechts sowie des Ausnahmezustandes per Präsidialdekret kann nur mit Zustimmung des Föderationsrates geschehen, jedoch wird die Staatsduma an dieser Entscheidung nicht beteiligt. Vor allem liegt es in der Kompetenz der föderalen Kammer, den Präsidenten nach einem erfolgreichen Impeachmentverfahren seines Amtes zu entheben und Präsidentschaftswahlen anzuberaumen. Diese Aufgaben sind somit in einem ständigen Organ angesiedelt, das im Unterschied zur Duma nicht aufgelöst werden kann.

Die russische Bundesversammlung ist von einer für Transformationsprozesse typischen intensiven Gesetzgebungstätigkeit geprägt. Die Bewertung der Qualität der verabschiedeten Gesetze ist umstritten. Dem Gesetzes-Output steht zwar ein hoher Anteil an vom Präsidenten oder dem Föderationsrat abgelehnten Gesetzen gegenüber, der jedoch stetig abnimmt. Die Jahre der politischen Reformen waren darüber hinaus von einer Vielzahl von Verstößen gegen die Geschäftsordnung oder von Verfassungsbrüchen geprägt. Beispielsweise die monatelange Nichtbehandlung eines präsidialen Gesetzentwurfes oder die Nichtveröffentlichung eines gefassten Beschlusses und die erneute Abstimmung über dieselbe Frage.

Die umfassenden Regelverstöße verdeutlichen das zunächst eher geringe institutionelle Verständnis zahlreicher russischer Parlamentarier, jedoch zeigt sich eine entsprechende Professionalisierung der Abgeordneten während der Parlamentstätigkeit sowie ein wachsendes institutionelles Bewusstsein. Dem entgegen steht jedoch das von den Parlamentariern vermittelte Bild in der Öffentlichkeit, in dem weniger die große Effizienz sowie die gesteigerte Effektivität als die Vielzahl der Konflikte zwischen den Verfassungsinstitutionen im Vordergrund steht.

2.2.4 Parteiensystem

Das russische Parteiensystem ist bis heute von einer problematischen Entwicklung geprägt, was auf unterschiedliche Ursachen zurückzuführen ist. So lassen sich zum einen kaum ausreichende historische Vorbilder in der russischen Parteienentwicklung erkennen, auf die in der Transformation hätte zurückgegriffen werden können. Dies war in vielen anderen ost- und zentraleuropäischen Transformationsstaaten der Fall. Des Weiteren existiert sowohl innerhalb der Bevölkerung als auch bei Teilen der politischen Akteure ein geringes Bewusstsein für die Funktion von Parteien, was sich auch mit den Jahrzehnten der Einparteienherrschaft und einem von oben gesteuerten Systemwechsel ohne eine parteibildende starke oppositionelle Gruppe erklären lässt. Dementsprechend lässt sich in der russischen Gesellschaft auch noch keine klare Struktur von Konfliktlinien erkennen, anhand derer sich die Parteien entsprechend gruppieren könnten. Die Parteienlandschaft ist insgesamt geprägt von starken Fluktuationen durch instabile Parteineugründungen, Zusammenschlüsse sowie Auflösungen und eine geringe Mitgliederbindung. Aufgrund dieser vergleichsweise langsamen Entwicklung wird verschiedentlich von einem „rudimentären Parteiensystem" gesprochen. Einen großen Einfluss auf die Herausbildung der Parteien hat auch die Struktur des russischen Regierungssystems als präsidentielles System. Die theoretische Annahme einer strukturell geringeren Bedeutung von Parteien in eher präsidentiellen Systemen trifft auch für die russische Situation zu. Die zentrale Rolle des Präsidenten und die damit einhergehende institutionelle Schwäche des Parlaments bedeuten auch geringere Strukturierungseffekte für das Parteiensystem aus der Parlamentsarbeit heraus und eine insgesamt geringere Rolle der Parteien im politischen System. Die praktische Politik des in der zweiten Amtszeit amtierenden Präsidenten Boris Jelzin, der seine Machtfülle ausschöpft, hat diese Entwicklung noch verstärkt. Der relativ späte Zeitpunkt der russischen Gründungswahlen hat weiterhin dazu beigetragen, dass die organisatorische und programmatische Entwicklung der Parteienlandschaft, die gemeinhin im Vorfeld von Wahlen stattfindet, verschleppt wurde. Verstärkt durch die institutionell geschwächte politische Bedeutung des russischen Parlaments hat es auch innerhalb der ersten Duma Neugründungen oder Umgruppierungen von Parteien aus der Parlamentsarbeit heraus gegeben.

In der Literatur wird die Entwicklung des (sowjetischen und russischen) Parteiensystems gemeinhin in vier zeitliche Phasen eingeteilt, beginnend mit der so genannten „Klubphase" in den ersten Jahren der Gorbatschowschen Reformen von 1985 bis 1988, in der sich eine große Zahl eher unpolitischer und informeller Diskussionszirkel bildete, deren personelle Grundlage Oppositionelle der 60er- und 70er-Jahre waren. Die zweite Phase ist geprägt von der Gründung größerer politischer Bewegungen, die ihren Gründungsimpuls durch die Wahlen zum neu gebildeten sowjetischen Volksdeputiertenkongress und in den Republiken 1989 und 1990 erhielten. Die Auflösung der Sowjetunion und das Verbot der vormaligen kommunistischen Einheitspartei bildeten den dritten zentralen Anstoß für Parteineugründungen. Von großer Bedeutung für die vierte Periode der Parteienentwicklung war das Ende des Machtkampfes zwischen russischem Volksdeputiertenkongress und Präsident im Oktober 1993 und die Zeit vor den ersten Dumawahlen Ende desselben Jahres.

Bei der Betrachtung der Konfliktlinien, die in der russischen Gesellschaft relevant sind, ist zunächst auf die ersten Jahre der Reformzeit zu verweisen, als vor allem die – auch für andere Staaten Zentral- und Osteuropas geltende – Polarität zwischen Anhängern des alten Systems und Reformern, also zwischen eher kommunistisch und eher demokratisch orientierten Gruppen, dominant war. Diese verloren jedoch in den Folgejahren an Bedeutung. Bei einer nach wie vor mangelnden programmatischen Klarheit vieler Parteien sowie einer nicht sehr ausgeprägten organisierten gesellschaftlichen Interessenartikulation existieren zwar wenig gefestigte Konfliktlinien, trotzdem sind einige Charakterisierungen möglich. Im Vordergrund der zu erkennenden Cleavages stehen vor allem Fragen nach der konkreten Form des russischen Staates (die Gestalt der Föderation, Macht des Staates u. Ä.) sowie der Ausgestaltung der Marktwirtschaft (die selbst seltener in Frage gestellt wird) und der daraus resultierenden sozialen Situation der russischen Bevölkerung. Dabei drückt sich die parteipolitische Positionierung in reformorientierten, also eher „regierungstreuen" Standpunkten, des Weiteren in gemäßigter oder dezidierter Ablehnung des Reformkurses oder in so genannten „zentristischen" Standpunkten aus, d.h. weder eine grundsätzliche Ablehnung oder Zustimmung zum Reformkurs, sondern lediglich die Verfechtung spezifischer Interessen, wie z.B. durch den *Kongress der Russischen Gemeinden (KRO)* oder die *Frauen Russlands*. Auf dieser Grundlage wird die russische Parteienlandschaft zuweilen auch anhand der Konfliktlinie „pro" bzw. „contra" Jelzin gruppiert. Eine klassische Einteilung in Positionen gemäß einem westlichen Links-Rechts-Schema ist demnach schwierig. Verwiesen wird hingegen auch auf die Verbindungen von sich eigentlich entgegenstehenden Parteien durch weiterhin existierende Seilschaften alter Systemeliten, sodass sich Reformer und Blockierer in der parlamentarischen Arbeit u.U. näher stehen können als z.B. alte und neue Eliten im gemeinsamen demokratischen Lager. Dass die übliche westliche Einteilung für die russische Situation nicht zutreffen kann, wird auch an den nationalistischen Positionen deutlich, die sich über das gesamte Parteienspektrum streuen und auf der einen Seite von dem international mit Sorge betrachteten Vorsitzenden der nationalistischen *Liberaldemokratischen Partei (LDPR),* Wladimir Shirinowskij, vertreten werden sowie auf der anderen Seite von der *Kommunistischen Partei (KPRF)* Russlands. Die Duma-Tätigkeit ist deswegen von einer „rot-braunen" Kooperation geprägt, die auch als „Rechts-links-Opposition" bezeichnet wird. Die bereits skizzierte Einteilung der russischen Parteien in Demokraten bzw. „Radikalreformer", in Zentristen, die auch als gemäßigte Reformer bezeichnet werden, und in Reformgegner bzw. „Reaktionäre" oder in ein „kommunistisch-nationalistisches Lager“, zu denen die extrem rechten und extrem linken Parteien zählen, ist deswegen die gebräuchliche Klassifizierung russischer Parteien.

Betrachten wir zunächst das kommunistisch-nationalistische Lager. Die Duma-Wahl von 1993 erbrachte ein überraschend erfolgreiches Ergebnis für die rechtsnationalistische und anti-reformerische *Liberaldemokratische Partei Russlands (LDPR)* mit einem Stimmenanteil in der Listenwahl von 22,9%. Ihre Stimmen gewann die rechte Partei zumeist in der geographischen Peripherie bei Protestwählern gegen radikale wirtschaftliche Reformen, die massive soziale Einschnitte zur Folge gehabt hatten. Sie hat jedoch einen Bedeutungsverlust erlitten und konnte ihr gutes Ergebnis 1995 nicht mehr wiederholen, als sie nur 11% der Stimmen errang, weil viele Wähler mit nationalistischen und reformgegnerischen Positionen sich nun für die Wahl der kommunistischen Partei entschieden hatten. An der *Liberaldemokratischen Partei Russlands (LDPR)* zeigt sich deutlich die starke Personalisierung in der russischen Politik, denn sie tritt maßgeblich durch stark nationalistische Äußerungen ihres Vorsitzenden Shirinowskij in Erscheinung, der vor allem in den westlichen Ländern besorgt aufhorchen ließ. Die erkennbaren programmatischen Positionen drücken sich in der Forderung nach einem autoritären starken Staat in einem zentralisierten Russland aus, dessen Grenzen auf dem Emblem der Partei jene des Russischen Reiches von 1914 darstellen. Innerhalb der Duma sind trotz der gelegentlichen Kooperation mit der kommunistischen Partei feste Koalitionen mit der *Liberaldemokratischen Partei Russlands (LDPR)*, die nicht selten als „faschistisch“ bezeichnet wird, nicht denkbar.

In der russischen Parteienlandschaft nimmt die im Februar 1993 aus verschiedenen Flügeln der KPdSU gegründete *Kommunistische Partei der Russischen Föderation (KPRF)* als heute wichtigste anti-reformerische Kraft eine zentrale Rolle ein. Wie in anderen Transformationsstaaten, so entstand auch in Russland aus der vormaligen kommunistischen Einheitspartei eine einflussreiche Nachfolgepartei, die über den Vorteil von „geerbten“ landesweiten Parteistrukturen verfügt und mit mehr als 500.000 Mitgliedern als einzige Partei über eine entsprechende gesellschaftliche Verankerung verfügt. Nachdem sie bei der ersten Duma-Wahl lediglich 12,4% der Listenmandate erringen konnte, stellt sie seit 1995 mit über 20% die mit Abstand stärkste Kraft in der Staatsduma dar. Mit dieser Bedeutungszunahme der Partei des alten Systems unterscheidet sich die russische Situation zunächst nicht von anderen Reformstaaten. Spezifisch ist jedoch, dass die *Kommunistische Partei der Russischen Föderation (KPRF)* sich nicht – wie ähnliche Parteien anderer Staaten – eine sozialdemokratische Ausprägung gegeben hat, sondern im Prinzip anti-reformerisch ist und durch eine widersprüchliche Verbindung von kommunistischen mit nationalistischen Positionen sowie eine außenpolitische Ostorientierung geprägt ist. Im politischen Alltagsleben hat sich die Partei jedoch – trotz kämpferischer Rhetorik und scharfen Angriffen auf die Jelzin-Politik – in den letzten Jahren immer wieder kooperativ verhalten. Auch hier spielt die Person des prominenten Vorsitzenden der Partei, Gennadij Sjuganow, eine wichtige Rolle, dessen Bekanntheit durch sein relativ gutes Abschneiden (an zweiter Stelle hinter Jelzin) bei der Präsidentschaftswahl von 1996 deutlich wurde.

Eine kleinere Partei dieses kommunistisch-nationalistischen Lagers stellt die *Agrarpartei Russlands (APR)* dar, die sich ebenfalls 1993 gründete und deren Basis vor allem in der noch stark vom sowjetischen System geprägten Landwirtschaft liegt. Ihre Wähler aus der ersten Duma-Wahl von 1993 (8% der Listenmandate und noch 34 Direktmandate) verlor sie 1995 überwiegend an die *Kommunistische Partei der Russischen Föderation (KPRF)*, sodass sie lediglich 20 Direktmandate erringen konnte. Insgesamt verfolgt die *Agrarpartei Russlands (APR)* einen linkspragmatischen Kurs, ist jedoch im Bereich der Landwirtschaft gegen eine zu starke privatwirtschaftliche Struktur (z.B. gegen Grundstücksprivatisierungen). Ihre politische Bedeutung als „Juniorpartner" der *Kommunistischen Partei der Russischen Föderation (KPRF)* wurde deutlich, als die Kommunisten eigene Abgeordnete zur Verfügung stellten, um der Agrarpartei mit 35 Mandaten den Fraktionsstatus zu ermöglichen. Ähnlich verfuhr sie mit dem kleinen Wahlbündnis *Macht dem Volke.* Diese kleine kommunistische Splittergruppe bildet zwar eine Fraktion aus verschiedenen politischen Strömungen, jedoch verhalf auch ihr die *Kommunistische Partei (KPRF)* durch eigene Abgeordnete zur Fraktionsstärke. Die Einordnung des Bündnisses in das parlamentarische Parteienspektrum schwankt zwischen der Zuordnung zu den Kommunisten oder zu den Zentristen.

Die Parteien des demokratischen Reformlagers hatten zwar im Rahmen der ersten Duma-Wahl gute Ergebnisse erzielen können, ihr Einfluss sank jedoch im Rahmen der zweiten Parlamentswahl drastisch, als zehn verschiedene demokratische Gruppen zur Wahl antraten und auch diese starke Zersplitterung zur Schwächung führte. Vor allem die 1993 gegründete vormals größte Reformpartei des Wirtschaftsreformers Jegor Gajdar, der demokratische Block *Wahl Russlands (WR)*, der mit einem Listenanteil von 15,5% 1993 immerhin zweitstärkste Partei geworden war, konnte sich in der ersten Legislaturperiode nicht konsolidieren und keine tragfähige Parteistruktur etablieren. Zwar hatte *Wahl Russlands (WR)* zu Beginn von der Prominenz Gajdars als damaligem Vizepremier und den zunächst positiven Bewertungen seiner wirtschaftlichen „Schocktherapie" profitieren können. Diese Unterstützung blieb jedoch in der zweiten Duma-Wahl von 1995 aufgrund der harten wirtschaftlichen und sozialen Konsequenzen der Reformpolitik aus, sodass diese Partei die 5-%-Hürde nicht mehr überspringen konnte. Der reformerische Block *„Jabloko“* (*„Apfel“*), in dem sich bekannte Reformkräfte der neuen politischen Elite versammelten, gewann 1993 7,9% der Listenstimmen und war 1995 die einzige Reformpartei, welche die 5%-Hürde überspringen und immerhin 10% der Duma-Mandate auf sich vereinigen konnte. Innerhalb dieses Blocks sind verschiedene Gruppen vereinigt. Sie postuliert vor allem sozial abgefederte Wirtschaftsreformen und ihr Bild ist geprägt durch die Bekanntheit ihres Vorsitzenden Grigorij Jawlinskij. Dieser hatte schon 1990 einen „dritten Weg“ der Reformen zwischen radikalem und langsamem Vorgehen konzipiert. Inzwischen ist das Bild der Partei jedoch häufig geprägt von Kritik an Jawlinskij, der sich nicht nur immer wieder gegen Jelzin positioniert, sondern sich auch maßgeblich gegen eine parteipolitische Einigung des demokratischen Lagers stellt und somit zu seiner Schwächung beiträgt.

Im so genannten zentristischen Parteienspektrum sind nur geringe Kontinuitäten zu erkennen. Eine interessante Erscheinung der Transformationszeit war die Partei *Frauen Russlands (FR)*, die bei der ersten Duma-Wahl immerhin 8,1% aller Listenmandate erringen konnte, wobei sie personell auf der vormaligen „Union der Sowjetfrauen“ aufbaute. Sie scheiterte mit ihrer programmatischen Beschränkung auf Frauen- und sozialpolitische Anliegen 1995 knapp an der 5%-Hürde. Auch die *Demokratische Partei Russlands (DPR)* war mit 15 Abgeordneten lediglich eine Erscheinung der ersten Staatsduma und war 1990 dezidiert gegen die KPdSU gegründet worden, obwohl sich an ihr auch KPdSU-Funktionäre beteiligten. Die *Partei der Rußländischen Einheit und Eintracht (PREE)* war 1993 als demokratische Regionalpartei angetreten, entwickelte sich jedoch mehr und mehr in eine zentristische Richtung und konnte 1995 nur noch ein Mandat erringen. Das Konzept, sich als Interessenvertretung der Regionen auszugeben, war damit gescheitert. Im Vorfeld der Dumawahlen von 1995 war es zu zwei Parteigründungen „von oben“ gekommen, mit dem Ziel, die Regierungspolitik des damaligen Premiers Tschernomyrdin und des Präsidenten zu unterstützen. Der *Block Ivan Rybkin* (damaliger Duma-Präsident) konnte kaum Stimmen und nur drei Direktmandate erringen. Von größerer Bedeutung war die Sammlung zentristischer Politiker im Wahlblock *Unser Haus Russland (UHR)* um den Ministerpräsidenten Viktor Tschernomyrdin. Der Block errang trotz starker Präsenz in den Medien und guter finanzieller Wahlkampfausstattung nur 10% der Listenanteile.

Die Zusammensetzung der ersten russischen Duma war durch einen hohen Anteil an unabhängigen Mandatsträgern (155) geprägt, deren Zusammenschlüsse mit oder Anbindungen an andere Parteien stark fluktuierten. Des

Weiteren war das politische Kräfteverhältnis dem des vorherigen Kongresses der Volksdeputierten ähnlich, in dem keine der beiden politischen Hauptströmungen von Demokraten oder Kommunisten bzw. Nationalisten eine ausreichende politische Mehrheit besaß, um eigene Gesetzesvorhaben zu realisieren. Die Parlamentsarbeit war aus diesem Grund nicht selten durch das unstete Abstimmungsverhalten der so genannten Zentristen und der Unabhängigen im Parlament geprägt.

Im Rahmen der zweiten Duma-Wahl von 1995 nahm die Bedeutung der Parteien zu, indem weniger parteiunabhängige Direktkandidaten (76) gewählt wurden, sodass auch bei der Direktwahl das Gewicht der Parteien größer wurde. Trotz der weiterhin beachtlichen Zahl an Einzelkandidaten ist es zur schnellen Fraktionsanbindung fast aller Deputierten gekommen (jedoch ist darauf hinzuweisen, dass bisher noch kein stabiles Fraktionssystem mit entsprechendem Abstimmungsverhalten u. Ä. existiert). Zum einen bildete sich dabei aus über vierzig Einzelkandidaten die parlamentarische Gruppe *Russische Regionen*, die sich als Vertreter regionaler Interessen verstand. Zum anderen schlossen sich viele Einzelkandidaten der bereits erwähnten Gruppe *Macht des Volkes* an. Weil diese Gruppe, sowie die Agrarpartei, durch Übernahme von Abgeordenten der *Kommunistischen Partei der Russischen Föderation (KPRF)* politisch an diese gebunden wurde, verstärkten sich die Machtverhältnisse der zweiten Staatsduma zugunsten der kommunistischen und nationalistischen Strömungen, die bei entsprechender Kooperation 52% der Stimmen auf sich vereinigen können. Die erwähnte Verkleinerung zentristischer und demokratischer Gruppen verstärkte die Polarisierung zwischen den antireformerischen und demokratischen Kräften im Parlament.

2.2.5 Wahlsystem

In den ersten halbdemokratischen Wahlen im Frühjahr 1990 zum Volksdeputiertenkongress wurde der Wahlmodus aus sowjetischer Zeit fortgesetzt, indem das absolute Mehrheitswahlrecht in Einerwahlkreisen angewendet wurde. Diese Vorgründungswahl war insofern halbdemokratisch, weil zu diesem Zeitpunkt noch keine Parteien zugelassen waren, die KPdSU nach wie vor die einzige Partei darstellte und lediglich die einzelnen Kandidaten frei gewählt werden konnten.

Die Grundzüge des Wahlsystems, nach denen bei der ersten freien Wahl 1993, der Gründungswahl, gewählt wurde, bestanden aus dem so genannten Grabensystem, wobei die Hälfte aller Duma-Abgeordneten nach einem relativen Mehrheitswahlrecht in Einer-Wahlkreisen und die anderen 225 Abgeordneten nach dem Verhältniswahlrecht über landesweite Parteilisten gewählt wurden. Aufgrund der Vielzahl von registrierten, jedoch kaum entwickelten

Parteien wurde zur Reduzierung und folgenden Strukturierung des parlamentarischen Parteienspektrums zum einen die 5%-Hürde in der Listenwahl eingerichtet und zum anderen die Aufstellung der Einzelkandidaten an eine relativ hohe Zahl von vor der Wahl zu erbringenden Unterschriften geknüpft. Der so entstandene Wahlmodus der russischen Gründungswahl führte nur begrenzt zu einer Strukturierung des Parteiensystems. Die 5%-Hürde zeigte insofern Wirkung, als dass nur acht von dreizehn angetretenen Parteien in die Duma einzogen. Dies wurde jedoch konterkariert durch die Wahl der Direktkandidaten, durch die insgesamt 25 weitere Parteien und Bewegungen in der Duma vertreten waren. Verschiedene parlamentarische Zusammenschlüsse führten schließlich zu elf Fraktionen und 23 verbleibenden ungebundenen Mandatsträgern. Gerade die unabhängigen Deputierten wechselten in ihrem Abstimmungsverhalten während der ersten Duma sehr.

In der Dumawahl von 1995 wurden die Grundzüge des Grabensystems beibehalten. Das Wahlsystem wurde jedoch erstmals auch parlamentarisch durch ein Wahlgesetz abgesichert, nachdem die Bestimmungen der ersten freien Wahl noch per Präsidial-Dekret festgelegt worden waren. Mit dem Ziel einer Begrenzung der zur Wahl antretenden Bündnisse und Parteien kam es im Vorfeld zur Verschärfung einiger Bedingungen, wie der Erhöhung der beizubringenden Unterschriften für die Aufstellung von Einzelkandidaten sowie für die Zulassung einer Parteiliste. Erstmalig wurden auch Bestimmungen über die Wahlkampffinanzierung eingeführt. Dazu gehörten Obergrenzen der Wahlkampffonds und das Verbot der Nutzung ausländischer Spenden, um verschiedene Allianzen zwischen reichen Auslandsrussen und einigen politischen Gruppen einzudämmen. Von den 43 zur Wahl angetretenen Parteien und Bündnissen gelang lediglich vier Parteien die Überwindung der 5%-Hürde, wodurch auf den ersten Blick von einem stabilisierenden Effekt auszugehen ist. Jedoch vereinigten diese vier Parteien lediglich ca. 50% der Stimmen auf sich, sodass die intendierten Effekte der Verhältniswahl von denen der Sperrklausel in den Hintergrund gedrängt wurden. Dem gegenüber steht das Ergebnis der Direktmandate, durch die insgesamt an die zwanzig Parteien in das Parlament einzogen. Die Versuche einer Konzentration und Konsolidierung der russischen Parteienlandschaft und einer stabilen Mehrheitsbildung durch das Grabensystem gelangen in Russland im Unterschied zu anderen Transformationsstaaten bisher nicht. Aufgrund der Direktwahl der Hälfte der Abgeordneten konnte die auf den ersten Blick Erfolg versprechende 5%-Hürde die Fragmentierung bisher nicht begrenzen.

2.2.6 *Intermediäre Gruppen*

Neben der Betrachtung der institutionellen Entwicklung des russischen Regierungssystems ist ebenso zu fragen, wie die gesellschaftliche Beteiligung am politischen Prozess aussieht. Dabei stehen die Fragen im Vordergrund, ob es der russischen Gesellschaft gelingt, Interessengruppen zu bilden und diese dauerhaft zu organisieren. Die Frage ist, ob es in diversen gesellschaftlichen Bereichen zur Interessenrepräsentation gegenüber den politischen Entscheidungsträgern kommt und somit in bestimmtem Maße eine intermediäre Sphäre zwischen Staat und Gesellschaft existiert. Diese wird gemeinhin als notwendiger Bestandteil einer funktionierenden Demokratie und eines entsprechenden Parteiensystems gesehen. Denn dieser Prozess benötigt wesentlich mehr Zeit als die institutionelle Transformation. Mit Blick auf die zentral- und osteuropäischen Gesellschaften wird die funktionierende Interessenaggregation und -artikulation als Zeichen für eine fortgeschrittene Konsolidierung der neuen Systeme gesehen. Die russische Entwicklung verläuft hierbei besonders langsam.

Einer der Befunde in der Literatur besagt, dass die russische Gesellschaft keineswegs verbandsstrukturiert ist. Dies wird auch bezüglich der Interessenorganisation in dem Konfliktfeld von „Kapital“ und „Arbeit“ festgestellt, also mit Blick auf die Situation von Unternehmerverbänden und Gewerkschaften. Trotz aller Schwächen gilt dieser Bereich noch am ehesten als strukturiert. Ähnlich wie in anderen zentral- und osteuropäischen Staaten, so ist die Organisation von Arbeitnehmerinteressen auch in Russland geprägt von der Weiterexistenz alter Systemgewerkschaften. Sie bildeten nach der Auflösung der Sowjetunion auf russischer Ebene den Dachverband *Föderation der Unabhängigen Gewerkschaft Russlands (FNPR)* als Zusammenschluss der alten Branchengewerkschaften. Um die Entwicklung der organisierten Arbeitnehmerinteressen nachzuvollziehen, ist ein Blick auf die Gewerkschaftsfunktionen im alten System von Bedeutung. Ihnen kamen in der Sowjetunion quasistaatliche Funktionen zu, wie die Verwaltung der Sozialversicherung, die Lohnfortzahlung im Krankheitsfall, die Vermittlung von Wohnungen etc. Die ausschließliche Vergabe verschiedener Sozialleistungen führte zu einem Organisationsgrad von fast 100 %, denn der Eintritt in die Gewerkschaft wurde für viele Arbeitnehmer dadurch zur existentiellen Notwendigkeit. Mit dem Verlust dieser Funktionen nach dem Systemwechsel fielen wesentliche der vormaligen selektiven Anreize einer Mitgliedschaft weg. Obwohl es in der Folge nicht zu Massenaustritten kam, sank jedoch die Mitgliederzahl der *Föderation der Unabhängigen Gewerkschaft Russlands (FNPR)* zwischen 1994 und 1996 von 60 auf 40 Millionen. Diese nach wie vor gefestigte Struktur prägt vor allem die älteren Branchen, die in der Sowjetunion von

Bedeutung gewesen sind (z.B. die Schwerindustrie). Den alten Gewerkschaften stehen verschiedene neue gegenüber, die das Ergebnis der Streikwellen Anfang der 90er-Jahre waren. Relevant sind sie in privilegierten Berufsgruppen in den Energie- und Transportbranchen (wie z.B. Piloten, Fluglotsen und Seeleute sowie auch Bergarbeiter). Des Weiteren bilden neue betriebliche Gewerkschaftsgruppen ein wesentliches Merkmal alternativer Gewerkschaftsstruktur (z.B. ist die Gewerkschaft *Soziale Gewerkschaft SozProf* ein Zusammenschluss aus 1000 betrieblichen Gruppen). Die neuen Gewerkschaften weisen im Unterschied zu den alten Organisationen ein westliches gewerkschaftliches Rollenverständnis auf und vertreten ihre Mitglieder, indem sie sich in ihren Branchen und Betrieben um vorteilhafte Tarifverträge bemühen. Jedoch ist ihnen nach der Euphorie der ersten Streikbewegung keine umfassende Mobilisierung potentieller Mitglieder gelungen, sodass sie heute nur wenige Mitglieder haben und keine konkurrierende Massenorganisationen zu den traditionellen Gewerkschaften darstellen können. In den alten Systemgewerkschaften vollzieht sich der Identitätswandel von einer vormaligen quasi-staatlichen Sozialeinrichtung hin zur Arbeitnehmervertretung nur sehr langsam. Verschiedentlich wird die alte soziale Versorgungsfunktion noch immer als zentrale Aufgabe gesehen und in Teilen praktiziert (z.B. bei der Verteilung von Urlaubsplätzen). Als Adressat gewerkschaftlicher Politik wird darüber hinaus primär der Staat und werden weniger die Arbeitgeber gesehen.

Obwohl entsprechende arbeitsrechtliche Regelungen schon seit Anfang der 90er-Jahre bestehen, begaben sich die einflussreichen Traditionsgewerkschaften in Verhandlungen mit den Arbeitgebern erst durch die Konkurrenzsituation mit den neuen Gewerkschaften. Hierin liegt auch die Bedeutung der zahlenmäßig kleinen neuen Interessenorganisationen: Selbst können sie nur geringen Einfluss entfalten, sie entfachten jedoch einen Veränderungsprozess in den alten Gewerkschaften, die sich in der Folge aus Gründen des Machterhalts in der tripartistischen Kommission und an Tarif- und Kollektivverträgen beteiligten. Die Situation der gewerkschaftlichen Verbändelandschaft reflektiert das Bewusstsein der Bevölkerung gegenüber diesen intermediären Organisationen. Es herrscht tendenziell eher Gleichgültigkeit gegenüber der Entwicklung der Gewerkschaften, was sich durch den Rückgang des Organisationsgrades auf 33% (1995) von einem ursprünglich umfassenden Organisationsgrad zeigt, sowie durch das geringe Vertrauen, das der Arbeitnehmervertretung entgegengebracht wird. Dieses ist beispielsweise geringer als gegenüber den Massenmedien und der orthodoxen Kirche. Somit hat das neue Risiko der Arbeitslosigkeit nach Jahrzehnten einer Arbeitsplatzgarantie sowie der Gefahren einer daraus folgenden Verarmung der Bevölkerung nicht zu einer Politisierung und einer Mitgliederzunahme in den Gewerkschaften geführt, sondern tendenziell zu Passivität und Individualisierung.

Die Interessengruppen der Unternehmer haben sich nach der Einführung marktwirtschaftlicher Prinzipien und der begonnenen Privatisierung als neue kollektive Akteure herausgebildet. Trotz ihrer organisatorischen Vielfalt steht weniger ihre Aktivität als pluralistische Interessengruppe im Vordergrund, sondern ihr Engagement in effektiven und informellen Netzwerken, die zumeist zwischen den wichtigen „alten" industriellen Sektoren und dem Staat geknüpft werden. Den „alten" Unternehmertypen in vormaligen Staatsbetrieben und dortigen einflussreichen Positionen (zumeist als Direktoren oder Manager bezeichnet) stehen „neue" Unternehmertypen in neuen Branchen gegenüber, für die die russische Sprache das Wort *biznesmeny* (businessman) gefunden hat. Die zunächst deutliche Polarisierung zwischen beiden Gruppen differenziert sich jedoch inzwischen aus, sodass heute die spezifischen Gegebenheiten der jeweiligen Branchen im Vordergrund stehen und organisationsbildend wirken. Im Großen und Ganzen werden im Bereich der Unternehmerverbände vier Typen unterschieden: 1. Sowohl in den alten als auch in den neuen Branchen hat es verschiedene Versuche zur Bildung multisektoraler Dachverbände gegeben. Jedoch lediglich in den vormaligen staatlichen Sektoren konnten sie sich etablieren und so stellen sie in ihren Forderungen zur Teilhabe an der Tripartistischen Kommission (also dem Verhandlungsgremium zwischen Staat, Arbeitgebern und Arbeitnehmern) größere Ansprüche, als ihnen aufgrund ihrer Mitgliederstruktur eigentlich zusteht. 2. Verschiedene Branchenverbände bilden ebenfalls einen wichtigen Typus unternehmerischer Organisationsform, weil sie die Entwicklung neuer Wirtschaftssektoren stabilisieren konnten. In den alten Branchen wurden jedoch neue Regelungschancen der vormals staatlich geregelten Zulieferer-, Produktions- und Absatzstruktur nur langsam wahrgenommen. 3. Nicht nur branchen-, auch regionenbezogene sektorenübergreifende Organisationen spielen eine Rolle. Sie existieren jedoch als Nachfolger alter regionaler Netzwerke vorwiegend innerhalb der alten Wirtschaftsbranchen. 4. Die Organisationen kleiner und mittelständischer Unternehmen konnten sich nach ihren Gründungswellen in den ersten Reformjahren nicht konsolidieren und versuchen heute, durch die Entwicklung neuer selektiver Anreize, wie verschiedene Dienstleistungen, neue Mitglieder zu gewinnen. Das geringe Bewusstsein für die Funktionen der Interessenrepräsentation, die starke Zentrierung auf den Staat sowie die kaum gelingende Aggregierung von Gewerkschafts- wie Unternehmerinteressen führen zu schwierigen Verhandlungssituationen, sowohl in den tripartistischen wie auch vor allem in den tariflichen Diskussionen.

Insgesamt variiert die Bewertung der russischen intermediären Organisation stark. Auf der einen Seite steht die rigorose Position, Russland sei ein Land ohne organisierte gesellschaftliche Interessen. Auf der anderen Seite werden gerade die Anfänge im Bereich der intermediären Gruppen besonders hervorgehoben. Dabei wird die Vielzahl von Bürgerinitiativen und Selbsthilfegruppen in den Vordergrund gestellt, die vor allem in verschiedenen größeren Städten entstanden sind. Sie nehmen sich zumeist existentieller Probleme an, wie der weitreichenden Armut, dem Schutz vor rechtlicher Willkür (international bekannt sind hier z.B. die Soldatenmütter) oder versuchen, eklatanten Umweltverstößen entgegenzuwirken. Insgesamt sind jedoch die Interessen in der russischen Gesellschaft trotz dieser Anfänge kaum organisiert. Für die weitere Entwicklung wird vor allem die föderale Sphäre von Bedeutung sein, dass heißt die Frage, inwieweit sich Republiken und Regionen auf der Grundlage ihrer demokratischen Strukturen konsolidieren werden und sich hier intermediäre Instanzen bilden werden.

2.2.7 Politische Kultur

Mit Blick auf die russische Geschichte wird vor allem immer wieder auf den Mangel an demokratischer Tradition hingewiesen, der die Jahrhunderte der Zarenherrschaft sowie das Bild der Sowjetunion prägte. Parallel hierzu wird die Konzentrierung der Macht auf einzelne Führungsfiguren als Kontinuum sowohl der Zarenreiche als auch des sowjetischen Systems gesehen, weswegen die Entscheidung für ein präsidial dominiertes Regierungssystem nach einem „von oben" initiierten und gesteuerten Systemwechsel eine logische Entwicklung darstellt. Trotz der Traditionen eines starken Staates, einer Obrigkeitsorientierung sowie einer Kollektiveinbindung (zumeist unter dem Stichwort des *homo sovieticus*) wird für den Zeitraum seit Beginn der 90er-Jahre ein gesellschaftlicher Wandel konstatiert.

In empirischen Studien der jüngsten Zeit lassen sich dabei verschiedene konkrete Befunde der russischen Identität, der gesellschaftspolitischen Vorstellungen sowie der politischen Stimmung feststellen. Die politische Gemeinschaft Russlands wird von der Mehrheit der Russen zunächst als nationale Volksgemeinschaft und dann als Verfassungsstaat gesehen (dies wird in der Literatur auch als patriotischer Konsens bezeichnet). Der Einschätzung, dass das neue Russland für viele noch als fremdes politisches Konstrukt erscheint, steht eine gewisse UdSSR-Nostalgie gegenüber. Jedoch unterscheidet sich die Bewertung der Vergangenheit stark nach Generationen und schneidet deshalb bei jüngeren Altersgruppen deutlich negativer ab. Mit diesem Befund geht eine besondere, sich von westlichen Beispielen unterscheidende Auffassung vom Verhältnis zwischen Staat, Individuum und

Gesellschaft einher. Die staatliche Sorge um das Gemeinwohl steht vor den Freiheiten und Interessen des Individuums.

Trotz negativer Stimmungen gegenüber dem russischen Staat wird seine Legitimität nicht prinzipiell in Frage gestellt, wodurch nach EASTON von einer diffusen Unterstützung der politischen Gemeinschaft zu sprechen ist. Die Idee der Staatlichkeit wird ebenso wie Demokratie, freie Wahlen, Gleichheit vor dem Gesetz, unabhängige Gerichtsbarkeit u. Ä. als bedeutender Wert angesehen. Im Sinne des Konzeptes der politischen Unterstützung von EASTON bedeutet dieser Befund, dass in der russischen Gesellschaft eine diffuse, sprich also eine dauerhafte und output-unabhängige Unterstützung sowohl gegenüber der Ebene der staatlichen Einheit als auch gegenüber der politischen Ordnung durchaus vorhanden ist. Die staatliche Einheit – d.h. der Aspekt der territorialen Integrität und die Sorge vor Abspaltungn – wird von Anhängern aller politischer Strömungen mehrheitlich im Rahmen des Konzeptes eines Vielvölkerstaats gesehen, was den westlichen Sorgen einer drohenden nationalistischen Radikalisierung Russlands zunächst widerspricht. Die Unterstützung des politischen Systems wird ergänzt durch eine grundsätzliche Ablehnung radikaler gesellschaftspolitischer Maßnahmen sowie rechtlich nicht abgesicherter Verhaltensweisen.

Neben diesen Unterstützungen existiert eine starke Unzufriedenheit gegenüber den politischen Herrschaftsträgern sowie gegenüber den Institutionen von Exekutive und Legislative. Zum einen wird der konkreten Politik der politischen Institutionen kein Vertrauen entgegengebracht, zum anderen prägt die schwierige soziale und wirtschaftliche Situation die Einstellung gegenüber den politischen Eliten. Als Folge der bisherigen Krisenerfahrungen wünscht sich die russische Bevölkerung deswegen im Bereich der Wirtschaftspolitik eindeutig einen stärkeren Staat, obwohl sie für die Beibehaltung der Privatwirtschaft votiert und insgesamt das Modell einer vor allem sozial orientierten Marktwirtschaft befürwortet. Die negativen Haltungen gegenüber den politischen Institutionen werden durch Enttäuschung und Ärger gegenüber der Exekutive und gegenüber der Duma ergänzt. Für die politische Unterstützung gilt somit, dass eine geringe spezifische Unterstützung der Machthaber existiert. Trotz dieser Befunde wird die prinzipielle Stabilität des russischen Systems in der Literatur nicht in Frage gestellt, wobei vor allem auf verbreitete Ablehnung radikaler systemverändernder Maßnahmen vertraut und die Befürwortung schrittweiser Reformen verwiesen wird.

2.2.8 Fazit

Das russische Regierungssystem unterscheidet sich von den hier behandelten zentraleuropäischen Staaten dadurch, dass es durch eine starke präsidentielle Komponente geprägt ist. Aufgrund der schwierigen Ausgangsbedingungen in der Russischen Föderation und einer langsamen Demokratisierung wird die russische Situation bis heute nach wie vor mit großer Sorge betrachtet. Zumeist wird auf die Gefahren autoritärer Tendenzen verwiesen sowie auf die wirtschaftliche Krisenentwicklung, die eine soziale und politische Destabilisierung mit sich bringt, vor allem aufgrund des geringen Lebensstandards von breiten Gruppen der Bevölkerung. Es ist deutlich geworden, dass Russland – abweichend von den hier gezeigten zentraleuropäischen Beispielen – den schwierigsten Transformations- und Konsoldierungsweg zu gehen hat. Die zentralen Probleme sind dabei der vom extensiven Gebrauch seiner Machtfülle geprägte Führungsstil des russischen Präsidenten sowie die politische Polarisierung und praktische Schwäche der russischen Duma. Hinzu kommt das noch rudimentäre Parteiensystem, welches die parlamentarische Entwicklung prägt. Auch die häufig angeführte politische Passivität der russischen Bevölkerung und die damit einhergehende zivilgesellschaftliche Schwäche als fehlender „Unterbau“ der Demokratie hemmen die Entwicklung. Es hat sich gezeigt, dass die zwischenzeitliche Bedeutungszunahme des Parlaments durch eine engere Kooperation mit der Regierung bisher nur eine kurzfristige Entwicklung gewesen ist und der russische Präsident nach wie vor seine Macht gegenüber der Duma behaupten kann. Diese dynamische Veränderung der Kräfteverhältnisse scheint für das russische Regierungssystem zurzeit charakteristisch zu sein. Von derartigen Schwankungen in den Beziehungen zwischen den Verfassungsinstitutionen ist auch in den nächsten Jahren auszugehen. Dies lässt sich vor allem darauf zurückführen, dass die Machtkonstellation im russischen Regierungssystem weniger durch die institutionellen Kompetenzen als durch die Politik individueller Akteure geprägt ist. Ein weiterer, in der Entwicklung befindlicher Aspekt des russischen Regierungssystems ist die föderale Struktur des Landes. Ob sich hier quasi eine „stabile Asymmetrie“ entwickelt, ist noch unklar, jedoch ist offensichtlich, dass die föderale Entwicklung insgesamt einen wesentlichen Einfluss auf die Stabilität Russlands haben wird.

Kapitel III: Vergleichende Analysen

1. Verfassungen Zentral- und Osteuropas im Vergleich

1.1 Einleitung

Bei der Auswahl der in dieser Veröffentlichung vorgestellten zentral- und osteuropäischen Staaten wurde darauf Wert gelegt, unterschiedliche Typen von Regierungssystemen vorzustellen. In den meisten zentral- und osteuropäischen Staaten ist die konstitutionelle Entscheidung für ein parlamentarisches System gefallen. Seltener entschieden sich Staaten für ein semipräsidentielles oder präsidentielles Regierungssystem. Diese quantitative Verteilung entspricht durchaus der Situation in den westlichen Demokratien, in denen der parlamentarische Systemtyp ebenfalls am weitesten verbreitet ist. Wir haben deshalb mit Tschechien, der Slowakei und Ungarn drei parlamentarische Regierungssysteme ausgewählt, mit Polen ein semi-präsidentielles sowie mit Russland ein präsidentielles System mit stark semipräsidentiellen Zügen.

In den zentral- und osteuropäischen Staaten bietet sich derzeit die Situation, dass die konstitutionellen Ordnungen zwar noch vergleichsweise jung sind, sich aber dennoch durch einen zeitlichen Abstand von einigen Jahren bereits Aussagen über die Funkionsfähigkeit der konstitutionellen Grundlagen treffen lassen.

Die Einflussfaktoren, die der jeweiligen konstitutionellen Entscheidung zugrunde liegen, sind vielfältig. Wie bereits im theoretischen Kapitel skizziert, zeigen sich zumeist Einflüsse demokratischer Traditionen. So beriefen sich Polen und Tschechien im Zuge der Verfassungsgebung auf die Demokratien der Zwischenkriegszeit. Des Weiteren spielt die jeweilige Ausprägung des sozialistischen Systems eine Rolle. Als Gegenpole lassen sich hier zum einen Ungarn als relativ offenes sozialistisches System nennen, das sich schnell als erfolgreiches parlamentarisches System konsolidierte, während in Russland die Einflüsse des diktatorischen sowjetischen Systems bis heute die Demokratieentwicklung erschweren. Im Zusammenhang damit stehen auch unterschiedliche Formen des Systemwechsels, die Einfluss auf die konstitutionelle Entscheidung in den einzelnen Staaten hatten. Liegt – wie in Russland – ein von oben gelenkter Systemwechsel vor, so hatten alte Eliten maßgeblichen Einfluss auf die Verfassungsgebung und versuchten, auch im neuen Regierungssystem ihre Macht zu sichern. In Russland führte dies auch durch den Einfluss von Boris Jelzin auf den Systemwechsel zu einer konstitutionellen Entscheidung für ein präsidentiell geprägtes Regierungssystem mit besonderen präsidialen Vollmachten. In den Staaten, in denen das neue Regierungssystem durch einen Kompromiss am so genannten „Runden Tisch" ausgehandelt wurde, fielen die konstitutionellen Entscheidungen unterschiedlich aus: In dem bereits liberalisierten Ungarn entstand ein parlamentarisches System, dessen konstitutionelle Grundlagen sogar noch durch die alten Eliten im letzten Parlament der Ungarischen Volksrepublik verabschiedet wurde (so gilt bis heute in veränderter Form die Verfassung von 1946). In Polen hingegen stellte die Einigung auf ein semi-präsidentielles Regierungssystem einen institutionellen Kompromiss des Runden Tisches dar, indem das Präsidentenamt auf Forderung der alten Systemkräfte eingerichtet wurde und die Opposition dafür die Einrichtung einer zweiten Parlamentskammer erreichen konnte, die – im Unterschied zur ersten Kammer – frei gewählt werden sollte.

Jedoch bestimmten nicht nur diese Faktoren die Legitimität einer Verfassung, sondern auch die konkreten Umstände ihrer Entstehung und Verabschiedung. Abgesehen von Russland war in allen anderen Staaten, die in unserem Buch vorgestellt werden, die neue Verfassung im Rahmen parlamentarischer Arbeit (Verfassungskommissionen) entstanden, dessen legislative und in diesem Zusammenhang verfassungsgebende Funktion von der Bevölkerung zumeist akzeptiert wurde (in Ungarn hatte es wie bereits skizziert bisher nur parlamentarische Veränderungen des alten Verfassungstextes gegeben). Lediglich in Russland geschah dies im Rahmen einer außerparlamentarischen so genannten „Verfassungsversammlung", über deren Zusammensetzung und Tätigkeit nicht das Parlament, sondern der Präsident entschieden hatte.

Eine plebiszitäre Zustimmung zur neuen Verfassung wurde lediglich in Polen und Russland eingeholt. Hier zeigt sich jedoch, dass die unmittelbare Zustimmung des Wahlvolkes zu einer neuen Verfassung nicht zwangsläufig zu einer größeren Unterstützung eines neuen Regierungssystems führen muss. Denn vor allem Russland, und in abgeschwächter Form auch Polen, weist im Vergleich vor allem zu Ungarn und Tschechien eine langsamere Demokratisierung und Etablierung des neuen Institutionensystems auf.

1.2 Institutionen der Regierungssysteme

Wie bereits skizziert, stellt in parlamentarischen Regierungssystemen das Parlament die einzige Institution dar, die durch direkte Legitimation die Volkssouveränität repräsentiert, indem es von der Bevölkerung – wie nahezu in allen europäischen Staaten – für vier Jahre gewählt wird. In den semipräsidentiellen bzw. präsidentiellen Systemen Polens und Russlands verfügt darüber hinaus der Präsident über die direkte Legitimation. Einen Sonderfall stellt die Slowakei dar. Zwar zählt sie neben Tschechien und Ungarn zu den parlamentarischen Systemen, jedoch wurde zehn Jahre nach dem Systemwechsel ebenfalls die Direktwahl des Präsidenten eingeführt. Weil seine Kompetenzen nicht erweitert wurden und denen eines Staatsoberhauptes in parlamentarischen Systemen gleichen, entspricht die Slowakei nach wie vor dem parlamentarischen Systemtyp.

In den meisten zentral- und osteuropäischen Staaten fiel die institutionelle Entscheidung für die Beibehaltung eines Einkammerparlaments. Denn auch in den vorhergehenden Systemen hatte es zumeist nur eine Parlamentskammer gegeben, die lediglich laut Verfassungstext umfassende Kompetenzen hatte, faktisch jedoch ausführendes Organ der Beschlüsse der jeweiligen Einheitsparteien war. Aus diesem Grund besteht weiterhin eine gewisse Skepsis gegenüber Parlamenten insgesamt, obwohl sie trotz aller Transformationsschwierigkeiten die ihnen in den Verfassungen zugeschriebenen Repräsentations-, Gesetzgebungs- und Kontrollfunktionen heute insgesamt ausüben. Unter den hier vorgestellten Staaten existiert in Polen, Russland und der Tschechischen Republik jeweils eine zweite Parlamentskammer, die jedoch mit unterschiedlichen Repräsentationsfunktionen ausgestattet ist. In Tschechien wurde die zweite Kammer – der Senat – nach der Trennung von der Slowakei unter anderem als Traditionselement mit Blick auf die tschechoslowakische Zwischenkriegszeit eingeführt. Ihm liegt darüber hinaus der Anciennitätsgedanke zugrunde. In Polen war die Einrichtung der zweiten Parlamentskammer, des Senats, das Ergebnis eines Kompromisses zwischen vormaligen Machthabern und Oppositionellen bei den Verhandlungen am Runden Tisch gewesen. Wenngleich die polnischen Senatoren in den regionalen Gliederungen, den Wojewodschaften, gewählt werden, handelt es sich dennoch nicht um eine Regionalkammer. Obwohl die zweite Kammer hierin dem amerikanischen Senat ähnelt, liegt ein wesentlicher Unterschied jedoch darin, dass der polnische Senat gleichzeitig mit der ersten Parlamentskammer gewählt wird, sodass der parteipolitische Wahlkampf auch die Senatswahl beeinflusst. Hingegen liegt dem US-Senat ein Kontinuitätsgedanke zugrunde, denn lediglich ein Drittel der Senatoren wird alle zwei Jahre für sechs Jahre gewählt. In Russland hat der Föderationsrat als zweite Kammer die Funktion einer Regionalkammer, in der die einzelnen Mitglieder der Föderation, die so genannten Subjekte, vertreten sind. Die primären parlamentarischen Funktionen, wie die Kontrolle der Regierung und die Gesetzgebung, werden in Polen, Russland und Tschechien durch die erste Kammer wahrgenommen. Die zweiten Kammern werden zwar durch die Übermittlung beschlossener Gesetze an der Gesetzgebung beteiligt, dennoch kann ihre Ablehnung in allen drei Staaten durch die erste Kammer wieder überstimmt werden, sodass es sich letztlich um unechte (asymmetrische) Zweikammersysteme handelt. Der Einspruch des russischen Föderationsrats hat – im Vergleich zu den anderen zweiten Kammern – den größten Einfluss, weil dieser nur mit einer Zweidrittelmehrheit in der Staatsduma überstimmt werden kann. Das negative Votum des tschechischen sowie des polnischen Senats kann hingegen mit absoluter Mehrheit überstimmt werden.

Im Rahmen des Gesetzgebungsprozesses ist die Parlamentssouveränität sowohl in den hier vorgestellten parlamentarischen Systemen als auch in Polen und Russland durch ein unterschiedlich starkes suspensives Veto des Präsidenten eingeschränkt. In unseren semi- bzw. präsidentiellen Systemen hat das Präsidentenveto aus der Logik des Systems heraus den umfassendsten Einfluss. Größtes Gewicht hat das Veto in Russland, weil der Einspruch des Präsidenten nur mit einer Zweidrittelmehrheit der Dumaabgeordneten überstimmt werden kann. In Polen ist die Hürde mit drei Fünfteln aller Stimmen ebenfalls vergleichsweise hoch. In der politischen Praxis hat sich gezeigt, dass eine solche Mehrheit eher selten zustande kommt. In Tschechien, in der Slowakei und in Ungarn genügt die einfache Mehrheit, um das Veto des Präsidenten zurückzuweisen. In der Slowakei kann dies zudem indirekt der Ministerpräsident. In allen Staaten ist darüber hinaus die Gesetzgebungsfunktion durch die Möglichkeit einer Kontrolle durch das Verfassungsgericht eingeschränkt.

Nicht nur in den parlamentarischen, sondern auch in den semi- bzw. präsidentiellen Systemen existiert eine umfassende parlamentarische Beteiligung an der Regierungsbildung. In allen Ländern ist dafür eine Kooperation zwischen Präsident und Parlament notwendig. Im semi-präsidentiellen Polen und im präsidentiellen Russland kann der Präsident das Parlament auflösen, wenn drei Versuche gescheitert sind, für einen neuen Ministerpräsidenten eine parlamentarische Unterstützung zu erhalten (in Form eines Vertrauensvotums gegenüber der neuen Regierung). In Tschechien und der Slowakei existiert diese Auflösungsmöglichkeit in ähnlicher Form. Da der zunächst vom Präsidenten vorgeschlagene Ministerpräsident mit Ausnahme Russlands in aller Regel aus der Parlamentsmehrheit hervorgeht, sind hierbei Blockaden zwischen Präsident und Parlament in der Praxis eher selten. Im parlamentarischen System Ungarns ist bereits in der Verfassung festgelegt, dass der Präsident den Ministerpräsidenten erst ernennt, nachdem er Vertreter des Parlaments konsultiert hat. Weil somit das Wechselspiel zwischen Präsident und Parlament wegfällt, ist die Parlamentsauflösung bereits möglich, wenn der neuen Regierung innerhalb von vierzig Tagen nicht das Vertrauen ausgesprochen wurde. In Russland gestaltet sich die parlamentarische Zustimmung besonders problematisch, da die Regierung – als ein dem Präsidenten direkt unterstelltes abhängiges Organ – zumeist über keine Verbindung zur parlamentarischen Mehrheit verfügt, sondern eine Personalentscheidung des Präsidenten darstellt. Somit ist dies in Russland nicht nur ein formaler, sondern ein politischer Vorgang, dass der Kandidat für das Amt des Ministerpräsidenten vom Präsidenten benannt wird, vor allem weil dessen dreimalige Ablehnung durch das Parlament zu seiner Auflösung führt. In Polen hingegen droht ebenfalls nach einem dritten gescheiterten Versuch der Benennung eines Ministerpräsidenten die Auflösung, jedoch sieht die Verfassung vor, dass das Parlament nach einem ersten gescheiterten Kandidaten selbst einen Ministerpräsidenten und die von ihm vorgeschlagenen Minister wählt.

Die Mechanismen der parlamentarischen Regierungskontrolle durch ein Misstrauensvotum variieren in den hier vorgestellten Ländern. Die ausgeprägteste Kontrollmöglichkeit des Parlaments und somit die schwächste Stellung der Regierung ihm gegenüber existiert formal in der Slowakei. Dort ist der Sturz der Regierung aufgrund eines einfachen Misstrauensvotums möglich. Zusätzlich kann sie destabilisiert werden, indem einzelnen Ministern das Misstrauen ausgesprochen werden kann. In Tschechien existiert ebenfalls die Möglichkeit eines einfachen Misstrauensvotums, das jedoch nur gegenüber der ganzen Regierung ausgesprochen wird. In Ungarn und in Polen ist die Position der Regierung gegenüber dem Parlament durch ein konstruktives Misstrauensvotum am stärksten, wobei die Regierung in Polen auch durch die Möglichkeit eines Misstrauensvotums gegenüber einzelnen Ministern geschwächt werden kann. Im präsidentiellen Regierungssystem Russlands existiert diese parlamentarische Kontrollfunktion nur äußerst begrenzt, da der Präsident einem Misstrauens- bzw. abgelehnten Vertrauensvotum nicht nachkommen muss. Vielmehr kann er nach einem wiederholten Votum innerhalb von drei Monaten die Staatsduma auflösen, anstatt die Regierung zu entlassen.

In allen hier vorgestellten parlamentarischen Systemen liegt die exekutive Kompetenz – wie üblich – in den Händen der Regierung. In Ungarn wird die ohnehin starke Position der Regierung noch verstärkt durch eine Dekretfähigkeit des Ministerrates, was ein partielles Agieren am Parlament vorbei ermöglicht. Hierdurch hat er größeren Einfluss als die Regierungen anderer Systeme, denen lediglich das Verordnungsrecht zusteht. Die ungarische, tschechische, slowakische und polnische Regierung entsprechen alle der

Struktur eines Kollektivorgans, weil die Ministerpräsidenten keine formale Richtlinienkompetenz besitzen. Allerdings divergieren die Strukturen im Einzelnen (beispielsweise die Zahl der Stellvertreter des Vorsitzenden oder die Möglichkeit zu Umstrukturierungen innerhalb des Ministerrates). Das russische Beispiel fällt hier einmal mehr aus dem Rahmen, da die exekutive Richtlinienkompetenz beim Präsidenten und nicht bei der Regierung liegt, die lediglich für die Ausführung der vom Präsidenten festgelegten Leitlinien der Innen- und Außenpolitik zuständig ist. Darüber hinaus ist die Amtszeit der russischen Regierung nicht an die Legislaturperiode des Parlaments gebunden, wie dies in semi-präsidentiellen Systemen der Fall ist, sondern an die Amtszeit des Präsidenten. Hierdurch liegt, trotz der parlamentarischen Kontrollmöglichkeit durch ein Misstrauensvotum, eine gewisse Abkoppelung der Regierung vom Parlament vor.

Dies weist noch einmal auf die starken Funktionsunterschiede des Präsidentenamtes innerhalb der hier vorgestellten Regierungssysteme hin. In den parlamentarischen Systemen Ungarns, Tschechiens und der Slowakei haben die Präsidenten im Prinzip repräsentative Aufgaben, des Weiteren die bereits aufgezeigten Funktionen bei der Regierungsbildung sowie bei der Auflösung des Parlaments. Jedoch sind selbst diese Einflussmöglichkeiten stark an konkrete Verfahrensvorschriften gebunden (z.B. Reaktionen auf längere parlamentarische Untätigkeit), sodass es sich hier letztlich weniger um Kompetenzen handelt, die auf das politische Geschehen Einfluss nehmen, als um – im Wortsinne – rein „exekutive", also ausführende Aufgaben. Dies entspricht auch der lediglich indirekten Legitimation der Staatspräsidenten in parlamentarischen Systemen, die durch das Parlament (bzw. durch seine Kammern) gewählt werden. Nochmals ist hier auf den Ausnahmefall der Slowakei hinzuweisen, in der eine Verfassungsänderung dazu führte, dass der Staatspräsident nun durch Direktwahl legitimiert wird. Weil jedoch seine Kompetenzen nicht ausgeweitet wurden und die exekutive Politik nach wie vor vollkommen in den Händen einer dem Parlament verantwortlichen Regierung liegt – nach FRAENKEL das zentrale Kriterium für ein parlamentarisches System –, lässt sich die Slowakei auch nach der Verfassungsreform als solches bezeichnen. Der slowakische Staatspräsident ist somit, gemessen an seinen Funktionen, überlegitimiert, was für das Zusammenspiel der Verfassungsinstitutionen trotzdem zu einer konfliktreichen Konstellation führen kann, wenn der Staatspräsident mit Hinweis auf seine direkte Legitimation mehr politischen Einfluss zu nehmen versucht, als ihm von der Verfassungsidee her eigentlich zusteht.

Anders ist die Situation im semi-präsidentiellen Polen, wo die direkte Legitimation des Staatspräsidenten zu einer exekutiven Doppelspitze führt, in der der Präsident nach französischem Vorbild partiell Regierungsfunktionen übernimmt. Der Unterschied zum stärker präsidentiellen System Russlands besteht jedoch darin, daß die Leitung der Innen- und Außenpolitik in Polen verfassungsgemäß der (dem Parlament verantwortlichen) Regierung obliegt. Anders als in Frankreich hat der polnische Präsident in der Außenpolitik keine unbedingte „domaine reservée", weil er mit der Regierung zu kooperieren hat. Die parlamentarische Kontrolle exekutiver Politik ist dementsprechend, trotz der Unabhängigkeit des Präsidenten, der aufgrund seiner direkten Legitimation nicht abberufen werden kann, dennoch konstitutiv für das polnische Regierungssystem. Diese Kombination stellt nach Maurice DUVERGER die normative Grundlage eines semi-präsidentiellen Regierungssystems dar, welches durch die zentral- und osteuropäische Transformation insgesamt vermehrt in das Zentrum des politikwissenschaftlichen Interesses gerückt ist. Verschiedentlich wird die Klassifizierung eines eigenständigen semi-präsidentiellen Systemtyps jedoch abgelehnt und lediglich die Unterscheidung zwischen Präsidentialismus und Parlamentarismus anerkannt. Als das wesentliche Unterscheidungsmerkmal zwischen diesen beiden Typen gilt dabei das Kriterium der Abwählbarkeit der Regierung durch das Parlament (diese Position vertritt vor allem STEFFANI). Die neuen Regierungssysteme der so genannten „Dritten Welle" der Demokratisierung haben jedoch deutlich gemacht, dass die vorrangige Qualifizierung „reiner" Typen von Regierungssystemen selten der konstitutionellen Realität entspricht.

Auch das russische Regierungssystem wird sowohl als semi-präsidentielles System als auch als Präsidialsystem mit semi-präsidentiellen Tendenzen klassifziert. Mit Blick auf die Beziehung zwischen Regierung und Präsident ist bereits die Unterordnung der Regierung unter den Präsidenten skizziert worden. Der russische Präsident ist durch Direktwahl für vier Jahre legitimiert und kann nur durch ein kompliziertes Impeachmentverfahren seines Amtes enthoben werden. Da er die exekutive Politik gestaltet, ist diese vom Parlament nur indirekt durch ein Misstrauensvotum gegenüber der Regierung kontrollierbar. Diese Kontrolle ist jedoch durch die Auflösungsmöglichkeit der russischen Staatsduma beschränkt. Anders als in den parlamentarischen Systemen, in denen – wie gezeigt – diese Funktion dem Präsidenten faktisch wenig eigene Macht lässt, ist sie im russischen Fall ein wirkliches Machtinstrument, weil der Präsident einem Misstrauensvotum nicht zustimmen muss, sondern stattdessen nach einem erneuten erfolgreichen Misstrauensvotum das Parlament auflösen kann. Parallel ermöglicht ihm seine Dekretfähigkeit eine Art zweite Gesetzgebung, auf die das Parlament ebenso wie auf die exekutive Politik des Präsidenten keinen Einfluss hat. Aufgrund der Schwächung des Parlaments und der nicht zu kontrollierenden umfassenden exekutiven und durch die Dekrete de facto auch legislativen Präsidialgewalt wird zuweilen auch von einer „defekten Demokratie" gesprochen. Im Gegensatz zum Regierungssystem der USA existiert in Russland keine Unabhängigkeit und gegenseitige Kontrolle der Gewalten. Das amerikanische Prinzip der „checks and balances“, das u.a. besagt, dass der (nur durch ein Impeachment-Verfahren abzusetzende) Präsident das Parlament nicht auflösen kann, beide jedoch in der Gesetzgebungstätigkeit, in personellen oder administrativen Entscheidungen funktional verflochten sind, existiert somit in Russland durch die umfassende Machtposition des Präsidenten nur sehr eingeschränkt. Dennoch weist das russische Regierungssystem die für präsidentielle Systeme typische Institutionenkonkurrenz auf, die in diesem Systemtyp die Parteienkonkurrenz des parlamentarischen Systems als machtbeschränkendes Element ergänzt bzw. ersetzt.

Trotzdem sich alle hier vorgestellten Länder für eine repräsentative Demokratie entschieden haben, existiert mit Ausnahme Tschechiens in allen Verfassungen wie in einer Vielzahl anderer europäischer Staaten auch die plebiszitäre Einflussmöglichkeit durch ein Referendum. Dabei variiert der Einfluss der Verfassungsinstitutionen bei der Anberaumung eines Referendums. In Ungarn und Polen kann sich die Legislative mit einem Referendum an die Bevölkerung wenden, in Polen darüber hinaus auch der Präsident, der jedoch die Zustimmung der zweiten Parlamentskammer hierfür benötigt. In Russland zählt die Anberaumung eines Referendums zu den Präsidialkompetenzen. Hingegen ist dies in der Slowakei sowohl durch das Parlament als auch durch einen Antrag von 350.000 Bürgern möglich, wodurch hier das Referendum am ehesten dem Gedanken eines direktdemokratischen Elements entspricht. Zumeist darf ein Referendum nur in Fragen von besonderer Bedeutung anberaumt werden und ist explizit zur Bestätigung von Verfassungsänderungen vorgesehen, wie beispielsweise in Polen, Russland und der Slowakei.

Die hier vorgestellten zentraleuropäischen Staaten haben sich in ihren Verfassungen für die territoriale Form des Einheitsstaates entschieden. In Polen wurde die Frage der territorialen Gliederung aus der Verfassung ausgespart, weil hierzu keine politische Einigung erzielt werden konnte. Die territoriale Neugliederung wurde erst im Nachhinein im Rahmen eines Gesetzgebungsverfahrens geschaffen. Zwar stellten Tschechien und die Slowakei vor ihrer Trennung 1993 eine Föderation dar, bilden seitdem jedoch jeweils einen Einheitsstaat. Russland hat sich als großer Vielvölkerstaat eine föderale Form gegeben. Innerhalb der Föderation existieren Föderationssubjekte unterschiedlichen Charakters. Die Föderationsrepubliken haben insgesamt größere Autonomiemöglichkeiten als z.B Regionen und Gebiete, obwohl sie auf Föderationsebene gleichberechtigte Mitglieder der Föderation sind. Allerdings wurden im Rahmen der Verfassung lediglich allgemeine Prinzipien der föderalen Struktur festgelegt, sodass viele Kompetenzfragen in konkreten Verhandlungen zwischen der Bundesebene und den einzelnen Subjekten gelöst werden müssen, wobei die mächtigen Republiken in der Praxis eine günstigere Verhandlungsposition haben als Regionen und Gebiete.

1.3 Ökonomische und soziale Regelungen

Von besonderer Bedeutung für die Abkehr von alten staatswirtschaftlichen Formen waren die Entscheidungen über die neue wirtschaftliche und soziale Grundordnung der Transformationsstaaten. Auch hier lassen sich unterschiedliche Nachwirkungen der alten Systeme erkennen. In der russischen Verfassung existiert kein Bekenntnis zu einer bestimmten Wirtschaftsform, jedoch definiert sich Russland dezidiert als Sozialstaat. Explizit wird darauf verwiesen, dass alle Eigentumsformen (private und staatliche) gleichermaßen geschützt sind, die freie Wirtschaftstätigkeit garantiert wird und der Wettbewerb gefördert werden soll. Polen hingegen hat sich in seiner Verfassung dezidiert auf die Wirtschaftsordnung der sozialen Marktwirtschaft als ein etabliertes westliches Modell festgelegt. Eine in die Zukunft weisende konstitutionelle Grundentscheidung hat die Slowakei getroffen, die mit ihrem Bekenntnis nicht nur zur sozialen, sondern auch zur ökologischen Marktwirtschaft eine auch für die westlichen Demokratien neue Option aufzeigt. In der ungarischen Verfassung stehen hingegen das Bekenntnis zur freien Marktwirtschaft und das Prinzip des freien Wettbewerbs im Vordergrund. Jedoch existiert kein Bekenntnis zu sozialstaatlichen Regelungen, sondern lediglich die Verpflichtung staatlicher Fürsorge für Bedürftige.

Hierdurch unterscheidet sich Ungarn von den anderen Reformstaaten, denn typisch für viele zentral- und osteuropäische Verfassungen ist ein umfangreicher Katalog an sozialen Grundrechten, die nicht selten eine Kontinuität zu den alten sozialistischen Verfassungen darstellen. Jedoch existiert in Ungarn bisher erst ein Verfassungsprovisorium, die Verabschiedung einer endgültigen Verfassung steht noch aus. Vor allem im russischen System sind verschiedene soziale Rechte kodifiziert, wie z.B. das Recht auf kostenlose Gesundheitsversorgung durch staatliche Einrichtungen, die bereits zu den sozialen Garantien in der Sowjetunion zählten. Auch in der slowakischen und polnischen Verfassung finden sind umfangreiche soziale Rechte. Jedoch wird hier explizit darauf verwiesen, dass deren Inanspruchnahme für den einzelnen Bürger nicht unmittelbar aus der Verfassung abzuleiten ist, sondern diese Rechte lediglich im Rahmen konkreter gesetzlicher Regelungen gewährt werden, sodass das verfassungsmäßige Recht selbst nicht einklagbar ist.

Charakteristisch für zentral- und osteuropäische Verfassungen sind jedoch nicht nur eine Vielzahl von festgeschriebenen Rechten, sondern ebenso dezidierte Pflichten der Staatsbürger. Dies ist auf die sozialistischen Verfassungen zurückzuführen, in denen z.B. die Pflicht zum Schutz gesellschaftlichen Eigentums bestand. Ähnliches zeigt sich beispielsweise in dem verfassungsmäßigen Bekenntis zum Natur- und Umweltschutz, welches in allen hier vorgestellten Verfassungen zu finden ist und in einigen Staaten nicht nur als staatliche Verpflichtung, sondern auch explizit als Bürgerpflicht festgelegt wurde. Zwar hatte auch der Umweltgedanke bereits seinen Platz in verschiedenen sozialistischen Verfassungen, jedoch ist vor allem die Umwelthaftung, wie sie heute in verschiedenen Verfassungen vorkommt, ein Novum. Die verfassungsmäßige Verpflichtung zum Umwelt- und Naturschutz unterscheidet die zentral- und osteuropäischen Verfassungen von den meisten westeuropäischen Texten älteren Ursprungs. Die neuen zentral- und osteuropäischen Verfassungen nehmen somit ein Thema der letzten beiden Jahrzehnte auf. So wurde dieses Verfassungsziel beispielsweise in der Bundesrepublik erst vor einigen Jahren in das Grundgesetz aufgenommen.

Es ist deutlich geworden, dass die Verfassungen der hier vorgestellten zentral- und osteuropäischen Staaten zwar im Rahmen gängiger Gestaltungsoptionen repräsentativer Demokratien verblieben sind, dass jedoch die gesamte Bandbreite von parlamentarischen, semi-präsidentiellen und präsidentiellen Systemen zu finden ist. Die russische Föderation als präsidentielles Regierungssystem mit semi-präsidentiellen Tendenzen oder die Slowakei, in der trotz ihres parlamentarischen Charakters der Präsident direkt legitimiert wird, verweisen auf die Vielfältigkeit dieser „neuen" Regierungssysteme. Das gesamteuropäische Bild demokratischer Systeme hat sich dadurch stark erweitert. Bei der weiteren Beschäftigung mit diesen Regierungssystemen wäre es deswegen sinnvoll, nicht lediglich die Konsolidierungs- und Vergleichsfrage für Zentral- und Osteuropa zu stellen, sondern darüber hinaus vermehrt „alte" und „neue" europäische Systeme zu vergleichen, was auch neue Erkenntnisse über die etablierten westlichen Demokratien ermöglichen könnte.

2. Parteiensysteme Zentral- und Osteuropas im Vergleich

2.1 Einleitung

Die Verwendung des Parteibegriffs für die in Zentral- und Osteuropa entstandenen politischen Organisationen ist in der Literatur zwar durchweg üblich, aber partiell dennoch problematisch, weil mit diesem Parteibegriff zumindest in Westeuropa ganz bestimmte organisatorische Eigenschaften, politische Funktionen, historische und institutionelle Kontexte verbunden werden, die in den Ländern Osteuropas nicht oder nur sehr eingeschränkt gegeben sind. Drei Dimensionen lassen sich dabei unterscheiden: zunächst die Frage nach der Existenz stabiler gesellschaftlicher Konfliktlinien, dann die internen Organisationsprobleme aufgrund fehlender gesellschaftlicher Bindungen und schließlich das Problem der Legitimität der politischen Systeme und ihrer zentralen Institutionen.

Politische Parteien sind in Westeuropa im Zuge der Konstitutionalisierung der politischen Systeme und ihrer Entwicklung zu Massendemokratien entstanden. Im Kern stehen sie nach wie vor für die seit dieser Zeit vorhandenen Interessenlagen und gesellschaftlichen Konfliktlinien. Dazu gehören ökonomische und kulturell-religiöse Konflikte sowie Stadt-Land-Konflikte, die in dieser Art über hundert Jahre später nicht mehr in gleicher Weise existieren und deshalb auch nur eingeschränkt konstitutiv für die Entwicklung von Parteien in Osteuropa sein können. Bemühungen, solche Theorien zu adaptieren, resultieren in Versuchen, neue und spezifisch postkommunistische gesellschaftliche Spaltungen („cleavages“) aufzuspüren. Dazu gehört zum Beispiel die Dimension Modernisierer versus Traditionalisten. Ein schwer wiegendes Problem der Übertragung dieser „cleavage“-Modelle ist aber nicht nur die Nicht-Existenz bzw. die geringere Bedeutung oder spezifische Dimensionalität solcher gesellschaftlicher Spaltungen, sondern auch der Umstand, dass die in den westeuropäischen Parteien „gefrorenen“ Konflikte durch relativ stabile – in der Tendenz aber abnehmende – Bindungen der Wähler an diese Parteien über ein Netz von gesellschaftlichen, so genannten intermediären Gruppen aufrechterhalten werden. Letztere sind jedoch in den Ländern Zentral- und Osteuropas organisatorisch schwach und nicht in der Lage, diese Stabilisierungsfunktion für Parteien zu erfüllen. Lediglich staatlich kontrollierte Massenorganisationen existierten, die aber entweder aufgelöst oder transformiert wurden und heute mit noch relativ schwachen Neugründungen konkurrieren müssen. Allen ist gemeinsam, dass sie sich vorrangig mit ihren eigenen Organisationsproblemen auseinander zu setzen haben und nur wenig zur Unterstützung der ihnen ideologisch nahe stehenden Parteien beitragen können. Ein weiterer wichtiger Grund für die programmatische und organisatorische Schwäche der Parteien ist mit Sicherheit darin zu suchen, dass der ökonomische, politische und soziale Umstrukturierungsprozess gleichzeitig stattfindet. Dadurch werden die Interessenlagen großer gesellschaftlicher Gruppen in dramatischer Weise verändert. Unmittelbare Folge dieses fehlenden interessenorganisatorischen Unterbaus ist eine schwache Mitgliederbasis, die die Parteien Osteuropas mit Ausnahme der kommunistischen Nachfolgeparteien auszeichnet. Dies liegt zum Beispiel an der Tatsache, dass eine ganze Reihe von Parteien aus dem Parlament heraus von Abgeordnetengruppen gegründet wurde. Ein weiterer Grund für Parteienschwäche besteht darin, dass die Parteien im westeuropäischen Kontext überwiegend in einem stabilen institutionellen und administrativen Kontext operieren. In der Regel besteht in den westeuropäischen Regierungssystemen so etwas wie ein breiter Verfassungskonsens, der die Parteien von Auseinandersetzungen über konstitutionelle Fragen entlastet. Im Sinne von EASTON kann man von einer gegebenen diffusen Unterstützung (Legitimität) des Regimes sprechen, die weitgehend unabhängig von den spezifischen Leistungen der Politiker sowie den politischen Institutionen gegeben ist. Hinzu kommt eine trotz aller Kritik funktionstüchtige öffentliche Verwaltung in den westeuropäischen Staaten, die so zumindest in der Anfangsphase der Demokratien Osteuropas noch nicht existierte bzw. bis heute nicht existiert.

Nimmt man diese Kontextunterschiede von Parteien in West- und Osteuropa zusammen, so ist eine Übertragung der am Beispiel westeuropäischer Parteiensysteme entwickelten theoretischen Instrumente zur Erklärung ihrer Entstehung und ihrer Funktionen auf Zentral- und Osteuropa nur unter Berücksichtigung der genannten Unterschiede in den Randbedingungen möglich. In der Literatur wird deshalb auch von den zentral- und osteuropäischen Parteien als „Superakteure“ gesprochen, die ihre organisatorische und politische Lage nur dadurch stabilisieren können, indem sie die Defizite im intermediären und staatlichen Bereich durch eigene Anstrengungen und Aktivitäten zu kompensieren versuchen. Die Vermutung einer dadurch bedingten mehr oder weniger starken Überforderung liegt nahe. Im Folgenden werden wir unter Beachtung der besonderen Kontextbedingungen für die Parteien in Zentral- und Osteuropa versuchen, einerseits ihre Entstehung und Befestigung und andererseits ihre Funktionstüchtigkeit innerhalb der jeweiligen Regierungssysteme näher zu beleuchten.

2.2 Die Entstehung und Etablierung der Parteiensysteme in den Ländern Zentral- und Osteuropas

In der Literatur zu Parteien und Parteiensystemen in Zentral- und Osteuropa werden für die Phase unmittelbar nach dem Systemwechsel häufig drei Typen unterschieden, die nach der politischen Wende in unterschiedlicher Zusammensetzung und relativer Stärke, ausgedrückt in Parlamentsmandaten, die Grundlage der Parteiensysteme der einzelnen Länder bildeten. Diese sind:

- Nachfolgeparteien: Dazu gehören in erster Linie die so genannten Reformkommunisten, die mehr oder weniger umfassend auf die organisatorischen Grundlagen der sozialistischen Staats- und/oder Einheitsparteien zurückgreifen konnten und deswegen meist als einzige Parteien über organisatorische Ressourcen und eine nennenswerte Mitgliederbasis verfügten. Zu den Nachfolgeparteien können auch die reformierten Blockparteien gerechnet werden (z.B. Bauernparteien).
- Oppositionsbewegungen: Dieser Parteitypus entstand durch die Transformation der sozialen Bewegungen, die in verschiedenen Ländern vor dem endgültigen Verfall der kommunistischen Herrschaft in aktiver Opposition zum politischen System standen (das Demokratische Forum in Ungarn oder die *Solidarność* in Polen).
- Historische Parteien: Hierzu gehören wieder gegründete Parteien, die in den meist kurzen demokratischen Perioden dieser Staaten unmittelbar nach bzw. vor dem Zweiten Weltkrieg schon existierten und die den Versuch unternahmen, an diese parteipolitische Tradition anzuknüpfen. Aber auch die oben erwähnten Blockparteien können in diese Kategorie fallen, da sie zum Teil die kommunistische Herrschaftsperiode in einer derartigen Rolle „überlebten“. Hinzu kommt, dass sich auch Oppositionsbewegungen auf historische Parteitraditionen berufen und damit ebenso diesem Typ zugerechnet werden können.

Auf der Grundlage dieser drei seit der Anfangsphase der zentral- und osteuropäischen Demokratien existierenden Typen haben sich in den so genannten Gründungswahlen und danach durch Zusammenschlüsse und Spaltungen die heute zu beobachtenden Mehrparteiensysteme weiter ausdifferenziert. Diese setzen sich aus kommunistischen Nostalgieparteien, sozialdemokratischen Parteien, links- und rechtsliberalen Parteien, konfessionellen Parteien, Bauernparteien und schließlich nationalistischen bzw. neo-faschistischen Parteien zusammen. Zwar sind dies Charakterisierungen von politischen Strömungen, die uns auch aus der Literatur zu westeuropäischen Parteiensystemen vertraut sind, aber es stellt sich dennoch die Frage, ob sich die Parteiensysteme Zentral- und Osteuropas deshalb nicht oder nicht mehr von denen im Westen des Kontinents unterscheiden. Diese Frage zu bejahen dürfte ein vorschnelle Schlussfolgerung sein, zumal die Klassifizierung in politische Richtungen noch wenig über ihre programmatisch-ideologischen Positionen im Detail und insbesondere nichts über ihre absolute und relative Stärke auf der parlamentarischen Bühne aussagt. Dazu ist eine differenziertere Betrachtung erforderlich, die wir auf der Grundlage der zuerst genannten typologischen Dreiteilung vornehmen wollen.

Der Typus der Nachfolgeparteien bietet die günstigsten organisatorischen Voraussetzungen für den Übergang zu erfolgreich am politischen Wettbewerb teilnehmenden Massenparteien. Obwohl die Mitgliederbasis nach dem Ende des kommunistischen Regimes kontinuierlich schwand, verfügten die ehemaligen Staatsparteien bei weitem über die größte Mitgliederbasis und als Einzige über eine ausgebaute organisatorische Infrastruktur. Politisch-ideologisch gaben sie sich entweder eine sozialdemokratische Programmatik (mit zum Teil ausgeprägten pro-kapitalistischen Inhalten) oder sie blieben bei Versatzstücken von kommunistischer Ideologie und versuchten, sich damit auch unter politischen Wettbewerbsbedingungen zu behaupten. Die in den sozialistischen Herrschaftsapparat integrierten Blockparteien waren überwiegend nur dann erfolgreich, wenn sie eine Verbindung zu einer historischen Tradition bzw. zu einer eine solche Tradition repräsentierenden Partei aufweisen konnten. Dies gelang in erster Linie den Bauern- und christlichen Parteien. Blockparteien, die nicht in der Lage waren, eine solche Verbindung herzustellen bzw. einzugehen, um damit relativ stabile Wählergruppen anzusprechen, verschwanden nach den so genannten Gründungswahlen schnell, wenn nicht von der politischen, so doch von der parlamentarischen Bühne. Wichtig für ihr politisches Überleben war auch eine für die Wähler glaubhafte und nachvollziehbare Distanzierung von ihrer Vergangenheit.

Die aus den Oppositions- und Bürgerbewegungen gegen die sozialistische Einparteienherrschaft heraus entstandenen Parteien erwiesen sich insgesamt als wenig stabil. Angesichts ihrer Verdienste für den Demokratisierungsprozess ist der schnelle Verlust der Unterstützung durch die Wähler erstaunlich. Jedoch waren es weniger die mangelnde moralische Autorität als die in den Bewegungen vorhandene ideologische und programmatische Heterogenität und Diffusität sowie die anhaltende organisatorische Schwäche, die zum frühen Ende der Bedeutung dieser Bewegungen als politische Parteien führten. Ohne historische soziale Verankerung in bestimmten Gesellschaftsschichten zerfielen sie in kleine und kleinste Gruppierungen (so z.B. das *Bürgerforum, OF*, in Tschechien). Dem *Demokratischen Forum (MDF)* in Ungarn gelang als einziger Bürgerrechtsbewegung die längerfristige Einbindung traditioneller politischer Lager. Allerdings wurde durch das Wiedererstarken von historischen politischen Strömungen (z.B. die *Partei der Kleinlandwirte und Gewerbetreibenden, FKGP*) und Parteineugründungen auch der Abstieg des *Forums* in die politische Bedeutungslosigkeit im Vergeich zu den anderen Ländern zeitverzögert eingeleitet. Heute existiert es nur noch als politisches „Anhängsel" der *Jungdemokraten (FIDESZ)*, die ihm bei der letzten Wahl durch Überlassung einiger Wahlkreise ein parlamentarisches Weiterleben gesichert haben. Dieses Beispiel demonstriert auch den Verlust der politischen Mitte durch die Bürgerbewegungen. Die politische Mitte wurde in einigen Ländern erfolgreich durch Neugründungen des liberalen politischen Spektrums besetzt, die nach dem Systemwechsel und meist erst nach den Gründungswahlen die politische Bühne betraten. An diesen Neugründungen waren durchaus Teile der Bürgerbewegungen beteiligt. Bei aller Vorsicht lässt sich argumentieren, dass vor allem diese liberalen Parteien die politischen Erben der Bürgerbewegungen waren. Dabei darf nicht übersehen werden, dass auch nationalistische Parteien dieses Erbe angetreten haben.

Die so genannten historischen Parteien stellen mehr oder weniger erfolgreiche Versuche dar, an Parteitraditionen aus den meist kurzen Episoden demokratischer Regierungsweise vor dem Zweiten Weltkrieg bzw. vor der Etablierung des kommunistischen Regimes anzuknüpfen. Obwohl es nahe lag, an demokratische Traditionen dieser Epoche anzuknüpfen, blieb der Wahlerfolg dieser Parteien trotz der Tatsache, dass dies einen positiven Bezugspunkt für die Bürger darstellt, insgesamt eher enttäuschend. Nur wenn es gelang, aktuelle sozio-ökonomische oder kulturelle Interessenlagen anzusprechen, war eine Stabilisierung dieser Parteien erfolgreich. Dies trifft vor allem für die Wiedergründungen in Ungarn zu. Das Beispiel par excellence stellt dabei die *Partei der Kleinlandwirte und Gewerbetreibenden (FKGP)* dar. Eine solche Tradition existiert aber nur in den zentraleuropäischen Ländern. Für Russland, das seit der Oktoberrevolution 1917 vom kommunistischen Einparteienregime beherrscht wurde, ist diese Variante der Parteigründung nicht zu finden.

So nützlich eine derartige Systematisierung der Grundlagen und Entstehungszusammenhänge der zentral- und osteuropäischen Parteiensysteme auch ist, so wenig werden dadurch die verbleibenden spezifisch nationalen Variationen dieses Grundmusters erklärt. Der Umstand, dass es in allen Systemen (mit Ausnahme Russlands und den anderen Nachfolgestaaten der Sowjetunion) auch Parteien mit diesen Entstehungshintergründen gegeben hat, sagt zunächst wenig über ihre relative parlamentarische Stärke, den Grad ihrer Stabilität und ihrer Fragmentierung bzw. Polarisierung im Sinne von SARTORI aus. Diese Variablen können nur durch eine Analyse des spezifischen nationalen Transformationsverlaufs sowie der institutionellen Spezifika einzelner Länder hinreichend erklärt werden.

Die Entwicklung der Parteiensysteme in den fünf hier ausgewählten Ländern ist folglich in hohem Maße durch den Verlauf der Jahre vor 1989/90 mitbestimmt worden. In Polen und Ungarn waren schon während der achtziger Jahre legale politische Oppositionsbewegungen entstanden, die sowohl den Eliten „von oben" als auch verschiedenen gesellschaftlichen Gruppen „von unten" die Chance boten, ihre politischen Positionen und sozioökonomischen Interessenlagen zu definieren. Dadurch war der „Schock der Gleichzeitigkeit" beim Übergang zu Demokratie und Marktwirtschaft geringer. Allerdings führte dieser Umstand offensichtlich nicht zu einer gleichartigen Entwicklung der Parteienlandschaft in beiden Ländern nach 1989, da das polnische und das ungarische Parteiensystem sich sehr unterschiedlich ausdifferenziert haben. Von Bedeutung sind deshalb auch innere Strukturen und politische Zielsetzungen der Oppositionsbewegungen. Während die Struktur der Oppositionsbewegung in Ungarn schon ab Mitte der achtziger Jahre die Züge eines differenzierten Mehrparteiensystems erkennen ließ, war diese in Polen auf die *Solidarność*-Bewegung und ihre gewerkschaftlichen Zielsetzungen konzentriert. Hinzu kommt, dass sie sehr spät durch das Regime formal anerkannt wurde. Folglich setzte die Ausdifferenzierung und Pluralisierung des Parteiensystems aufgrund der inneren Widersprüche der *Solidarność* erst nach den Gründungswahlen ein, die ja in Polen auch in zwei „Etappen" durchgeführt wurden. Insofern könnte man von einem Zeitvorsprung sprechen, den sich die Parteien, aber auch die Bürgerinnen und Bürger Ungarns schon während der sozialistischen Herrschaft im Hinblick auf die Entwicklung ihres Parteiensystems erarbeitet haben.

Als Kontrastfall im Hinblick auf den Transformationsverlauf stellt sich die Situation in der Sowjetunion bzw. in Russland dar. Dort fand der Übergang als ein reiner Intra-Eliten-Prozess ohne jegliche breitere gesellschaftliche Beteiligung statt. Die Folge ist heute, dass Parteien, sofern sie nicht Nachfolgeparteien der KPdSU sind, weder über einen dauerhaften Rückhalt in der Bevölkerung noch über ausreichende organisatorische Ressourcen verfügen. Insofern ist ihr politisches Überleben direkt an das Erringen von Parlamentsmandaten in der Duma gekoppelt. Ohne sie verlieren diese Parteien ihre politische und organisatorische Plattform und verschwinden aus dem Blickwinkel potentieller Wähler. Dies ist einer der wesentlichen Gründe, warum das russische Parteiensystem von einer Stabilisierung im Vergleich zu den anderen Ländern in unserer Auswahl noch relativ weit entfernt ist.

Die Entwicklung von Parteien ist aber nicht nur von der Chance abhängig, im Verlauf des Transformationsprozesses und danach eine Beziehung zu einer gesellschaftlichen Basis zu entwickeln, sondern auch von den konstitutionellen Grundentscheidungen bei der institutionellen Gestaltung der nationalen demokratischen Systeme. So ist zum Beispiel die anhaltende Schwäche der russischen Parteien auch eine Folge der spezifischen Variante des präsidentiellen Systems und der dadurch bedingten schwachen Position des Parlaments. Parlamentarische Systeme bieten im Gegensatz erheblich mehr Möglichkeiten der parteipolitischen Profilierung für neu entstandene bzw. wiedergegründete Parteien (z.B. durch den Gegensatz Regierung – Opposition im Parlament). Aufgrund der im Gegensatz zum präsidentiellen System bestehenden Notwendigkeit, eine parlamentarisch gestützte Regierung mit einem bestimmten politischen Programm bilden zu müssen, kann sich das parlamentarische System ceteris paribus auch positiv auf die innerparteiliche Disziplin und die Überwindung programmatischer Diffusität auswirken. Dies ist allerdings kein garantierter Effekt, da Regierungsbeteiligungen ideologisch wenig geschlossener und organisatorisch instabiler Parteien auch deren Belastungsfähigkeit übersteigen können. Dies hat vor allem im semipräsidentiellen Regierungssystem Polens immer wieder zu Regierungskrisen geführt. Inwieweit dabei der Umstand, dass es sich nicht um ein reines parlamentarisches System handelt und der Staatspräsident darin eine eigenständige politische Funktion wahrnimmt, zu dieser höheren Regierungsinstabilität beigetragen hat, ist im Lichte der hier vorgetragenen Argumente eine zumindest nicht unplausible These.

Von erheblicher Bedeutung für die Stabilisierung der Parteien ist selbstverständlich das Wahlrecht und die von ihm mitbestimmte Chance, ins Parlament einzuziehen. Aber auch die Frage, ob das Wahlrecht stärker eine Persönlichkeits- oder Parteiorientierung fördert, ist ein wichtiger Faktor für die inhaltliche und organisatorische Entwicklung von Parteien.

Schließlich ist das schon einleitend angesprochene Problem der durch das Wahlsystem begünstigten parlamentarischen Mehrheitsbildung versus der dadurch gewährleisteten demokratischen Repräsentation ein zentraler Punkt bei der Erklärung der Entwicklungsperspektiven von Parteien. Die von uns ausgewählten Länder besitzen durchweg Mischsysteme, da die Interessenlagen sowohl der Nachfolgeparteien als auch der „neuen“ Parteien einen „Kompromiss“ zwischen reinem Mehrheitswahlrecht und durchgängigem Verhältniswahlrecht nahe legten. Schließlich wollten auch beide Parteitypen ihr Risiko minimieren. Das „perfekte“ Mischsystem existiert in Russland, wo die Duma-Abgeordneten nach dem so genannten Grabensystem (je die Hälfte nach Mehrheitswahl in Ein-Personen-Wahlkreisen und über nationale Parteilisten) gewählt werden. Dabei wird unmittelbar deutlich, dass die Mehrheitswahl in einer Phase organisatorischer Instabilität und ideologischer Diffusität der Parteien ihren Konsolidierungsprozess nicht fördert, sondern im Gegenteil durch persönliche Profilierungsbestrebungen beispielsweise von „Regionalfürsten" stark disintegrativ wirken kann. In Polen (seit der Wahl von 1991), Tschechien und der Slowakei wird die politisch wichtigere Kammer überwiegend (Polen 85%) oder vollständig (Tschechien, Slowakei) durch Verhältniswahlrecht in (zwischen und innerhalb der Staaten) unterschiedlich großen Mehr-Personen-Wahlkreisen mit einer 5%-Sperrklausel gewählt. Die Zahlen für die kleinsten bzw. größten Wahlkreise variieren dabei von 3 bis 17 Mandaten pro Wahlkreis in Polen, über 8 bis 32 in Tschechien und von 12 bis 50 in der Slowakei. In Tschechien hängt die Zahl der Mandate in einem Wahlkreis zusätzlich zur Zahl der Wahlberechtigten von der Wahlbeteiligten ab. Da bekannt ist, dass die Verhältniswahl in kleinen Wahlkreisen faktisch einer Mehrheitswahl gleichkommt (Grenzfall ist die Wahl nur eines Abgeordneten pro Wahlkreis), haben wir es in der Slowakei mit einem System zu tun, das der reinen Verhältniswahl am nächsten kommt. Es folgen Tschechien und Polen in dieser Reihenfolge. Es widerspricht der These von der disziplinierenden Wirkung von Wahlsystemen nicht, dass von diesen drei Ländern das polnische Parteiensystem zumindest in der ersten Hälfte der neunziger Jahre erhebliche Fragmentierungstendenzen und programmatische Diffusitäten aufwies. Selbstverständlich erklärt dieser Wahlsystemeffekt die Entwicklung nicht allein. So sind zum Beispiel in der Slowakei die polarisierende Wirkung der konstitutionellen Frage (politische Rolle des Präsidenten) und die Existenz bedeutender Minderheiten (ungarische Bevölkerung) signifikante Faktoren für die Parteientwicklung.

Die Bedeutung der mehrheitsbildenden Wirkung von Wahlsystemen zeigt sich besonders deutlich am ungarischen Fall. Wie bei der Vorstellung des ungarischen Regierungssystems in Kapitel II, Abschnitt 1.3 dargelegt, handelt es sich bei diesem Wahlrecht um ein komplexes Mischsystem aus absoluter Mehrheitswahl in Einer-Wahlkreisen (mit in der Regel zwei Wahlgängen), durch das 45% der Abgeordneten gewählt werden. 40% werden dagegen in Mehr-Personen-Wahlkreisen (4-28) und 15% über nationale Listen nach dem Verhältniswahlrecht mit 4%-Sperrklausel bestimmt. Dadurch werden ohne Frage erfolgreiche Parteien und solche mit einer stabilen regionalen Wählerschaft begünstigt. Dies zeigten insbesondere die Wahlen von 1994 und 1998, wo die *Sozialistische Partei (MSZP)* (1994) und die *Jungdemokraten (FIDESZ)* in besonderer Weise davon profitierten. Außerdem werden komplexe Interaktionseffekte deutlich: während beim russischen Entwicklungsgrad des Parteiensystems die Mehrheitswahl eher kontraproduktive

Effekte für die Integration der Parteien besitzt, fördert dieses Wahlrecht im ungarischen Fall durch den bereits vorhandenen Konsolidierungsgrad des Parteiensystems eher die weitere Stabilisierung durch einen konzentrierenden Effekt. Dazu trägt auch die Notwendigkeit der Koalitionsbildung im zweiten Wahlgang in den meisten Wahlkreisen bei. Allerdings mag dies weniger ein Faktor zur Integration einzelner Parteien, dafür aber einer zur Stabilisierung von Regierungskoalitionen sein. Letzte, so lässt sich argumentieren, tragen auch zur politischen Disziplinierung der an der Koalition beteiligten Parteien bei und verhindern so die ideologische Zerfaserung wesentlicher Teile (insbesondere der Mitte) des Parteiensystems.

Mit diesen Ausführungen dürfte zumindest deutlich geworden sein, welche Dimensionen die Entstehung und Entwicklung der Parteiensysteme in den hier behandelten Ländern beeinflusst haben. Je nach in den einzelnen Ländern vorfindbarer Konstellation kann auch über weite Strecken die Unterschiedlichkeit der Entwicklung begründet werden. Dabei verbietet die Komplexität in der zeithistorischen Realität aber jegliche Vermutung, es würden eindeutige kausale Sachverhalte vorliegen. Im Folgenden werden wir versuchen, die systemtheoretische Bestimmung der Funktion von Parteien in demokratischen Regierungssystemen am Beispiel der fünf Länder wieder aufzugreifen.

2.3 Stabilität und Funktionsfähigkeit der Parteiensysteme

In den theoretischen Ausführungen im ersten Teil dieses Buches haben wir die Funktion von Parteien und Parteiensystemen im Rahmen einer systemtheoretischen Perspektive diskutiert. Hier stellt sich nun die Frage, inwieweit durch einen Vergleich der national sehr unterschiedlich verlaufenen Entwicklungen die Erfüllung dieser Funktionen bejaht werden kann. Dabei wollen wir uns auf die zentralen Funktionen der Aggregation gesellschaftlicher Interessen zu politischen Zielvorstellungen und Programmen und zur Rekrutierung politischen Personals konzentrieren. In der Literatur wird meist davon ausgegangen, dass die erstgenannte Funktion von den Parteien in Zentral- und Osteuropa nur unzureichend erfüllt wird, während ihnen bei der Rekrutierungsfunktion in der Regel beachtliche Leistungen bescheinigt werden. Diese unterschiedliche Funktionserfüllung könnte möglicherweise auf eine gemeinsame Ursache zurückgeführt werden.

Wie wir schon festgestellt haben, werden mit Ausnahme der kommunistischen Nachfolgeparteien bei den Parteien Zentral- und Osteuropas eine schmale Mitgliederbasis und eine hohe programmatische Diffusität diagnostiziert. Manche Autoren sprechen von Elite- bzw. Kaderparteien mit einem „catch all"-Programm. Bei der Verwendung des Begriffs „Kaderpartei" ist allerdings der im Vergleich zum letzten Jahrhundert in Westeuropa veränderte politische und gesellschaftliche Kontext zu beachten. Nicht mehr der Kampf um demokratische Rechte und politische Partizipationsmöglichkeiten steht im Vordergrund, sondern der Kampf um Stimmen. Mitgliederrekrutierung und Aufbau einer Massenbasis sind ein eher nachgeordnetes Ziel. Angesichts der in den meisten Ländern eingeführten Parteienfinanzierung kann eine Parteiorganisation auch ohne Mitgliedsbeiträge aufgebaut werden. Der Vorteil besteht bei Parteien mit dieser Struktur in der größeren Flexibilität bei der Verfolgung von Zielen. Dazu gehört z.B. die Entscheidung, eine Koalition einzugehen oder aus ihr auszutreten. Die „schwerfälligen" Entscheidungsprozesse einer Mitgliederpartei entfallen. Die das Verhalten von Massenorganisationen prägende Mitgliederlogik kann zu Gunsten einer Einflusslogik vernachlässigt werden. Allerdings hat diese größere politisch-ideologische Flexibilität auch den Nachteil, dass es aufgrund von Konflikten unter den Parteieliten bzw. Kadern eher zu Spaltungen und anschließenden Neuformierungen kommen kann. Insofern sind solchermaßen geprägte Parteiensysteme im Gegensatz zu Systemen mit Massenparteien, strukturell instabiler. Wenn wir diese These akzeptieren und gleichzeitig unterstellen, daß sich in Zentral- und Osteuropa angesichts der historischen Erfahrung mit Massenparteien und der seit dem letzten Jahrhundert veränderten gesellschaftlichen und politischen Bedingungen für deren Entstehung keine Mitgliederparteien klassischen Typs bilden werden – also die jetztigen Strukturen in dieser Hinsicht auch kein Übergangsstadium darstellen –, dann wird man auch dauerhaft mit einer größeren Instabilität des Parteiensystems in diesen Ländern zu rechnen haben.

Die häufig konstatierte programmatische Diffusität ist dann ebenfalls eine Folge dieser Struktur und kann nur vor dem Hintergrund der weitgehend ideologisch geschlossenen Klassen- und Massenparteien des ausgehenden 19. Jahrhunderts als Defizit empfunden werden. Wenn Stimmen am Wahltag wichtiger sind als Stammwähler oder gar Mitglieder, dann muss ein politisches Programm der Versuch sein, möglichst viele Wähler damit zu gewinnen. Es muss den „median voter" ansprechen, ohne gleichzeitig die Wähler links und rechts davon zu vergraulen. Ein solches Programm besitzt entweder den Charakter eines Katalogs von häufig nicht sehr konsistenten bzw. kompatiblen Zielen oder es erschöpft sich in formelhaften Kompromissen. Selbstverständlich kann es auch eine Mischung aus beidem sein. Solche Beobachtungen können nicht nur in Zentral- und Osteuropa gemacht werden, sondern zeigen sich auch bei westeuropäischen Parteien dieses Typs, wie z.B. der italienischen *Forza Italia*.

Sieht man diese Parteistrukturen und -strategien als Entwicklung eines dauerhaften Typus nicht nur in Zentral- und Osteuropa, sondern auch im Westen des Kontinents, dann wird auch die Erfüllung der klassischen Aggregationsfunktion im Rahmen systemtheoretischer Überlegungen anders zu beurteilen sein. Diese Parteien werden nicht wie die durch Klasseninteressen geprägten Organisationen des 19. Jahrhunderts durch stabile und dauerhafte Verkoppelung mit gesellschaftlichen Basisorganisationen eine politisch konsistente Aggregation bzw. Bündelung solcher Interessen leisten können. Ihre Beziehung zu gesellschaftlichen Gruppen und Organisationen wird viel stärker den Charakter temporärer Koalitionen unter wahltaktischen Gesichtspunkten haben. Insofern ist auch die viel beklagte „Schwäche der Zivilgesellschaft" für Parteien dieses Typs weniger gravierend als der zunehmende Verlust der gesellschaftlichen Basis bei den großen westeuropäischen Parteien. Während Letztere sich auf die neue Lage erst organisatorisch und strategisch einstellen müssen, sind solche Elite- und Kaderparteien, die zum Teil ja Gründungen aus den Parlamenten heraus sind, weit besser geeignet, mit stärker fragmentierten und individualisierten Interessenlagen moderner (postmoderner?) Gesellschaften umzugehen. Wichtig dabei ist ein hohe und überzeugende Medienpräsenz. Angesichts solcher Überlegungen und Beobachtungen muss dann auch die Diagnose eines Aggregationsdefizits der Parteien bei gesellschaftlichen Interessen aufgrund von zunehmend pluralisierten und individualisierten Interessenlagen revidiert werden. Dort, wo die gesellschaftliche Interessenbasis fehlt oder schwindet, kann sie auch nicht von Parteien geschaffen oder erhalten werden. Dies wäre ein überzogener Anspruch an die Möglichkeiten von Parteien, gesellschaftliche Entwicklungen zu beeinflussen.

Aus der systemtheoretisch inspirierten politischen Kulturforschung ist bekannt, dass die Beziehung der Bürgerinnen und Bürger in jungen Demokratien stark durch die materiellen wirtschaftlichen Leistungen geprägt ist („Output-Orientierung"). Mit anderen Worten, verbessert sich die sozioökonomische Lage der Bevölkerung, nimmt die Unterstützung nicht nur der politischen Amtsträger, sondern auch des politischen Regimes zu. Die Möglichkeiten der durch die Demokratie geschaffenen politischen Beteiligungsmöglichkeiten („Input-Orientierung") werden dagegen eher unterbewertet und finden weniger Unterstützung bzw. Beachtung. Auch aus dieser Sicht würde sich durch den Eliten- oder Kadercharakter der zentral- und osteuropäischen Parteien kein gravierendes Funktionsdefizit des Parteiensystems aufgrund von nicht-erfülltem Partizipationsverlangen von Seiten der Bevölkerung feststellen lassen. Allerdings kann beim Ausbleiben ökonomischer Stabilisierungserfolge und feststellbaren Leistungsabfalls der politischen Institutionen die Legitimität des Regimes auch sehr schnell schwinden.

Im Hinblick auf die Aggregationsfunktion politischer Parteien in den Staaten Zentral- und Osteuropas kommen wir deshalb zum Schluss, dass, gemessen an der Fähigkeit, eine Vielzahl von Interessen zu bündeln und dauerhaft zu binden, die westeuropäischen Volksparteien zwar deutlich besser abschneiden, dass aber diese Fähigkeit zurückgeht. In Zentral- und Osteuropa finden die Parteien eine interessenpolitische Landschaft vor, die eine nachholende Entwicklung hin zu einer stabilen und dauerhaften Bindung von Interessen an Parteien eher unwahrscheinlich erscheinen lässt. Insofern bleibt das Verhältnis der Interessengruppen zu den Parteien durch strategische Kooperation und temporäre Koalition zur Sicherung von Wählerstimmen bestimmt.

Die Struktur der neuen zentral- und osteuropäischen Parteien hat bislang die Funktion der Rekrutierung von politischem Personal nicht nachhaltig beeinträchtigt. Dies ist – wie oben schon festgestellt – zumindest die überwiegende Meinung in der Literatur. Die Befürchtung, dass die dünne Mitgliederdecke zu einem Mangel an geeigneten Kandidaten für politische Ämter auf den verschiedenen Ebenen des politischen Systems führen könnte, hat sich offensichtlich nicht bestätigt. Hier könnte es jedoch zu Engpässen kommen, wenn die „Revolutionsgeneration" abtritt und sie nicht genügend Nachfolger findet. Die Transformationsphase in Zentral- und Osteuropa hatte einen politischen Mobilisierungseffekt, der inzwischen abgeklungen zu sein scheint und eher einer politischen Apathie und Lustlosigkeit gewichen ist. Diese potentiell problematische Entwicklung kann aber durch einen anderen Effekt kompensiert werden, den die Struktur dieser Parteien stimuliert. Angesichts der programmatischen Diffusität der Parteien und ihrer strategischen Orientierung am Wähler ist es einfacher, als so genannter Quereinsteiger in die Politik zu gehen. Ein Verhalten, das von den Funktionären westeuropäischer Mitgliederparteien nur ungern gesehen wird. Dies verhindert zudem die zu starke Abschottung der Parteien von der Gesellschaft. Diese These muss aber weitgehend Spekulation bleiben, da vergleichende Untersuchungen zu Umfang und Herkunft solchen Personals bislang offenbar nicht vorliegen.

Insgesamt stellt sich abschließend die Frage: Inwieweit kann die Entstehung und Entwicklung der zentral- und osteuropäischen Parteien mit den gängigen „westlichen" Theorien (und deren Adaptionen für Osteuropa) erklärt werden? Zu diesen Theorien gehören in erster Linie die so genannten "cleavage"-Theorien, wie vor allem von Stein ROKKAN und Seymour M. LIPSET formuliert worden sind. Sie gehen davon aus, dass Parteien im Zuge der Demokratisierung vor allem entlang gesellschaftlicher Spaltungen zwischen Stadt und Land, der Wirtschaft und in Fragen kultureller Autonomie entstanden sind. Angesichts der abweichenden gesellschaftlichen und politischen Bedingungen in Zentral- und Osteuropa hat dazu KITSCHELT auf der Grundlage eines polit-ökonomischen Ansatzes den Versuch unternommen, diese Spaltungsdimensionen neu zu definieren. Dabei kommt er zu einer Dimension pro Staat (für eine starke Rolle des Staates in der Wirtschaft) versus pro Markt.

Die zweite Dimension wird durch den Gegensatz autoritär versus libertär gebildet und bezieht sich auf die politische Grundorientierung der Parteien. Vergleichende Studien haben ergeben, dass sich tatsächlich derartige Dimensionen bei der Struktur zentral- und osteuropäischer Parteiensysteme finden lassen. Es stellte sich heraus, dass die Parteiensysteme in Osteuropa vorwiegend zwischen den Polen pro Markt/libertär und pro Staat/autoritär liegen. Für Westeuropa unterstellt man dagegen eine entgegengesetzte Polung. Allerdings gab und gibt es Ausnahmen. Dazu gehört von Anfang an das tschechische Parteiensystem und auch das ungarische dürfte sich in den letzten Jahren stärker in Richtung pro Markt/autoritär und pro Staat/libertär verschoben haben.

Das Problem besteht jedoch aus unserer Sicht weniger darin, dass ein solches Schema nicht überall passt, sondern mehr in der Tatsache, dass mit den identifizierten Dimensionen kaum stabile und dauerhafte gesellschaftliche Spaltungen beschrieben werden können. Es handelt sich um politische Dimensionen, die eher durch Strategien und taktische Überlegungen der Parteien bestimmt sind als durch stabile gesellschaftliche Interessenlagen im Sinne von Spaltungen des 19. Jahrhunderts. Diese Feststellung lässt auch den weitergehenden Schluss zu, dass sie deshalb kaum in einer mit Westeuropa im letzten Jahrhundert vergleichbaren Weise für die weitere Entwicklung der zentral- und osteuropäischen Parteiensysteme bestimmend sein werden. Würde es sich tatsächlich um tief gehende Spaltungen handeln, müsste es den Parteien auch gelingen, dauerhafte Bindungen mit gesellschaftlichen Gruppen einzugehen. Letztere könnten dann auch eine nachholende Parteientwicklung im Sinne des historischen westeuropäischen Verlaufsmodells auf der gesellschaftlichen Grundlage dieser spezifisch osteuropäischen Spaltungen auslösen. Die bisherige Entwicklung der Parteiensysteme und Parteien gibt für diese Prognose jedoch wenig empirische Evidenz her.

3. Interessenorganisationen und Interessenkonzertierung im Vergleich

Im einleitenden theoretischen Teil sowie bei der Vorstellung der von uns ausgewählten Länder haben wir wiederholt auf die Schwäche intermediärer und zivilgesellschaftlicher Organisationen hingewiesen. Davon sind vor allem umfassende und allgemeine Interessen betroffen, was mit Blick auf die Logik kollektiven Handelns ein zu erwartendes Resultat darstellt. Eine der daraus entstehenden Problemlagen könnte ein überproportionaler Einfluss spezieller und damit meist gut organisierter Interessen auf die Politik sein. Hier könnte die Gefahr bestehen, dass dies angesichts der zahlreichen sozialen, ökonomischen und politischen Probleme zu einer deutlichen Verschärfung von Verteilungskonflikten führt. Um einer solchen Entwicklung vorzubeugen, werden in der Literatur Vorschläge zur Abstimmung, Koordinierung und Konzertierung unterschiedlicher Interessen durch Verhandlungssysteme diskutiert. Im Folgenden wollen wir die Chancen für derartige Lösungen auf der Grundlage von Erkenntnissen über die verschiedenen Strukturtypen von Systemen der Interessenartikulation und -repräsentation in vergleichender Weise näher untersuchen.

Die vergleichende Literatur zum Problem der Artikulation, Aggregation und Umsetzung von Interessen in modernen Gesellschaften geht dabei von drei möglichen idealtypischen Varianten aus:

- einer *pluralistischen Form*, die durch Konkurrenz der Interessengruppen um politischen Einfluss gekennzeichnet ist, ohne dass für bestimmte Interessen ein Repräsentationsmonopol besteht bzw. staatlich anerkannt wird;
- einer *(neo-) korporatistischen Form*, die durch eine von staatlicher Seite anerkannte exklusive Repräsentation bestimmter Interessen gekennzeichnet ist, und bei der die privaten Interessenorganisationen in die staatliche Politik inkorporiert werden;

- einer *syndikalistischen Form*, bei der die Interessen der einzelnen Gruppen im Vordergrund stehen, keine staatliche Anerkennung existiert und vor allem im Gegensatz zum Korporatismus keine funktionale, sondern in erster Linie eine territoriale Exklusivität der Interessenvertretung gegeben ist.

Diese drei, selbstverständlich nur analytisch trennbaren Formen der Interessenvertretung gehen unter anderem auf Arbeiten von SCHMITTER zurück. Obwohl diese Typen vor allem vor dem Hintergrund lateinamerikanischer und west- bzw. südeuropäischer politischer Systeme entwickelt wurden, ist es sinnvoll, sie auch auf die Strukturen der Interessenrepräsentation in den Ländern Zentral- und Osteuropas anzuwenden und zu fragen, welcher Typus sich angesichts gegebener gesellschaftlicher Bedingungen am ehesten bilden bzw. durchsetzen konnte. Dabei werden sich für die hier ausgewählten fünf Länder vermutlich unterschiedliche Einschätzungen ergeben.

Zunächst können wir unterstellen, dass in den sozialistischen Ländern mit dem alleinigen Herrschaftsanspruch der Partei eine Form von staatlichem Korporatismus existierte, der, abgesehen von bestimmten nicht unwichtigen Unterschieden, auch für autoritäre faschistische Regime typisch war. Der Staat lizenzierte und kontrollierte die zentralen Interessenorganisationen. Ihre Aufgabe bestand weniger in der Artikulation von Interessen als vielmehr in der Unterstützung des Herrschaftsapparates durch soziale Kontrolle an der Basis. Diese Charakterisierung trifft vor allem für die sozialistischen Einheitsgewerkschaften zu, die zwar durchaus umfassende Interessen repräsentierten, was allerdings auf die verbreitete Zwangsmitgliedschaft zurückzuführen war. Zwei weitere Spezifika des sozialistischen Korporatismus sind zu beachten. Zunächst ist davon auszugehen, dass das sozialistische Wirtschaftssystem die Unterscheidung zwischen Arbeitgebern und Arbeitnehmern (also zwischen Kapital und Arbeit) aufhob. Weniger – wie in der offiziellen Ideologie behauptet – durch den gesellschaftlichen Besitz der Produktionsmittel, sondern durch die angesichts einer Beschäftigungsgarantie und zentral festgelegter Arbeitsbedingungen faktische Bedeutungslosigkeit von Arbeitsverträgen als Ausdruck eines ausgehandelten Interessenausgleichs zwischen Arbeitnehmern und Arbeitgebern. Das Verhältnis zwischen Managern (Arbeitgebern) und Arbeitnehmern war folglich ein bürokratisch-hierarchisches und kein ökonomisches. Die Folge war und ist eine Schwäche der Artikulation partikularer Interessen in den Arbeitsbeziehungen nach dem politischen und wirtschaftlichen Umbruch, der beide Seiten betrifft. Ein weiterer Unterschied betrifft das Repräsentationsmonopol, das in den sozialistischen Ökonomien meist mit einem Produktionsmonopol innerhalb einer bestimmten Branche verknüpft war. Diese Konstellation führte zu einem Kontrollverlust zentraler staatlicher Planungsbürokratien und damit der Politik. Entgegen der populären These von der Allgewalt zentraler Partei- und Staatsapparate in den sozialistischen Ländern produzierte die spezifische Form des dort praktizierten Korporatismus eine Abhängigkeit des Staates von den „doppelten" Monopolen der Repräsentation und Produktion. Insbesondere in den Ländern, in denen die ökonomische Transformation (Privatisierung) bis heute unvollendet blieb, wirken diese asymmetrischen Beziehungen in Form von Netzwerken zwischen Bürokratien und Wirtschaft zum Nachteil der Politik fort.

Die Frage ist damit, in welcher Weise sich diese Strukturen der Interessenvertretung im Rahmen des Systemwechsels transformieren und welche Rolle die davon betroffenen Gruppen als kollektive Akteure im ungewohnten Kontext demokratischer Willensbildung und freiwilliger Mitgliedschaft zukünftig spielen können. Wie schon erwähnt, hat dabei der Verlauf des ökonomischen, aber auch politischen Transformationsprozesses eine besondere Bedeutung. Dabei lassen sich grob zwei Gruppen von Ländern innerhalb des ehemaligen Ostblocks unterscheiden: zum einen diejenigen, die weitgehend vollständig und schnell mit den ökonomischen Strukturen und politischen Traditionen der sozialistischen Herrschaftsperiode brachen, und zum anderen solche, die diesen Prozess ökonomisch oder politisch, vielleicht sogar in beiden Bereichen nur unvollständig und/oder sehr langsam vollzogen haben. Zur erstgenannten Gruppe gehören trotz aller graduellen Unterschiede im Detail in unserer Auswahl Tschechien, Polen, Slowakei und Ungarn. Damit bleibt als Beispiel für die zweitgenannte Gruppe lediglich Russland.

Für die in den ehemals sozialistischen Ländern vorherrschenden Strukturen der Interessenrepräsentation monopolistischer Organisationen und Branchen bedeutete der schnelle Übergang zu Marktwirtschaft und Demokratie die Privatisierung der Betriebe und eine damit verbundene weitreichende Auswechslung der wirtschaftlichen und mehr noch der politischen Eliten. Den im sozialistischen Korporatismus typischen Netzwerk- und Clanstrukturen wurde damit ihre existenzielle Grundlage entzogen. Dies bedeutete jedoch ebenso für die Massenorganisationen der Gewerkschaften das Ende bzw. einen schwierigen Transformationsprozess, weil sie ihre „offiziellen" und politischen Funktionen verloren und sich interessens- wie organisationspolitisch völlig umstellen mussten. Eine strukturelle Überforderung war die Folge. Vor allem gilt dies für die Bereiche, in denen die Marktwirtschaft sich schnell und umfassend durchsetzte. Dazu gehören weite Teile der Konsum- und Investitionsgüterindustrie, während Branchen wie Energie, Transport, aber auch Banken und Telekommunikation (wie auch in Westeuropa) langsamer aus der staatlichen „Fürsorge" entlassen wurden, was auch langsamere und kontinuierlichere Anpassungschancen für die in diesen Branchen aktiven Gewerkschaften bzw. deren Untergliederungen bot.

Im Gegensatz zu den ehemaligen sozialistischen Gewerkschaften, die zumindest auf eine gewisse Zahl verbliebener Mitglieder und beträchtliche Organisationsressourcen zurückgreifen konnten, standen die Arbeitgeber vor einer organisatorischen Tabula rasa, da eine auf Mitgliedschaft in Organisationen basierende Vertretung ihrer Interessen in der sozialistischen Staats- und Planwirtschaft nicht existierte. Darüber hinaus waren die neuen Arbeitgeber zumindest in den privatisierten Bereichen nicht mit den Managern der Staatsbetriebe identisch. Hieraus resultiert die bis heute andauernde Schwäche von Artikulation und Repräsentation kollektiver Interessen in diesem Bereich, was nicht gleichbedeutend mit einem geringen Einfluß spezifischer Unternehmer- bzw. Unternehmensinteressen auf die Politik sein muss.

Ein verzögerter Prozess des Übergangs zur Marktwirtschaft und zu demokratischen Verhältnissen ließ zwar über weite Strecken die alten betrieblichen Strukturen und Beziehungen zwischen Managern und Belegschaft bestehen, veränderte jedoch durch Beseitigung bzw. Kompetenzverlust der zentralen Steuerungsbürokratien die Beziehungen zum Staat in umfassender Weise. Die Gewerkschaften verloren ihre soziale Funktion und weitgehend auch ihre betriebliche bzw. staatliche Alimentation. Die Manager der Betriebe versuchten, den Verlust der staatlichen Planungsbürokratien bzw. deren Umwandlung in Regulationsbehörden durch den Aufbau informeller Netzwerke zu kompensieren. Dabei konnten sie auf Erfahrungen aus der sozialistischen Staats- und Planwirtschaft zurückgreifen, bei der Planungs- und Steuerungsdefizite ebenfalls durch derartige Strukturen zumindest teilweise korrigiert werden konnten. Angesichts des Fehlens einer funktionierenden Marktsteuerung schien dies der gebotene Ausweg aus dem eingetretenen Steuerungsdefizit. Der Wechsel von der staatlichen Zwangskoordination zur „freiwilligen" Selbstkoordination entzog aber diese „privaten" Netzwerke völlig der politischen Kontrolle. Folglich kann es nicht überraschen, dass sich die daran beteiligten Akteure in erster Linie um ihre eigene und weit weniger um eine kollektive Wohlfahrtssteigerung bemühen. Hier entstehende Organisationen ähneln deshalb eher syndikalistischen Formen der Interessenvertretung. Auch der Schritt zu mafiösen Syndikaten ist dann nicht mehr groß. Entwicklungen in diese Richtung sind in Russland durchaus zu beobachten.

Zur Beurteilung der Chancen von Sozialpakten zwischen Regierung, Arbeitgebern und Arbeitnehmern mit dem Ziel der Flankierung einer stabilitätsorientierten Wirtschaftspolitik ist es hilfreich, auf die spezifischen Verhältnisse in den einzelnen hier ausgewählten Ländern zumindest kurz einzugehen. Wir wollen dabei zunächst die Gewerkschaften betrachten. In Russland gibt es inzwischen eine Vielzahl von kleinen Gewerkschaften, die aber kaum als unabhängig bezeichnet werden können. Ihre Existenz verdanken sie vielmehr der Einbindung in die Branchen- und Unternehmensstrukturen, denen sie angehören. Sie werden dabei von den Netzwerken in ihrem Kampf um staatliche Unterstützung und politischen Einfluss instrumentalisiert. Verantwortlich ist dafür auch die hohe personelle Kontinuität der Eliten, die solche Strukturen über fortdauernde persönliche Beziehungen festschreibt. In Ungarn hat hingegen die schnelle Entstehung eines pluralistischen Parteiensystems auch die Entwicklung der Gewerkschaften beeinflusst. Ehemals sozialistische Gewerkschaften und Neugründungen orientierten sich relativ rasch an parteipolitischen Dimensionen. Dies hat zur Folge, dass der Einfluss der Gewerkschaften mit der Übernahme der Regierungsverantwortung verschiedener Parteien wechselt. Mit anderen Worten, nur die gewerkschaftlichen Organisationen haben eine erhöhte Chance, ihre Interessen durchzusetzen, die den Regierungsparteien nahe stehen. Dies ist zum Beispiel in der Regierungszeit der *Sozialistischen Partei (MSZP)* von 1994 bis 1998 für das Verhältnis zur ehemaligen sozialistischen Gewerkschaft zu beobachten, wohingegen nach dem Regierungswechsel als Folge des Wahlausgangs von 1998 ihr Einfluss wieder zurückging. Von besonderem Interesse ist die polnische Entwicklung, da dort eine oppositionelle Gewerkschaftsbewegung (*Solidarność*) Trägerin des sozialen und politischen Protests gegen das Regime war. Daraus entstand jedoch das Problem, dass die Gewerkschaftsbewegung zu einer politisierten Sozialbewegung wurde und die eigentliche Funktion einer spezifisch gewerkschaftlichen Interessenvertretung in den Hintergrund trat. Die Folge war eine Politisierung und damit Zersplitterung der Gewerkschaftsbewegung. Relativ erfolgreich im Sinne der Formierung einer politisch einflussreichen Gewerkschaftsorganisation war die Entwicklung in Tschechien. Der plötzliche Kollaps des Regimes und die Übernahme der Kontrolle über die Regimegewerkschaften durch lokale und regionale Streikkomitees führte zu einer weitgehenden Auswechslung der Führungseliten und der Chance, einen gewerkschaftlichen Dachverband zu formen, der fähig war, sich als selbstständiger Partner der Politik zu erweisen.

Auf der Seite der Arbeitgeber zeigen sich ebenfalls erhebliche Unterschiede zwischen der Situation in Russland und in den anderen Ländern unserer Auswahl. Während in Russland die oben schon beschriebenen syndikalistischen Organisationen und Netzwerke zu einem starken Einfluss spezieller Interessen auf die Politik führen und damit eindeutig eine Umverteilung zugunsten solcher Netzwerke existiert, ist die kollektive Interessenrepräsentation der Arbeitgeber in den anderen Ländern eher unterentwickelt. Das schließt den beträchtlichen Einfluss einzelner Großunternehmen und sich daran anschließende mikrokorporatistische Arrangements nicht aus. Allerdings stellen in den Bereichen, wo der Staat noch Eigentümer der Betriebe ist, die Arbeitgebervertreter – trotz möglicher Interessenunterschiede im Detail – nichts anderes als eine Verdoppelung der Repräsentation der Staatsvertreter dar.

Aber auch in Bereichen, in denen die Privatisierung schon weiter fortgeschritten oder sogar abgeschlossen ist, befinden sich Arbeitgeberorganisationen im Sinne kollektiver Interessenvertretung erst im Aufbau. Sie sind deshalb auch noch wenig geeignet, Partner im Rahmen einer umfassenden wirtschaftspolitischen Steuerung zu sein.

Wie sind damit die Chancen einer Etablierung der oben genannten unterschiedlichen Systeme der Interessenvertretung in Zentral- und Osteuropa verteilt? Von besonderem Interesse ist dabei die Möglichkeit der Interessenkonzertierung im Rahmen tripartistischer Strukturen (Institutionen unter Beteiligung von Regierung, Arbeitgeberorganisationen und Gewerkschaften). Während solche Institutionen in Russland angesichts der dort existierenden Formen industrieller Beziehungen vermutlich zurzeit nur wenig Chancen auf eine effektive Arbeit besitzen, ist die Situation in den anderen Ländern günstiger. Die Schwäche, Zersplitterung oder das einfache Nicht-Vorhandensein von funktionierenden Interessenorganisationen, die mittels selektiver Anreize ihre Organisationsziele zumindest partiell von den unmittelbaren und meist kurzfristigen Zielen ihrer Mitglieder abkoppeln können, führt aber zu einer enormen Staatslastigkeit dieser Institutionen, indem der Staat die Rolle der anderen kollektiven Akteure (Arbeitgeberverbände und Gewerkschaften) quasi mit übernimmt. Hierdurch kommt es zu einer Überlastung des Staates und die getroffenen Vereinbarungen besitzen aufgrund der Schwäche der anderen Akteure nur wenig Chancen, auch als verbindlich anerkannt und umgesetzt zu werden, obwohl dies die zentrale Funktion von Interessenverbänden im Rahmen solcher freiwilligen korporatistischen Einrichtungen darstellt. Aus diesem Grund weisen solche korporatistischen Arrangements nicht nur in Zentral- und Osteuropa, sondern auch in Westeuropa zunehmende Schwächen auf.

Nun sind aber weder solche Versuche prinzipiell aufgrund ihrer hohen Chance des Scheiterns abzulehnen, noch waren und sind sie völlig erfolglos. Insbesondere in Tschechien und Ungarn stellen sie im Rahmen bestimmter politischer Konstellationen angesichts des relativ hohen Organisationsgrades von Interessen eine lohnenswerte Option im Rahmen der Wirtschaftspolitik dar. Allerdings ist dabei – wie in Westeuropa auch – zu fragen, ob damit angesichts der zunehmenden internationalen Verflechtung und Globalisierung auch dieser Volkswirtschaften noch große Erfolge erzielt werden können oder vielmehr mikrokorporatistische Lösungen auf Unternehmensebene bessere Ergebnisse liefern könnten. Insgesamt sind deswegen die Erfolgsaussichten des korporatistischen Typs der Interessenvertretung und –konzertierung in den Ländern Zentral- und Osteuropas eher skeptisch zu beurteilen. Wir können uns dabei einem Urteil von Helmut WIESENTHAL anschliessen, der die Diskussion um die Systeme der Interessenvermittlung zwischen pluralistischen Konzepten und den von OLSON „special-interest organizations" genannten Erscheinung schwanken sieht. Dies schließt nicht aus, dass sich insbesondere in den Ländern mit verzögerter Transformation auch verstärkt syndikalistische Tendenzen entwickeln. Auf absehbare Zeit scheinen die Chancen für makrokorporatistische Vereinbarungen und die Möglichkeiten ihrer Umsetzung gering – vor allem deswegen, weil der Staat bzw. die jeweilige Regierung angesichts der organisatorischen Schwäche der dafür notwendigen Partner, und der damit verbundenen Unfähigkeit, Absprachen auch an ihrer jeweiligen Basis durchzusetzen, dabei „mit sich selbst redet". Die Frage, inwieweit langfristig durch Erstarken der Interessenorganisationen die Erfolgschancen für derartige Institutionen steigen, muss wohl eher mit Nein beantwortet werden. Dies zeigen unter anderem Erfahrungen in Westeuropa. Nicht nur bei den Parteien scheinen die Länder Zentraleuropas durch den Transformationsverlauf einen Modernisierungssprung dergestalt vollzogen zu haben, dass ihre gegenwärtigen Strukturen Entwicklungstendenzen in Westeuropa vorwegnehmen. Auch die Verlagerung korporatistischer Vereinbarungen und Sozialpakte von der Makro- auf die Mikroebene gehört dazu. Die Voraussetzungen für das Zustandekommen effektiver korporatistischer Arrangements auf Makroebene entfallen somit aufgrund der Differenzierung von Interessenlagen zunehmend – nicht nur im Westen.

Die Bildung von effektiven Interessenorganisationen demonstriert dabei einen zentralen Gegensatz zur Organisation von Parteien, die – von „politischen Unternehmern" gegründet – auch ohne Mitglieder bei Wahlen durch Medienunterstützung erfolgreich sein können. Bei Intereressengruppen ist dies dagegen seltener vorstellbar – es sei denn, sie werden von Mäzenen und einer engagierten Öffentlichkeit „gesponsort", wie das bei neuen Formen von Interessenorganisationen zum Beispiel im Umweltschutz (z.B. Greenpeace) der Fall ist. Diese Organisationen können durchaus bei der Artikulation von Interessen und der Durchsetzung spezifischer Ziele erfolgreich sein, für die dauerhafte Einhaltung von korporatistischen Vereinbarungen sind sie als Organisationen ohne Mitglieder aber kaum geeignet. Insofern ist die in den Ländern Zentral- und Osteuropas für die Parteien gefundene „Lösung ohne Mitglieder" für die Interessengruppen, wie der Name schon sagt, eine kaum tragfähige und Erfolg versprechende Alternative.

4. Politische Kultur

4.1 Einleitung

Der Begriff „Politische Kultur" wurde in den letzten Jahren immer mehr zum Schlagwort, welches zur Begründung aller nicht erklärbaren politischen Entwicklungen und Verhaltensweisen herhalten musste. Als Oberbegriff für Werte und Einstellungen von Menschen zu Politik und zum politischen System, auf denen wiederum ihr politisches Handeln in einer spezifischen gesellschaftlichen Umgebung basiert, umschreibt „politische Kultur" tatsächlich eine schwer fass- und messbare Materie, was Max KAASE zu dem Vergleich von politischer Kulturforschung mit dem Nageln von Pudding an Wände veranlasste. Vor dem Zweiten Weltkrieg dominierten bei der Frage nach dieser subjektiven Dimension der Politik pauschalisierende Ansätze wie die „Nationalcharakterforschung" und frühe sozialpsychologische Betrachtungsweisen. Der systemtheoretische Ansatz der vergleichenden und empirischen politischen Kulturforschung, der sich um eine unvoreingenommene Befassung mit dieser Politikdimension bemüht, erlebte erst nach dem Zweiten Weltkrieg seinen Boom. Erkenntnisleitend waren dabei ein analytisch-erkennendes wie auch ein normativ-praktisches Interesse. So stellte sich einerseits die Frage nach den Ursachen für die deutsche Entwicklung von der Weimarer Republik zum Dritten Reich. Andererseits wurden angesichts des Entstehens einer Reihe neuer Staaten infolge der Entkolonialisierung Überlegungen angestellt, welche institutionellen politisch-kulturellen Voraussetzungen Bürger eines Staates erfüllen müssen, um demokratische Systeme zu unterstützen.

Maßgeblich für diesen systemtheoretischen Ansatz der politischen Kulturforschung wurde das Modell von Gabriel A. ALMOND und Sidney VERBA, das Einstellungen zum System (also den Kenntnissen, Gefühlen und Bewertungen gegenüber der Nation, der institutionellen Struktur und der politischen Autoritäten), zur Input-Ebene (der eigenen Person als Handelnde, den politischen Eliten) sowie zur Output-Ebene (gegenüber Innen- und Außenpolitik) trennt. Messlatte der normativ-praktischen politischen Kulturforschung ist die

„Zivilgesellschaft“, in der sich die politischen Strukturen und die gesellschaftlichen Kräfte gegenseitig unterstützen. Aber auch dieser Ansatz ist nicht frei von methodischen und konzeptionellen Mängeln. Ein Problem der empirischen politischen Kulturforschung besteht darin, dass Daten zu Einstellungen nichts über ihre Ursprünge und ihre Entwicklungsgeschichte aussagen. Zudem lassen sich Legitimität und Identität komplexer Nationalstaaten nur in Grenzen mit den Durchschnittsergebnissen von individuellen Einstellungen der Bürger gegenüber den politischen Strukturen darstellen. Hinzu kommen aus der Umfrageforschung bekannte mögliche Ungenauigkeiten. Bedeutend ist in dieser Hinsicht auch, dass die Einstellungen und Werte eben nicht nur durch die Gegenwart und durch das bestehende politische System geprägt werden, sondern auch von historischen Traditionen, persönlichen Erfahrungen im politischen Prozess wie auch durch die Grundsozialisation im apolitischen Bereich. Einige Forscher neigen daher wieder dazu, auf kultursoziologische Traditionen zurückzugreifen. Ein Wandel der politischen Kultur benötigt aufgrund der erläuterten Einflussfaktoren wesentlich mehr Zeit als ein Wechsel des politischen und des Wirtschaftssystems. In der Transformationsforschung wird die Internalisierung einer demokratischen politischen Kultur daher als die zuletzt zu vollendende Stufe eines Systemwandels angesehen.

Probleme der politischen Kulturforschung in Zentral- und Osteuropa sind vor allem das Fehlen von öffentlich zugänglichem empirischen Datenmaterial für die sozialistische Ära und oft nicht einheitliche Fragestellungen bei Umfragen neueren Datums. Dies gilt vor allem für Russland. Eine Mischung der verschiedenen Zugänge zum Phänomen „Politische Kultur“ scheint insofern aus den genannten Gründen sinnvoll.

4.2 Historische und regionale Einflussfaktoren

Die jahrzehntelange gemeinsame Erfahrung sozialistischer Systeme (trotz verschiedener Ausprägungen), zum Teil ähnliche historische Rahmenbedingungen und partiell sogar eine gemeinsame staatliche Vergangenheit führen zu einer Reihe von Gemeinsamkeiten der politischen Kultur in den zentral- und osteuropäischen Staaten. Eine nicht zu unterschätzende Rolle spielt beispielsweise die in allen zentral- und osteuropäischen Staaten – mit Ausnahme der Tschechischen Republik – verspätete Industrialisierung und die damit einhergehende Urbanisierung. Infolgedessen sind in den zentral- und osteuropäischen Staaten noch größere Teile der Bevölkerung durch agrarische Interessen geprägt, die oft auch traditionelleren Wertvorstellungen stärker verhaftet sind als die städtische Bevölkerung. Weitere Gemeinsamkeiten der postsozialistischen Staaten sind – wenn auch in unterschiedlichem Ausmaß – die Erwartung von Sicherheiten durch einen sozial-paternalistischen Staat, verbunden mit den Erwartungen von Effizienz und den Vorzügen einer westlichen marktwirtschaftlich orientierten Demokratie. Ebenso bestehen in allen zentral- und osteuropäischen Staaten Tendenzen zu bürokratisch-zentralistischen Problemlösungsstrategien, geringerer Eigenverantwortlichkeit wie auch geringerer Partizipation am politischen Leben. Häufig lässt sich ebenfalls ein „sozialer Egoismus" erkennen, basierend auf der Sorge um die Sicherung der individuellen materiellen Bedürfnisse, der im Kontrast zu der ebenso „typischen" traditionellen Solidarität steht. Diese geht zurück auf das in sozialistischen Systemen ausgeprägtere Kollektivbewusstsein im Hinblick auf die alle betreffenden wirtschaftlichen Probleme, die in vielen Fällen zur Kooperation zwangen.

Zugleich darf nicht vergessen werden, dass unsere fünf Staaten in der präsozialistischen Ära zum Teil auch auf sehr unterschiedliche historische Entwicklungen zurückblicken, sehr verschiedenen geopolitischen Bedingungen ausgesetzt waren und sich auch in der nationalen Struktur (Stichwort: Minderheiten) voneinander unterschieden und noch heute unterscheiden.

Drei der hier behandelten Staaten, Ungarn, Tschechien und die Slowakei, gehörten bis 1918 der Habsburgermonarchie an. Während Ungarn ab 1867 eine privilegierte Stellung in dem Vielvölkerstaat genoss, waren die Slowaken im ungarischen Teil der Habsburgermonarchie einem starken Magyarisierungsdruck ausgesetzt, infolgedessen besteht bis heute ein distanziertes Verhältnis der Slowaken zum Nachbarstaat und zu der ungarischen Minderheit. Die Tschechen hatten zwar keine Autonomie innerhalb der Habsburgermonarchie wie die Ungarn, nahmen aber aufgrund des hohen Industrialisierungsgrades im 19. Jahrhundert eine Sonderstellung ein. Im Gegensatz zu den anderen beiden Staaten ist für die Ungarn diese Ära insofern positiv im kollektiven Gedächtnis verhaftet – zumal der Zusammenbruch der österreichisch-ungarischen Doppelmonarchie für die Ungarn mit starken Gebietsverlusten (Vertrag von Trianon 1920) an die Nachbarstaaten einherging und zu großen ungarischen Minderheiten u. a. auch in der Slowakei und in Rumänien führte. Die glanzvollen Zeiten der Habsburgermonarchie wie die Erinnerung an den Hl. Stefan, der als König Stephan I. das Land christianisierte und eine Zentralmacht aufbaute, erweisen sich als die dominierenden historischen Orientierungen, die hauptsächlich der Festigung eines traditionellen Selbstbildes als lokale Großmacht dienen. Wenn auch für die heutige politische Kultur die Entwicklung der letzten 50 Jahre größere Bedeutung hat, spielen die genannten historischen Faktoren vor allem für die ländlichkonservativen Bevölkerungsteile wie auch für das kleinstädtische Bürgertum eine größere Rolle.

Auch in der Slowakei ist die ländliche Bevölkerung mit niedrigerem Bildungsniveau national-konservativer orientiert, einhergehend mit einer religiösen Orientierung. Für die jüngeren Generationen und die gebildetere städtische Bevölkerung in der Slowakei hat die erste tschechoslowakische Republik der Zwischenkriegszeit als historisches Ereignis größere Bedeutung, womit sich einer der Brüche der slowakischen Gesellschaft andeutet. In nahezu allen zentral- und osteuropäischen Staaten werden national-konservativen Einstellungen auch von den weniger gebildeten Arbeiterschichten aus den – von der Wirtschaftstransformation besonders betroffenen – Schwerindustriegebieten getragen. Sie kompensieren offenbar Minderwertigkeitsgefühle infolge des sozialen Abstiegs mit Nationalismus und befürworten überdurchschnittlich stark einen starken etatistischen Staat. Diese beiden an sich sehr unterschiedlichen gesellschaftlichen Gruppen bilden infolgedessen häufig das Wählerpotential populistisch-nationalistischer Parteien und der orthodoxen Kommunisten.

In weit stärkerem Maße als in der Slowakei gehören die demokratischen Traditionen der ersten Tschechoslowakischen Republik zu den historischen Mythen der Tschechen. Dies geht einher mit einem nahezu elitären Bewusstsein, der einzige Staat (neben der Slowakei) in Zentral- und Osteuropa zu sein, der auf demokratische Traditionen zurückblicken kann. Weitere prägende historische Ereignisse sind der Verrat durch die Westmächte mit dem Münchener Abkommen (1938) und die darauf folgende deutsche Okkupation, auf denen eine gewisse Skepsis gegenüber den westeuropäischen Staaten basiert.

Prägend für die politische Kultur Polens scheinen in erster Linie die Erfahrungen der Fremdherrschaft infolge der dreimaligen Teilung des polnischen Staates, der deutschen Okkupation und der nach 1945 sowjetischen Dominanz in der Zeit der Volksrepublik sowie das Selbstbild einer traditionell solidarisch der fremden und ungewollten Herrschaft gegenüber stehenden polnischen Gesellschaft zu sein. In der sozialistischen Ära führte dies zu einem Mythos eines gesamtgesellschaftlichen Widerstands unter Führung der Gewerkschaft *Solidarność* gegen eine von Moskau gesteuerte *Polnische Vereinigte Arbeiterpartei (PZPR)*. Zugleich ist die polnische Gesellschaft von einer Atomisierung geprägt als Folge von Teilungen, Krieg und der Verschiebung des Staatsgebietes nach dem Zweiten Weltkrieg. Dies wirkte im Zusammenspiel mit der in sozialistischen Systemen üblichen Vereinheitlichung der materiellen Lebensverhältnisse und der Behinderung der Entwicklung lokaler Identitäten desintegrierend und trägt zusätzlich zur heutigen Schwäche der intermediären Organisationen bei. Wie in der Slowakei sind auch Polens ländliche Bevölkerung und der Bevölkerungsteil mit niedrigerem Bildungsniveau national-konservativ orientiert. In beiden Gruppen ist die Erinnerung an General Pilsudski als Verteidiger Polens gegenüber der Sowjetunion (1919-1920) sowie als der „starke Mann“, der 1926 das demokratische Polen der Zwischenkriegszeit vor Chaos und dem Verlust der Unabhängigkeit bewahrt, verwurzelt. Demokratische Traditionen, die auf den Erfahrungen der Adelsrepublik (16. bis 18. Jh.), der republikanischen Verfassung von 1791 und der Zwischenkriegszeit basieren, werden vor allem in den urban-säkularisierten Teilen der Gesellschaft und von Personen der höheren Bildungsschichten betont.

Wie die präsozialistische Ära verlief auch die sozialistische Ära in den hier behandelten Staaten sehr unterschiedlich. So trug das sozialistische System Ungarns ab den 70er-Jahren durchaus liberale Züge („Gulaschkommunismus“), auf deren Basis sich in den 80er-Jahren ein Reformkurs entwikkelte. Die 60er und 70er-Jahre werden infolgedessen von einem Großteil der Bevölkerung rückblickend positiv wahrgenommen. Zudem war der Systemwechsel für die Bevölkerung einerseits nicht so grundlegend, andererseits war auch die Distanz gegenüber den Kommunisten in Ungarn niedriger. Auch in Polen gewannen in den 80er-Jahren Reformkräfte an Bedeutung, allerdings nicht im ungarischen Ausmaß. Bestimmender war die Herausbildung einer oppositionellen Massenbewegung in Form der Gewerkschaft *Solidarność* – mit der der historische Mythos der solidarischen Gesellschaft, die gegen eine fremde Herrschaft kämpft, ihre Fortsetzung fand. Lediglich in der Tschechoslowakei blieb die kommunistische Führung bis 1989 Reformen weitgehend abgeneigt. Infolgedessen können vor allem die Tschechen, die besonders starken Repressionen nach der Niederschlagung des „Prager Frühlings“ ausgesetzt waren, der sozialistischen Ära nichts Positives abgewinnen. Die Slowaken waren hingegen weniger von Repressionen betroffen, da sie in geringerem Maße am Prager Frühling beteiligt waren und die regionale slowakische Führung einen pragmatischeren Kurs als die tschechische verfolgte. Ein weiterer Grund für eine eher positive Wahrnehmung der sozialistischen Ära seitens der Slowaken ist in der Industrialisierung und Urbanisierung in den 50er und 60er-Jahren sowie der Föderalisierung nach 1968 zu sehen.

Russland nimmt unter den untersuchten Ländern auch hinsichtlich der historischen Hypotheken der politischen Kultur eine Sonderrolle unter den hier behandelten Staaten ein. Als wichtige Aspekte können diesbezüglich das absolutistische zaristische System, die Bedeutung der orthodoxen Kirche und die stärkere agrarische Prägung angesehen werden. Im Unterschied zu Polen, Ungarn und der Tschechoslowakei war das politische System der präsozialistischen Ära zentralistischer, interventionistischer und kollektivistischer. Für den Westen so bedeutende Entwicklungen wie die Aufklärung und die Herausbildung des Bürgertums, blieben aufgrund dieser Vorbedingungen nur Randphänomene und führten zu seiner Sonderstellung in Europa. Die traditionell starke Bindung an politische Autoritäten setzte sich auch in der zudem wesentlich längeren sozialistischen Ära fort und trug zur tieferen Verinnerlichung der für sozialistische Gesellschaften typischen Werte bei. Bedeutend für die heutige politische Kultur ist nicht nur das Bewusstsein, eine Sonderrolle innezuhaben, sondern auch die jahrhundertelange Stellung Russlands als Weltmacht und im 19. Jahrhundert als führende slawische Nation innerhalb Zentral- und Osteuropas.

Religiöse Orientierungen bestehen vorrangig in Polen, der Slowakei und in Russland, wobei hier die orthodoxe Kirche aufgrund einer identitätsstiftenden Rolle eine besondere Position einnimmt. Abgesehen von den karitativen Funktionen der Kirche scheint der steigende Zulauf seit der Gorbatschow-Ära häufig weniger auf der gestiegenen Religiosität der Bevölkerung als auf der Vorstellung des typisch Russischen – der Taufe und der Zugehörigkeit zur orthodoxen Kirche – zu basieren. Ansatzweise vergleichbar ist die Stellung der Kirche als nationales Symbol in Polen. Vor dem Ersten Weltkrieg bedeutend für die polnische Identität als katholische Bastion gegen das byzantinische Russland, verlor die Kirche in der Zwischenkriegszeit an Bedeutung. In der sozialistischen Ära gewann sie als nationales Symbol der Unabhängigkeit gegen den „russischen Sozialismus" wieder an Einfluss. Auch in der Slowakei hatte die Kirche vor allem in den ersten Jahren nach der Wende aufgrund ihrer aktiven oppositionellen Haltung in der sozialistischen Ära großes Vertrauen, das sie aber in beiden Staaten schnell einbüßte. Trotz ihrer gesunkenen Bedeutung und ihres schwachen Einflusses auf politische Entscheidungen der Wähler trägt die Kirche neben anderen Faktoren zu einer Autoritätsgläubigkeit in diesen Staaten bei.

Nationalistische bzw. rassistische Tendenzen sind vor allem in Russland, Ungarn, der Slowakei und – in etwas geringerem Maße – in Polen, auszumachen. Lediglich in Tschechien besteht ein eher pragmatischer Nationalismus, wobei in diesem Staat keine bedeutenden Minderheiten existieren und auch keine größeren tschechischen Gruppen im Ausland leben. Nationalistische Orientierungen in der Slowakei richten sich vorrangig gegen die ungarische Minderheit (11% der Bevölkerung). In den ersten Jahren der Transformation verstärkten sich die nationalistischen Tendenzen infolge einer populistisch-nationalistischen Regierungspolitik. Das Fortbestehen bzw. die Vertiefung antiungarischer Haltungen wird in Anbetracht des Antritts einer moderateren Regierung 1998, in die auch Parteien der ungarischen Minderheit integriert sind, in großem Maße von einer positiven zukünftigen wirtschaftlichen Entwicklung und einer damit verbundenen Angleichung der Lebensverhältnisse der verschiedenen Bevölkerungsgruppen abhängen. In Polen äußern sich nationalistische Tendenzen in erster Linie in einem latenten Antisemitismus, der auch von Teilen der Kirche mitgetragen wird. In Ungarn basieren nationalistische Tendenzen vorrangig auf der Betonung des einstigen Großmachtstatus und in einem „Gravamina-Nationalismus", der sich im Bemühen um die Sicherung der Rechte der ungarischen Minderheiten in den Nachbarstaaten äußert.

Ähnlich bestehen auch in Russland die ausgeprägte Sorge um die russischen Minderheiten im nahen Ausland sowie ein starkes Bewusstsein für die Größe der russischen Nation als einstige Leitnation im Sozialismus wie auch in der slawischen Welt. Traditionell existieren in Russland des Weiteren antisemitische Orientierungen, die aus der Zarenzeit in die sozialistische Ära übernommen und bis zur Gorbatschow-Ära in unterschiedlichem Maße von der sozialistischen Führung gepflegt wurden. Seit der Gorbatschow-Ära werden antisemitische Tendenzen immer wieder von nationalistischen Gruppe propagiert, aber tendenziell auch von der Kirche vertreten.

4.3 Entwicklung der demokratischen politischen Kultur

Im folgenden Abschnitt wird der Frage nachgegangen, inwieweit in den fünf untersuchten zentral- und osteuropäischen Staaten die Etablierung einer demokratischen politischen Kultur als eine der Säulen der Demokratierungsprozesse bereits erfolgt ist. Prinzipiell bejahen die Bürger aller Staaten die Demokratie, aber bereits hier lassen sich unterschiedliche Tendenzen erkennen. Allerdings muss bei der Bewertung der Demokratieunterstützung berücksichtigt werden, dass sich zum einen die Indikatoren für die Einschätzung der Demokratieunterstützung in verschiedenen Umfragen unterscheiden. Zum anderen liegt den Umfragen häufig ein westliches Demokratieverständnis zugrunde, interkulturelle Differenzen im Demokratieverständnis werden nicht berücksichtigt. Den hier erwähnten Werten zur Demokratieunterstützung wurden als Indikatoren die Bejahung eines Mehrparteiensystems, des Parlaments, die Bevorzugung der Demokratie vor einer Diktatur sowie die Verbreitung antidemokratischer Orientierungen zugrunde gelegt. (In der Einschätzung der antidemokratischen Orientierungen wurde neben den Präferenzen für das kommunistische System auch danach gefragt, ob wichtige Wirtschaftsfragen nicht besser von Fachleuten als von der Regierung gelöst werden sollten. Hier wird die Problematik der Fragestellung besonders deutlich.) Während die Demokratieunterstützung vor allem in den Nachfolgestaaten der ČSFR und in Ungarn verhältnismäßig hoch war, steht die polnische Bevölkerung der Demokratie skeptischer gegenüber. Sowohl der Anteil an Antidemokraten – Personen, die eine Diktatur einer Demokratie vorziehen würden – wie auch der Ruf nach einem „starken Mann“ sind in Polen stärker als in den anderen zentraleuropäischen Staaten. Gründe dafür können zum einen in der anfänglich turbulent verlaufenden institutionellen Konsolidierung, zum anderen in der Bedeutung starker Persönlichkeiten in der polnischen Geschichte, wie beispielsweise Wałęsa für die *Solidarność*-Bewegung und General Pilsudski in der Zwischenkriegszeit, liegen. Historische Erfahrungen scheinen in besonderem Maße auch für die Bevölkerung der Tschechischen Republik eine Rolle zu spielen. Neben den immer wieder betonten Demokratieerfahrungen der Zwischenkriegszeit wurde die Einstellung zur Demokratie in der Tschechischen Republik auch durch die anfänglich erfolgreiche wirtschaftliche Entwicklung beeinflusst, während die Bevölkerung in Polen und Ungarn in den ersten Jahren wirtschaftspolitisch enttäuscht wurde.

Die Präferenz für ein etatistisches Regime und die hohe Bedeutung der wirtschaftlichen Entwicklung für die Bevölkerung der postsozialistischen Staaten zeigt sich auch an den am häufigsten mit Demokratie assoziierten Werten. So wurden bis 1995 in Polen und Ungarn neben „Freiheit“ überdurchschnittlich oft soziale Werte genannt. Abgesehen davon, ob die Wertsetzung Folge oder Ursache ist, wurde die anfängliche Enttäuschung über den Systemwechsel insofern verschärft, als dass die sozialistischen Systeme in Polen und Ungarn weniger repressiv waren als in der ČSSR und somit die Ablehnung des sozialistischen Systems in den erstgenannten Staaten schwächer war. Auf den wackeligsten Füßen hinsichtlich der demokratischen politischen Kultur steht das russische System. Trotz einer überwiegend negativen Einstellung zu den wettbewerbsorientierten staatlichen Institutionen – so werden der Präsident, die Regierung und die Staatsduma als eher hinderlich für die Entwicklung Russlands angesehen – besteht jedoch eine deutliche Bejahung demokratischer Werte, wie der Rechtsstaatlichkeit, der Meinungsfreiheit und der Wahrung individueller Rechte und Freiheiten. Ist die Ablehnung in den zentraleuropäischen Staaten gegenüber den staatlichen Institutionen und den Amtsträgern auch nicht so krass wie in Russland, so ist niedriges Vertrauen vor allem gegenüber den politisch verantwortlichen Institutionen – der Regierung und dem Parlament – typisch. Eine Ausnahme bildete bis 1996/97 die tschechische Bevölkerung, wobei infolge politischer und wirtschaftlicher Krisen aber auch in Tschechien das Vertrauen in die Regierung sank. Wenn auch langfristig niedrige spezifische Unterstützung einzelner Institutionen laut EASTON zum Entzug der Unterstützung des gesamten Systems führen kann, ist davon zumindest in den zentraleuropäischen Staaten vorerst nicht auszugehen. Belegt wird dies durch die insgesamt hohe prinzipielle Bejahung der Demokratie als Herrschaftsform und die bisher intensiv betriebene Möglichkeit der demokratischen Abwahl regierender Politiker in allen zentraleuropäischen Staaten.

Weitaus höher als in die wettbewerbsorientierten Institutionen ist in Tschechien, der Slowakei und Ungarn das Vertrauen in das Staatspräsidentenamt. Der Grund scheint in der stärkeren Verknüpfung des Amtes mit Persönlichkeiten zu basieren sowie in der geringeren Einbeziehung des eher repräsentativen Amtes in das politische Tagesgeschehen, wodurch es die Rolle einer moralischen Instanz einnimmt. In den Staaten mit politisch einflussreichen Präsidenten wie Russland und Polen hingegen ist das Vertrauen in den Staatspräsidenten folglich weitaus niedriger. Während dies einerseits das Misstrauen in die Politik widerspiegelt, lässt sich daran andererseits auch der Wunsch nach Leitfiguren erkennen. Allen Staaten gemeinsam ist die Skepsis der Bevölkerung gegenüber Verwaltung und Justiz, was offenbar aus Erfahrungen mit diesen Institutionen in der sozialistischen Ära herrührt. Entsprechend der schwachen prinzipiellen Bejahung der Demokratie ist in Russland auch die Einstellung gegenüber den staatlichen demokratischen Institutionen am negativsten.

Bedeutend für die Entwicklung einer demokratischen politischen Kultur ist die Partizipation der Bevölkerung am politischen Leben. Diese setzt Interesse an Politik voraus. In allen Ländern – die Slowakei und Russland ausgenommen – gewinnen die Massenmedien als Hauptinformationsquelle im Meinungsbildungsprozess an Bedeutung. Die Massenmedien scheinen zumindest in den Ländern, in denen sie den Bürgern als unabhängig erscheinen, das fehlende Vertrauen in die offiziellen Institutionen auszugleichen. Prinzipiell bestehen in allen Staaten jedoch ein relativ geringes Interesse an Politik und eine niedrige Partizipationsbereitschaft. Selbst in Tschechien und der Slowakei, wo das Interesse an Politik wie an Partizipation nach dem Systemwechsel stärker war, sank dies bis 1995 auf das Niveau der anderen zentraleuropäischen Staaten. Lediglich in der Slowakei ist die Partizipation aufgrund der stärkeren traditionellen kollektivistischen Bindungen noch geringfügig höher als in den anderen hier untersuchten Staaten.

Einhergehend mit dem geringen Interesse an Politik und dem Gefühl der Einflusslosigkeit besteht in allen Staaten eine relativ hohe Distanz zu den politischen Akteuren, die sich lediglich in der Tschechischen Republik seit 1991 (bis 1997) nicht vertiefte. Auch die Politikverdrossenheit hatte in Tschechien ein geringeres Ausmaß. Kaum verwunderlich ist insofern die verhältnismäßig stärkere Identifikationsbereitschaft gegenüber Parteien Dies gilt auch für die Slowakei, wobei hier die Gründe nicht in einem erfolgreichen Transformationsprozess, sondern in stärkeren traditionellen Strukturen und der weniger negativen Besetzung der Institution „Partei“ infolge der Erfahrungen aus der sozialistischen Ära liegen dürften.

Unter den zentraleuropäischen Staaten war die Ernüchterung über die Eliten in Ungarn am stärksten. In Polen war die Haltung von Beginn an eher distanziert, was mitunter die These der traditionellen Distanz zur herrschenden Elite bestätigt. Die sehr niedrige Identifikation mit den politischen Akteuren in Polen scheint durch eine starke Kirchenbindung kompensiert zu werden. Am tiefsten ist das Misstrauen in die politischen Eliten in Russland. Lediglich 7,3% vertrauten den russischen Parteien, ebenso schwach ist das Vertrauen in den Präsidenten und die Duma-Abgeordneten.

Hinsichtlich der Output-Erwartung gegenüber der Regierung stand in allen zentraleuropäischen Staaten nach dem Systemwechsel die ökonomische Entwicklung, verbunden mit der Angst vor Arbeitslosigkeit und steigender Inflation, im Vordergrund. In Russland erwartet die Bevölkerung nicht nur die Erfüllung wirtschaftlicher Ziele, sondern – bezeichnend für die Einschätzung der politischen Lage – auch die Einführung einer besser funktionierenden öffentlichen Ordnung. Unter den zentraleuropäischen Staaten setzte im Laufe der Transformation eine Differenzierung ein. So rückte in Tschechien neben der Sorge um den Lebensstandard und die soziale Sicherheit die Angst vor Kriminalität in den Vordergrund. In der Slowakei, Polen und Ungarn blieb die wirtschaftliche Entwicklung Thema Nr. 1. Gründe für die von den anderen zentraleuropäischen Staaten abweichenden Erwartungen in Tschechien können zum einen in der positiveren Einstellung der Tschechen zur wirtschaftlichen Entwicklung gesehen werden. Zum anderen scheint in Tschechien infolge der restriktiveren sozialistischen Ära der Wechsel als fundamentaler wahrgenommen worden zu sein. In Polen, der Slowakei und vor allem in Ungarn war die Unzufriedenheit mit der Regierung in Bezug auf die wirtschaftliche Lage wesentlich größer. Verbunden war dies in den letztgenannten drei Staaten auch mit einer tieferen Skepsis gegenüber dem marktwirtschaftlichen System. Während sich diese in Polen ab 1995 aufgrund sichtbarer wirtschaftlicher Erfolge legte, blieb vor allem in Ungarn die Einschätzung der Gegenwart und der Zukunft pessimistisch. Wenn auch in allen zentraleuropäischen Staaten der Wunsch nach sozialer Abfederung des Reformprozesses in der Bevölkerung besteht, wird eine Rückkehr zur Planwirtschaft in keinem der zentraleuropäischen Staaten von einem größeren Bevölkerungsteil angestrebt.

Wie sich bereits in der äußerst geringen Bejahung und dem Misstrauen in die Institutionen bzw. die Amtsträger angedeutet hat, nimmt Russland auch in der Entwicklung der demokratischen politischen Kultur eine Sonderrolle ein. So sind mit der Demokratie in Russland auch andere Erwartungen und Vorstellungen verbunden. Stellt in Westeuropa die Sicherung der individuellen Freiheit einen zentralen Wert dar, steht im russischen Verständnis weniger die individuelle Freiheit als vielmehr soziale Gleichheit im Mittelpunkt. Infolgedessen und der wesentlich tieferen politischen und wirtschaftlichen Krise haben in Russland neben den etwas liberaler orientierten Zentralisten und den ebenfalls noch relativ starken Kommunisten die Anhänger eines russischen Sonderwegs beachtlichen Einfluss, während in den zentraleuropäischen Staaten die freiheitliche Demokratie zunehmend Unterstützung findet. Zentralisten wie Nationalisten bevorzugen für Russland ein wirtschaftliches Mischmodell, wobei die Zentralisten liberalen Orientierungen näherstehen und den Staat vorrangig als Instrument zur Gewährleistung der allgemeinen Arbeits- und Lebensbedingungen sehen. Die Anhänger des russischen Weges betonen hingegen die Priorität der Gemeinschaftsinteressen vor denen Einzelner.

4.4 Fazit

Zehn Jahre nach dem Systemwechsel lässt sich zumindest in den hier behandelten vier zentraleuropäischen Staaten die zunehmende Herausbildung einer demokratischen politischen Kultur erkennen, wobei diese eine klare Output-Orientierung aufweist. Eine Vorreiterrolle nehmen Tschechien und Ungarn ein, wenn auch in dem noch relativ großen Anteil der ländlichen Bevölkerung Ungarns häufig traditionell-konservative und nationale Orientierungen existieren. Stärkere Defizite bestehen in Ungarn vor allem hinsichtlich der Partizipationsbereitschaft, deren Fehlen aber typisch für alle zentral- und osteuropäischen Staaten ist. Die allgemeine Bejahung des demokratischen Systems ist dennoch in diesen Staaten am deutlichsten und wurde bislang auch nicht durch die relativ große Unzufriedenheit mit den politischen Leistungen gemindert. In Polen war die Vorstellung von der Demokratie als einzig vorstellbarem Weg vor allem in den ersten Transformationsjahren schwächer als in den Nachbarstaaten und führte anfangs zu verstärkten antidemokratischen Tendenzen. Dies, wie die traditionelle kritische Distanz zur Regierung und das Auftreten autoritärer Orientierungen in der Bevölkerung lassen auf eine „verzögerte Konsolidierung“ einer demokratischen politischen Kultur in Polen schließen. Die Einleitung des Systemwechsels in Form eines ausgehandelten Kompromisses zwischen der Opposition und den alten Eliten, aufgrund dessen den Letzteren bei den ersten Wahlen 65% der Mandate im Sejm und so maßgeblicher Einfluss auf die Regierung zugesichert wurden, kann als weiterer Grund für die Verzögerung gesehen werden. Inzwischen zeigt sich aber auch in Polen eine zeitliche Entkopplung zwischen der mittlerweile vertieften Zustimmung zum politischen System und der spezifischen, outputorientierten Legitimität der einzelnen Institutionen und Amtsträger auf der anderen Seite.

Die in Ungarn ansatzweise bestehende Spaltung der Gesellschaft in einen traditionell-konservativen und einen demokratieorientierten, oft großstädtischen Teil ist in der Slowakei noch ausgeprägter. Trotz einer prinzipiellen Bejahung der Demokratie führten die Stärke der traditionell-konservativen Kräfte, einhergehend mit dem Diskurs über die nationale Identität nach 1989, und die wirtschaftlichen und politischen Probleme zu Entfremdung und Resignation gegenüber dem neuen politischen System und zu einer verzögerten Konsolidierung der demokratischen Kultur.

Ungünstiger erscheint die Entwicklung der politischen Kultur in Russland. So schlägt sich hier die schwache politische und wirtschaftliche Konsolidierung wesentlich stärker auf die ohnehin auch historisch bedingte, schwächere Demokratiebejahung nieder. So bilden autoritaristische und etatistische Orientierungen einen Bestandteil der politischen Kultur in Russland. Zudem existieren in weiten Teilen der Bevölkerung auch eine starke Entfremdung von dem neuen politischen System und die Ablehnung eines westlichen demokratischen Modells sowie die Befürwortung eines eigenen Weges Russlands. Zugleich besteht aber in Russland mit der weit verbreiteten Ablehnung radikaler systemverändernder Maßnahmen und der Bejahung von Reformen sowie der hohen Bedeutung, die demokratischen Werten, wie Meinungsfreiheit, Rechtsstaatlichkeit und freien Wahlen, zugemessen wird eine entwicklungsfähige Basis für eine demokratische politische Kultur.

Kapitel IV: Perspektiven

1. Mitgliedschaft in der Europäischen Union und der NATO

Wir haben in den vergangenen Teilen und Kapiteln dieses Bandes die Entwicklung und die Lage in den fünf ausgewählten Ländern weitgehend so behandelt, als hingen sie in erster Linie von ihren endogenen, innerstaatlichen Gegebenheiten und Potentialen ab. Dies ist jedoch in einer zunehmend interdependenten Welt eine wenig realistische Unterstellung.

Zwar sind die Etablierung demokratischer politischer Institutionen und die Einführung einer auf privaten Eigentums- und Verfügungsrechten aufbauenden Marktwirtschaft zunächst eine nationale Aufgabe. Aber der langfristige Erfolg im Sinne einer legitimen politischen Ordnung und eines effizienten Wirtschaftsystems hängt unter anderem davon ab, ob das Wohlstandsgefälle im Vergleich zu den westeuropäischen Nationen in einer absehbaren und der Bevölkerung zu vermittelnden zeitlichen Perspektive verringert werden kann.

Mitte der neunziger Jahre hatten die wirtschaftlich stärksten Länder Zentral- und Osteuropas (z.B. Tschechien) gerade mal die Hälfte der wirtschaftlichen Leistungsfähigkeit (Bruttoinlandsprodukt) im Vergleich zu westeuropäischen Ländern (z.B. Österreich) erreicht. Die schwächsten Länder lagen bei einem Viertel oder noch darunter (z.B. Russland). Dass für die Reduzierung dieses Abstandes die wirtschaftlichen und politischen Beziehungen der Länder Zentral- und Osteuropas mit ihren europäischen, aber auch außereuropäischen Nachbarn eine große Rolle spielen, dürfte einsichtig sein. Dabei geht es nicht nur um Transfers in Form von Strukturhilfen, sondern auch um die Öffnung von Märkten im Rahmen von Freihandelszonen und die Einbindung in internationale Sicherheitsstrukturen. Da dies von den politischen und wirtschaftlichen Eliten überwiegend erkannt wurde, haben entsprechende Aktivitäten und Initiativen eine hohe politische Priorität und sind mit weitgehenden Erwartungen verknüpft. Aber wie jüngere Wahlergebnisse und Umfragen zeigen, wird diese Beitritts- und Integrationseuphorie nicht unbedingt von allen Bevölkerungsgruppen geteilt. Wirtschaftliche Enttäuschungen, soziale Rückschläge und politisches Versagen im ersten Jahrzehnt marktwirtschaftlicher Demokratie haben bei vielen Bürgern den Wunsch nach nationalen Lösungen der Probleme verstärkt bzw. Skepsis im Hinblick auf dadurch erreichbare wirtschaftliche Verbesserungen erzeugt. Dabei muss es sich keineswegs um Nostalgiker handeln, die gerne die sozio-ökonomische Schutzfunktion des sozialistischen Systems wieder beleben möchten, sondern auch um Modernisierer, die auf eine Rückbesinnung auf die nationalen Kräfte setzen und der internationalen Verflechtung misstrauen. Derartige Beobachtungen lassen sich bei den liberalen und nationalen Parteien der derzeitigen (Mai 1999) Regierungskoalition in Ungarn machen.

Nimmt man diese politischen Zeichen ernst, so besteht die Gefahr, dass die Eliten sich bei der Verfolgung ihrer Bündnis- und Integrationsziele zunehmend von den Wünschen der Bevölkerung entfernen. Eine Erscheinung, die ja auch in Zusammenhang mit der europäischen Integration in den westeuropäischen Ländern nicht unbekannt ist. Dem kann man entgegenhalten, dass es für Eliten quasi konstitutiv ist, in Bezug auf Innovationen den Bürgern voraus zu sein. In dieser Allgemeinheit ist dem Einwand zweifellos zuzustimmen, aber die Frage bleibt, ob dies auch in prinzipiellen Fragen mit vermutlich weitreichenden Wirkungen geschehen sollte. Es ist jedoch auch eine gut bestätigte Erkenntnis, dass sich im Falle eines spürbaren Erfolges die öffentliche Meinung sehr schnell ändern kann. Damit sind wir vermutlich bei der entscheidenden Frage angelangt: wie schnell und in welchem Umfang werden die Integrationsbemühungen der Länder Zentral- und Osteuropas zu einer sichtbaren und nachvollziehbaren politischen und wirtschaftlichen Leistungssteigerung führen? Um eine Beantwortung dieser Frage wollen wir uns im Folgenden bemühen. Russland ist dabei im Rahmen unserer Länderauswahl ein besonderer Fall, auf den wir separat eingehen werden.

Zunächst ist es sinnvoll, prinzipiell zwei verschiedene Strukturen und Prozesse („Regime“) der transnationalen politischen Institutionenbildung zu unterscheiden: zum einen eine supranationale und zum anderen eine intergouvernementale Form. Bei der erstgenannten Form handelt es sich um die Übertragung nationaler Souveränitätsrechte auf supranationale Institutionen, während im letzten Fall transnationale Verbindlichkeit durch Verhandlungen zwischen souveränen Nationalstaaten und unter Zustimmung der Beteiligten erreicht wird. Bei den hier zur Debatte stehenden Organisationen EU und NATO fällt die EU zunehmend in die Kategorie der supranationalen und die NATO in die der intergouvernementalen Institutionen. Daran schließt sich nun die Hypothese an, dass der Beitrittswunsch eines Landes zu einem intergouvernementalen Militärbündnis im Hinblick auf die dafür notwendigen Voraussetzungen (Existenz eines sicherheitspolitischen Interesses der Mitglieder) „einfacher“ zu realisieren ist als der Eintritt in eine fortgeschritten ökonomisch und politisch integrierte Staatengemeinschaft, wie sie die EU darstellt. Beginnen wir deshalb mit dem „schwierigeren" Fall.

Angesichts der wirtschaftlichen, aber auch in einigen Bereichen vollzogenen politischen Integration Westeuropas führt der Beitritt zur Europäischen Union zunehmend über höhere Hürden. Obwohl die so genannte Osterweiterung der EU für die Mitgliedsländer und dabei insbesondere für Deutschland und Österreich eine hohes politisches Ziel darstellt, müssen für die Mitgliedschaft in diesem Wirtschafts- und Währungsraum bestimmte Voraussetzungen erfüllt sein. Dazu gehört im politischen Bereich neben der inzwischen erreichten institutionellen Stabilität auch die Einführung von EU-kompatiblen Regulationen in einer Vielzahl von Politikfeldern. Auf ökonomischem Gebiet müssen infrastrukturelle wie stabilitätsbezogene Kriterien erfüllt werden. Beispiele sind Sicherheitsstandards im Verkehrsbereich, Abbau der Staatsverschuldung und Währungs- und Geldwertstabilität. Insgesamt geht es darum, inwieweit die beitrittswilligen Länder Zentral- und Osteuropas bereit und in der Lage sind, den so genannten *acquis communautaire* (das, was die EU inzwischen an vergemeinschafteten Leistungen und Regulationen geschaffen hat) zu akzeptieren und zu übernehmen. In der Literatur wird dabei zwischen Bereichen so genannter negativer und positiver Integration gesprochen. Negative Integration betrifft vor allem den Wegfall handelshemmender Schranken, während positive Integration sich vor allem auf die einheitlich gültige Normsetzung und Regulation durch die Institutionen der EU bezieht. Würde der Beitritt nur den Wegfall der Handels- und Wettbewerbsbarrieren bedeuten und würden gleichzeitig die bisher praktizierten Standards im Bereich der Strukturhilfen angewendet, dann hätten die beitrittswilligen Staaten zweifellos große Vorteile zu erwarten (zum Beispiel wegen ihres wirtschaftlichen Gefälles selbst zu Ländern wie Portugal oder Griechenland, aber auch wegen der komparativen Vorteile im Bereich der Arbeitskosten). Nun ist aber inzwischen allen klar, dass weder die Strukturhilfen im bisherigen Umfang aufrechterhalten werden können (nicht nur im Agrarsektor), noch ein Beitritt ohne Anpassung in den Feldern positiver Integration in Frage kommt. Wie kann angesichts dieser Ausgangslage dennoch ein Beitritt zu akzeptablen Bedingungen und in absehbarer Zeit erfolgen? Um einer Antwort auf diese Kernfrage näher zu kommen, wollen wir die Strategien, die zum Beitritt führen sollen, in vier Bereiche aufteilen: Vorstufen der Integration, Transfers durch die EU, nationale Vorleistungen und Veränderungen der EU selbst (Agenda 2000).

Zu den *Vorstufen* der Integration zählen die Assoziierungsabkommen, die mit der EU im Falle von Polen, Tschechien und Ungarn seit 1991 existieren. Seit 1995 gibt es ein solches Abkommen auch mit der Slowakei. Zweck dieser Verträge sind ein zunehmender Abbau von Zollschranken und eine

Kooperation mit einer Vielzahl von Politikfeldern unter Ausklammerung der kritischen Bereiche Agrarmarkt und Strukturfonds. Trotz des angestrebten Abbaus der Zollschranken hat sich die EU gegen zu starken Importdruck in bestimmten Branchen durch Ausstiegs- und Schutzklauseln abgesichert. Zusammenfassend lässt sich feststellen, dass der Nutzen dieser Abkommen weniger in konkreten Hilfen und Handelsvorteilen für die beitrittswilligen Länder liegt, als vielmehr in der darauf aufbauenden Hoffnung, möglichst früh und vollständig zur EU zu gehören. Folglich wurden inzwischen auch von den vier hier ausgewählten Ländern formale Beitrittsanträge gestellt, die auch im Falle von Polen, Tschechien und Ungarn zu Beitrittsverhandlungen geführt haben. Der Antrag der Slowakei wurde in erster Linie wegen der innenpolitischen Probleme zunächst zurückgestellt. Einen festen Zeitplan für den Abschluss der Verhandlungen gibt es noch nicht. In der Diskussion ist ein Zeitrahmen zwischen 2002 und 2005. Die Kriterien der EU für eine Mitgliedschaft sind in allgemeiner Form in der Agenda 2000 von 1997 festgelegt, die allerdings von Kritikern als zu wenig operational und damit politisch interpretierbar gehalten wird.

Die bisherigen *Transfers* der EU beruhen auf Hilfsprogrammen zur Umgestaltung von Schlüsselinstitutionen im Bereich von Wirtschaft (z.B. Privatisierung), Politik (z.B. Verwaltungsreform) und sozialen Sicherungssystemen (z.B. Gesundheitswesen). Dabei ist für die beitrittswilligen Länder vor allem das PHARE-Programm (TACIS für die Nachfolgestaaten der Sowjetunion) zu erwähnen, das projektgebunde, nicht rückzahlbare Mittel über Ausschreibungen an „erfahrene" Bewerber vergibt. Die Mittelausstattung des Programms ist im Verhältnis zu den anderen EU-Ausgaben eher bescheiden. Während die Hälfte ihres Haushalts für die Landwirtschaft verwendet wird, belaufen sich die Finanzmittel dieses Programms auf ca. zwei Prozent der EU-Ausgaben. Eine Aufstockung im Sinne deutlicherer Prioritätensetzung ist nicht in Sicht. In den ersten Jahren nach dem Systemwechsel kamen vor allem westliche Institutionen und Beratungsorganisationen zusammen mit östlichen Partnern in den Genuss dieser Mittel. Inzwischen ist die Erfahrung mit den Praktiken der EU-Projektfinanzierung auch in den Ländern Zentral- und Osteuropas gestiegen, sodass sich die Zahl der Projektträger aus diesen Staaten deutlich erhöht hat. Insgesamt wird die Wirkung dieser Projekte positiv gesehen, aber angesichts der geringen Höhe der Mittel auch häufig als „Tropfen auf den heißen Stein" betrachtet.

Damit ruht der größte Teil der Last der Anpassung und Übernahme der *acquis communautaire* auf den Schultern der Beitrittskandidaten. Das bedeutet unter anderem, dass sie für noch nicht klar definierte Vorteile in der Zukunft gegenwärtig reale *Vorleistungen* erbringen müssen. Obwohl man bestimmte Bereiche der Anpassungsstrategie an die EU als Vollendung des

Transformationsprozesses sehen kann – und in diesem Kontext sieht man in Zentral- und Osteuropa diese Anstrengungen und Vorleistungen –, handelt es sich hier um erhebliche Belastungen. Diese wird man umso weniger zu tragen bereit sein, wenn der Sinn bestimmter EU-Regulationen und Richtlinien nicht unmittelbar einleuchtend ist. In diesem Zusammenhang dürfte die Agrarmarktregulation der EU noch einige Probleme verursachen, die bis heute weitgehend ausgeklammert wurden. Sobald die Anpassungsleistungen für den EU-Beitritt in diesen Ländern nicht mehr als notwendige Modernisierung und Vollendung der Transformation interpretiert werden, sondern als Diktat und Externalisierung von Kosten empfunden werden, die die EU den Beitrittskandidaten auferlegt, kann die Beitrittseuphorie – auch bei den „Modernisierern" unter den Eliten – schnell in Frustration umschlagen. Dies umso mehr, je weniger die erwarteten Vorteile einer Mitgliedschaft eintreten oder je weiter der Termin des Beitritts nach hinten verschoben wird.

Damit sind wir bei den Strategien der *Veränderungen* der EU (Agenda 2000) und der Notwendigkeit einer inneren Reform ihrer Strukturen, um eine Erweiterung überhaupt verkraften zu können. Im letzten Jahrzehnt hat die EU durch die Vertragswerke von Maastricht (1992) und Amsterdam (1997) vor allem eine Politik der Vertiefung der Integration betrieben. Dadurch ist die so genannte Osterweiterung zumindest nicht erleichtert worden und fiel in der politischen Prioritätenliste zurück. Dies zeigt sich unter anderem darin, dass entsprechende und dafür notwendige Strukturreformen im Amsterdamer Vertrag nicht enthalten sind (z.B. weitere Einschränkung des Einstimmigkeitsprinzips wegen des stark ausgeweiteten Kreises der Mitglieder zur Verhinderung von Veto-Blockaden). Daher blieb es weitgehend der Kommission überlassen, die Agenda 2000 und damit die Prinzipien der Erweiterung nach innen und gegenüber den Beitrittsländern zu spezifizieren. Die Regierungen der Beitrittsländer geraten dadurch zunehmend in eine schwierige Situation, da sie weder die genaue Struktur der Gemeinschaftsinstitutionen noch die Beitrittsbedingungen im Einzelnen kennen. Aufgrund der Vertiefung der EU im Zuge der Wirtschafts- und Währungsunion und des Umstandes, dass eine Reihe von Mitgliedern außerhalb der Währungsunion geblieben sind, hat die Heterogenität der EU zugenommen, was mit politischen Metaphern wie Integration mit *verschiedenen Geschwindigkeiten* oder *variabler Geometrie* umschrieben wird. Es dürfte ziemlich klar sein, dass sich der Trend einer zunehmenden Unterschiedlichkeit hinsichtlich von Status, Umfang und Vollständigkeit der Mitgliedschaft insbesondere bei der Aufnahme der zentral- und osteuropäischen Länder verstärken wird. Eine mögliche Folge zunehmender variabler Verfasstheit der EU könnte ein Leistungsabfall aufgrund interner Koordinations- und Steuerungsprobleme bedeuten. Dies würde sich mit Sicherheit negativ auf die Beitrittskandidaten auswirken. Es könnte dann der Fall eintreten, dass nur die Politikbereiche „vergemeinschaftet" werden, die der EU Vorteile bringen (z.B. Abbau von Handelshemmnissen bei technologisch anspruchsvollen Produkten), während andere, in denen die Länder in Zentral- und Osteuropa Vorteile haben (z.B. Stahl, Kohle), ausgeklammert blieben. Man muss dieses Szenario nicht viel weiter entwickeln, um sich die potentiellen Probleme auszumalen, die eine Erweiterung der EU sowohl für die Beitrittswilligen als auch für die Union selbst bringen kann. Es handelt sich aber vorläufig noch um ein Szenario, dessen Wahrscheinlichkeit des Eintretens niemand abschätzen kann. Es sind auch andere, positivere Entwicklungen denkbar. Um deren Wahrscheinlichkeit zu erhöhen, muss aber die politische Priorität der Erweiterung wieder steigen. Es ist unbedingt erforderlich, dass die institutionellen Strukturen der EU auf solche Schritte hin angepasst und die Perspektiven einer Mitgliedschaft in sachlicher wie zeitlicher Hinsicht präzisiert werden. Nur auf diese Weise kann verhindert werden, dass die EU mit ihren derzeitigen Mitgliedern und die Beitrittskandidaten gleichermaßen die „Lust" an diesem Projekt verlieren. Abschließend ist darauf hinzuweisen, dass ein zukünftiger Beitritt der von uns ausgewählten Länder Polen, Tschechien, Ungarn und Slowakei nur einen Teil – und vermutlich den leichteren – der europäischen Integrations- und Bündnisproblematik abdeckt: zum einen gibt es noch viel mehr Kandidaten und zum anderen muss auch das Verhältnis zum Rest Europas geklärt werden, der nicht Mitglied in der EU werden möchte. Es gibt nicht wenige Stimmen, die ein Ende der Beitrittsrunden zur Europäischen Union fordern. Dahinter steht die Befürchtung, dass die Vertiefung der Integration im Rahmen eines *Modells der variablen Geometrie* wenn nicht gestoppt, so doch verzögert würde. Es ist deshalb zu vermuten, dass spätestens nach einer zweiten Runde, in der die Slowakei und die restlichen baltischen Staaten aufgenommen werden könnten, für absehbare Zeit der Beitritt zur Europäischen Union blockiert sein wird. Mit den nicht in die EU aufgenommenen Ländern würden dann vermutlich nur Assoziierungsverträge mit unterschiedlicher Reichweite abgeschlossen.

Ausgehend von diesem Problem könnte eine erneute Spaltung Europas dergestalt entstehen, dass die angestrebte Mitgliedschaft in der Nordatlantischen Verteidigungsorganisation (NATO) die entscheidende Dimension darstellt. Nach dem Zusammenbruch des Warschauer Paktes blieb die NATO – abgesehen von kleineren bi- oder multinationalen Beistandsverträgen – das einzige militärische Bündnis, das in der Vergangenheit den europäischen Ländern vor allem durch die amerikanischen militärischen Potentiale Sicherheit gebracht hatte. Angesichts der angestrebten ökonomischen und politischen Integration in die EU war und ist der Wunsch vieler junger Demokratien in Zentral- und Osteuropa aufgrund fortbestehender Militärpotentiale beachtlichen Ausmaßes in den Staaten der ehemaligen Sowjetunion (Russland, Ukraine, Weißrussland) nach Aufnahme in dieses Militärbündnis nahe liegend. Angesichts der Tatsache, dass es sich dabei um intergouvernementale Strukturen handelt, die gleichzeitig auf einen Politikbereich begrenzt sind und damit nur begrenzte Umverteilungsprobleme auslösen, konnte der Beitritt im Falle von Polen, Tschechien und Ungarn schon vollzogen werden. Allerdings wird auch dieser Beitritt nicht kostenneutral sein. Die Um- und Aufrüstung der nationalen Streitkräfte dieser Länder wird erhebliche Beträge kosten, da ansonsten eine wirksame Integration in die Führungs- und Kommandostruktur der NATO nicht möglich ist. Dies sind aber definitiv nicht die gravierendsten Folgekosten, die sich aus der NATO-Mitgliedschaft zentral- und osteuropäischer Länder ergeben. Sie liegen vor allem in der Gestaltung des Verhältnisses zu den GUS-Staaten und dabei insbesondere zu Russland. Dies trifft sowohl für das Verhältnis einzelner Länder als auch für die NATO und EU insgesamt zu. In diesem Bereich wurde versucht, durch spezifische Programme und Verträge eine sich abzeichnende neue Spaltung des Kontinents zu verhindern. Auf diese Problematik wollen wir im folgenden Abschnitt noch etwas näher eingehen.

2. Rußland und sein Verhältnis zu der Europäischen Union und der NATO

Es ist ein weit verbreiteter Eindruck, dass Russland im Rahmen der bereits begonnenen und noch anstehenden europäischen Umstrukturierungen zu den Verlierern zählt. Dabei ist den meisten europäischen Akteuren bewusst, dass nur eine erfolgreiche Einbindung der Russischen Föderation politische Stabilität in Europa ermöglicht. Russland versteht sich trotz seiner faktischen ökonomischen und politischen Schwäche noch immer als Großmacht. Dies hat erheblichen Einfluss auf die heutige und die zukünftige Situation Europas. Weil von einer russischen Integration sowohl in die EU als auch in die NATO langfristig kaum auszugehen ist, stellt sich vorrangig die Frage, welche Alternativlösungen, also welche anderen institutionellen Mittel zur Verfügung stehen, um feste Kooperationen zwischen den westlichen Institutionen und Russland zu ermöglichen und Konfrontationen zu vermeiden.

Trotz zuweilen anders lautender Rhetorik dominiert in den russischen Regierungseliten seit einigen Jahren ein pragmatischer Westkurs. Dieser ist zu unterscheiden von Positionen, die vor allem in verschiedenen politischen Gruppen zu finden sind. Im politischen Spektrum existieren gleichermaßen gemäßigte „regierungsnahe" wie auch verschiedene extreme Positionen, die eine Abkehr vom Westen propagieren. Letzere werden sich in nächster Zukunft mit großer Wahrscheinlichkeit jedoch nicht durchsetzen. Zu den extremistischen Äußerungen zählen im Wesentlichen nationalistisch-panslawistische Positionen sowie solche, die eine stärkere Asienorientierung einfordern. In verschiedenen wirtschaftlichen Bereichen lässt sich hingegen eine Abkehr von jeglichen geopolitischen Ideologien feststellen. Hier dominiert schlicht die pragmatische Überlegung, dass die EU-Staaten den wichtigsten Handelspartner Russlands darstellen und die wirtschaftlichen Beziehungen weiterhin enormes Entwicklungspotential enthalten.

Im konkreten Umgang der EU und der NATO mit der Russischen Föderation hat sich gezeigt, dass von Seiten dieser Organisationen versucht wurde, mit einer gewissen Sensibilität auf die russische Betonung der eigenen Großmacht-Stellung einzugehen, was sich z.B. für den Bereich der NATO in der Schaffung neuer Institutionen zeigt.

Sowohl in der EU als auch in der NATO deckt sich dabei das strategische Ziel der aktuellen und der zukünftigen Politik: Die Einbindung Russlands muss so weit als möglich erreicht werden, um das eigentliche Ziel, die Osterweiterung beider Organisationen, abzusichern und mögliche politische Konflikte zwischen den westlichen Staaten und Russland zu vermeiden.

Die Russische Föderation hat ihre anfängliche reservierte Haltung gegenüber der Osterweiterung der EU aufgegeben und setzt seit Mitte der 90er-

Jahre große Hoffnungen auf eine enge Kooperation. Aufgrund der enormen Bedeutung der Märkte der EU-Staaten für Russland stehen ökonomische Fragen in der russischen Außenpolitik gegenüber der EU vor möglichen geostrategischen Zielen. Die Institutionalisierung der Beziehungen zwischen der EU und Russland drückt sich vor allem in dem *Partnerschafts- und Kooperationsabkommen* (PKA) aus, das schon 1994 geschlossen wurde, jedoch erst Ende 1997 in Kraft trat. Ein derartiges politisches und wirtschaftliches Abkommen, das auch mit anderen osteuropäischen Staaten abgeschlossen wurde (wie z.B. mit Georgien und Kasachstan), bildet zwar eine institutionalisierte Anbindung Russlands an die EU, jedoch bedeutet es keinesfalls eine Vorstufe für einen möglichen EU-Beitritt.

Eines der zentralen Probleme der sich verändernden europäischen Struktur stellt die russische Ablehnung der NATO-Osterweiterung dar. Die Angst vor einer sicherheitspolitischen Isolierung und einer NATO-Präsenz an den eigenen Grenzen wird auch in absehbarer Zeit prägend für die russische Politik sein. Jedoch ist es der NATO und Russland auch gelungen, den gemeinsamen Beziehungen eine Grundlage zu geben, indem im Mai 1997 die *Grundakte über Beziehungen, Zusammenarbeit und Sicherheit* unterzeichnet wurde. Aus ihr resultierte eine neu geschaffene Institution: der *Ständige Gemeinsame NATO-Russland-Rat*. Der Rat stellt kein Gremium mit neuen Kompetenzen, sondern eine institutionalisierte Form der Kommunikation zwischen beiden Seiten dar. Dennoch bleiben auch nach Unterzeichnung der *Grundakte* zahlreiche Schwierigkeiten, denn beide Vertragsparteien stellen unterschiedliche Ansprüche an das Dokument. Die NATO betont ihrerseits, dass es sich um kein völkerrechtliches Dokument handelt und dass keiner Seite ein Mitspracherecht für die Handlungen der anderen Seite eingeräumt wird. Dies bedeutet vor allem, dass Russland keinen Einfluss auf die Einbindung der zentraleuropäischen Staaten in die NATO-Strukturen hat. Die Bedeutung der Grundakte und des Rates liegt vor allem darin, dass eine dezidierte Konfrontationsstrategie zwischen der NATO und Russland sowohl in der Frage der Osterweiterung als auch in anderen mögliche Krisenfragen erschwert und somit die Gefahr eines diesbezüglichen Konfliktes zwischen den westlichen Staaten und Russland verringert wurde.

Von großer Bedeutung für die weitere Entwicklung der Menschenrechtslage in der Russischen Förderation ist ihr Beitritt zum Europarat. Zwar wird dessen geringe Wirkung als exogener Einflussfaktor auf einzelstaatliche Enwicklungen konstatiert, weil der Europarat kaum über Sanktionsmöglichkeiten verfügt. Gleichwohl wird er jedoch vor allem seit den zahlreichen Beitritten nach 1989 als eine bedeutende moralische Instanz verstanden. Mit Blick auf Russland kann deshalb langfristig mit positiven Effekten durch die Europarats-Mitgliedschaft gerechnet werden.

3. Abschließende Bemerkungen

Die fünf in diesem Band behandelten Regierungssysteme stellen keine repräsentative Auswahl aus der Gesamtheit der zentral- und osteuropäischen Staaten dar. Wir haben zwar einerseits versucht, verschiedene Typen von Regierungssystemen zu berücksichtigen, aber andererseits sind Staaten mit einem vergleichsweise hohen politischen und ökonomischen Kosolidierungsgrad (Tschechien, Polen, Ungarn) besonders stark vertreten. Auch handelt es sich dabei um Länder, deren Integration in die westeuropäischen transnationalen Strukturen schon fortgeschritten ist. Insofern könnte unsere Auswahl eine schiefes Bild der politischen und wirtschaftlichen Situation in Zentral- und Osteuropa insgesamt zeichnen. Dem ist entgegenzuhalten, dass jede andere Auswahl ein vergleichbares Problem zur Folge gehabt hätte. Dieses Problem entsteht dadurch, dass diese Länder zwar die in der transformationstheoretischen Literatur genannte Ähnlichkeiten und Parallelen in ihren Entwicklungen, Problemlagen und Perspektiven aufweisen, dass aber die schon immer vorhandenen und inzwischen noch viel deutlicher hervorgetretenen Unterschiede inzwischen das Erscheinungsbild dieser Staatengruppe bestimmen. Neben den Gemeinsamkeiten des Transformationsprozesses haben wir es zunehmend mit einem Differenzierungsprozess zu tun, der sehr unterschiedliche Entwicklungsrichtungen erwarten lässt. Eine Prognose ihres weiteren Verlaufs ist angesichts der Komplexität der nationalen und internationalen Konstellationen nicht möglich. Bestenfalls können Szenarien skizziert werden, die auf der Fortschreibung positiver Trends, der Annahme einer eintretenden Stagnation oder der Befürchtung einer Entwicklung mit politischen und ökonomischen Destabilisierungen beruhen. Ihre Plausibilität und Anwendbarkeit sind dabei angesichts der erwähnten Differenzierungen auf einzelne Länder oder bestimmte Ländergruppen (Regionen) beschränkt.

Das aus unserer Sicht wahrscheinlichste Szenario ist die Verschiebung der Wohlstandsgrenzen in Europa nach Osten. Diese Verschiebung geht mit einer weiteren Stabilisierung der demokratischen Regierungsweise und Etablierung marktwirtschaftlicher Strukturen in den bislang noch vom Staat dominierten Bereichen einher. Die „neue Ostgrenze Westeuropas" wird durch den Beitritt zur Europäischen Union politisch und ökonomisch und durch die Mitgliedschaft in der NATO militärisch abgesichert. Von unseren Ländern werden Polen, Tschechien, Ungarn und – angesichts der neueren Entwicklungen vermutlich auch die Slowakei – in diese Entwicklung eingebunden sein. Wir gehen aber auch davon aus, dass die Europäische Union – sofern sie weiter gleichzeitig eine Vertiefung ihrer ökonomischen und politischen Integration anstrebt – angesichts der vorhandenen Ressourcen-, Verteilungs- und Institutionenprobleme ihre Erweiterungspläne in Richtung Osteuropa einschränken muss. Würde sie dies nicht tun, wäre vermutlich nicht nur eine Finanz-, sondern auch eine schwer beherrschbare Struktur- und Bestandskrise die Folge. Angesichts des Konfliktes in Jugoslawien ist es zwar politisch notwendig, den von diesem Konflikt unmittelbar betroffenen Anrainerstaaten wirtschaftliche Hilfe zu leisten und eine längerfristige Integration in die westeuropäischen Organisationen zu versprechen, aber eine damit verknüpfte beschleunigte Aufnahme in die EU, ohne auf Einhaltung von Kriterien und dafür notwendigerweise vorausgehende Konvergenzprozesse zu bestehen, wäre für die Zukunft der EU und damit vor allem auch für die derzeit in Aufnahmeverhandlungen stehende Gruppe von Staaten höchst problematisch. Eine realisierbare Strategie der Osterweiterung der EU muss deshalb eine Konzentration der Energien und Ressourcen auf die Aufnahme der Staaten vornehmen, mit denen derzeit schon Beitrittsgespräche geführt werden. Dazu gehören Polen, Ungarn, Tschechien, Slowenien und Estland. Diese Gruppe könnte und sollte durch die Slowakei und die beiden anderen baltischen Staaten erweitert werden. Dies erscheint uns als das Maximum dessen, was die EU institutionell und finanziell in absehbarer Zukunft verkraften kann. Die nicht zu dieser Gruppe gehörenden Staaten Ost- und Südosteuropas sollten dagegen durch differenzierte Einzelabkommen mit dem Wirtschaftsraum der EU verbunden werden. Dabei ist insbesondere an die Liberalisierung des Handels mit der EU zu denken, damit diese Länder ihre komparativen Kostenvorteile uneingeschränkt realisieren können. Da vermutlich bestimmte Interessen (z.B. die der Bauern oder der Montanindustrie) innerhalb der EU genau diesem Ziel entgegenstehen, dürfte das Aushandeln solcher Abkommen im Detail nicht einfach sein. Weil aber kaum akzeptable Alternativen zur Stabilisierung der innen- wie außenpolitischen Situation in Osteuropa existieren, sollte dieser Weg beschritten werden.

Das damit skizzierte Erweiterungs- und Stabilisierungsszenario für Zentral- und Osteuropa würde unter Abwägung der Vor- und Nachteile aus unserer Sicht eine umsetzbare und vielleicht in der Summe aller beteiligten Interessen fast optimale Lösung darstellen, was aber die Wahrscheinlichkeit ihrer tatsächlichen Realisierung nicht unbedingt deutlich erhöht. Jedoch können auch umfassende Stabilisierungsbemühungen das verbleibende Risiko eines möglichen innen- wie außenpolitischen Kurswechsels in Ländern wie Russland, den weiteren Nachfolgestaaten der Sowjetunion und einigen Staaten auf dem Balkan nicht verringern. Diskontinuierliche und damit nicht vorhersehbare Entwicklungen können in diesen Staaten zu völlig unerwarteten politischen Konstellation führen. Obwohl wir das Erscheinen dieses Buches unter anderem damit begründet haben, daß inzwischen in Zentral- und Osteuropa eine Konsolidierung der politischen und wirtschaftlichen Verhältnisse eingetreten ist und deswegen über die dortigen Systeme ein Lehrbuch geschrieben werden könnte, trifft diese Aussage lediglich auf die innen- und außenpolitischen Verhältnisse der ersten vier von uns ausgewählten Staaten zu. In Russland stehen die Ansätze einer Konsolidierung bisher auf unsicheren Füßen. Da hier die weitere politische Entwicklung vor allem von den maßgebenden individuellen Akteuren abhängt, wird die zukünftige innenpolitische Entwicklung vor allem durch die Nachfolge im Präsidentenamt geprägt sein. Die außenpolitischen Beziehungen Russlands zu den westlichen Staaten weisen inzwischen eine recht tragfähige vertragliche und infrastrukturelle Basis auf, sodass in den Beziehungen zwischen Russland und den westlichen Staaten bei allen Schwierigkeiten vermutlich keine größeren Komplikationen zu erwarten sind. Jedoch bilden vor allem die zwischenstaatlichen Beziehungen in dieser Region ein Stabilitätsproblem. D.h. die außenpolitische Stabilisierungsfunktion Russlands wird auch davon abhängen, inwiefern es weiterhin eine hegemoniale Position gegenüber den Staaten des ehemaligen sowjetischen Einflussbereiches beansprucht. Das östliche Europa wird somit in absehbarer Zukunft von dem schwierigen Verhältnis der Staaten untereinander sowie den starken Interessengegensätzen der einzelnen Staaten in Bezug auf ihr Verhältnis zur NATO und der EU gekennzeichnet sein.

Literaturhinweise

In den Texten dieses Lehr- und Studienbuches wurde wegen des einführenden und grundlegenden Charakters auf ausführliche Literaturhinweise und Fußnoten verzichtet. Mit anderen Worten, dieser Band verfolgt nicht das Ziel, neue Forschungsergebnisse über die Länder Zentral- und Osteuropas zu erarbeiten und darzustellen. Er basiert jedoch auf einer inzwischen umfangreichen Literatur in Form von theoretischen, vergleichenden und länderspezifischen Analysen, aus der wir hier eine Auswahl vorgenommen haben. Sie ist angesichts der Fülle notwendigerweise selektiv und bezieht in erster Linie deutschsprachige Literatur ein. Damit dient die folgende Liste vorwiegend dem Zweck, unseren Leserinnen und Lesern den Einstieg in ein vertieftes Studium dieser Regierungssysteme zu ermöglichen.

1. Theoretische Grundlagen

Buchanan, James M./Tullock, Gordon (1994): The Calculus of Consent. Logical Foundations of Constitutional Democracy, Ann Arbor, Michigan.

Deutsch, Karl W. (1973³): Politische Kybernetik. Modelle und Perspektiven, Freiburg im Breisgau.

Downs, Anthony (1968): Ökonomische Theorie der Demokratie, Tübingen.

Easton, David (1975): A Reassessment of the Concept of Political Support, in: British Journal of Political Science Vol. 5, S. 435-457.

Fraenkel, Ernst (1962²): Das amerikanische Regierungssystem. Eine politologische Analyse, Köln [u.a.].

Kornhauser, William (1968³): The politics of mass society, London.

Lipset, Seymour Martin/Rokkan, Stein (1967): Party systems and voter alignments, New York.

Lehner, Franz/Widmaier, Ulrich (1995[3]): Vergleichende Regierungslehre, Opladen.
Merkel, Wolfgang (Hrsg.) (1994): Systemwechsel 1. Theorien, Ansätze und Konzeptionen der Transformationsforschung, Opladen.
Merkel, Wolfgang (1995): Theorien der Transformation: Die demokratische Konsolidierung postautoritärer Gesellschaften, in: Beyme, Klaus von/Offe, Claus (Hrsg.): Politische Theorien in der Ära der Transformation, PVS-Sonderheft Nr. 26, S. 30-58.
Olson, Mancur (1991[2]): Aufstieg und Niedergang von Nationen. Ökonomisches Wachstum, Stagflation und soziale Starrheit, Tübingen.
Olson, Mancur (1992[3]): Die Logik des kollektiven Handelns. Kollektivgüter und die Theorie der Gruppen, Tübingen.
Rokkan, Stein (1976): Zur entwicklungssoziologischen Analyse von Parteiensystemen. Anmerkungen für ein hypothetisches Modell, in: Stammen, Theo (Hrsg.): Vergleichende Regierungslehre, Darmstadt, S. 360-395.
Sartori, Giovanni (1976): Parties and Party Systems: A Framework for Analysis, Cambridge [u.a.].
Steffani, Winfried (1979): Parlamentarische und präsidentielle Demokratie. Strukturelle Aspekte westlicher Demokratien, Opladen.

2. Allgemeine und vergleichende Analysen

Àgh, Attila (1998): The Politics of Central Europe, London.
Beichelt, Timm (1998): Die Wirkung von Wahlsystemen in Mittel- und Osteuropa, in: Zeitschrift für Parlamentsfragen 29 (1998) Nr. 4, S. 605-623.
Dawisha, Karen/Parrot, Bruce (ed.) (1997): The Consolidation of Democracy in East Central Europe, Cambridge.
Deppe, Rainer/Tatur, Melanie (1997): Transformation processes and trade union configurations in Poland and Hungary, in: Transfer 3 (1997) Nr. 2, S. 242-269.
Duverger, Maurice (1980): A new political system model: Semi-Presidential Government, in: European Journal of Political Research 8 (1980) Nr. 2, 165-187.
Göhler, Gerhard (Hrsg.) (1996): Institutionenwandel, Leviathan-Sonderheft, Nr. 16.
Illner, Michal (1996): Post-Communist Transformation revisited, in: Czech Sociological Review, 4 (1996) Nr. 2, S. 157-169.

Kitschelt, Herbert (1995): Formation of Party Cleavages in Post-Communist Democracies: Theoretical Propositions, in: Party Politics 1 (1995) Nr. 4, S. 447-472.

Kopecký, Petr: Developing Party Organizations in East-Central Europe: What Type of Party is Likely to Emerge? In: Party Politics 1 (1995) Nr. 4, S. 515-534.

Lecher, Wolfgang/Optenhögel, Uwe (Hrsg.) (1995): Wirtschaft, Gesellschaft und Gewerkschaften in Mittel- und Osteuropa, Köln.

Linz, Juan Jose (1996): Problems of democratic transition and consolidation: Southern Europe, South America and post-communist Europe.

Luchterhandt, Otto (Hrsg.) (1996): Neue Regierungssysteme in Osteuropa und der GUS. Probleme der Ausbildung stabiler Machtinstitutionen, Berlin.

Merkel, Wolfgang/Sandschneider, Eberhard/Segert, Dieter (Hrsg.) (1996): Systemwechsel 2. Die Institutionalisierung der Demokratie, Opladen.

Merkel, Wolfgang (Hrsg.) (1997): Systemwechsel 3. Parteien im Transformationsprozess, Opladen.

Merkel, Wolfgang (Hrsg.) (1998): Systemwechsel 4. Verbände im Transformationsprozess, Opladen.

Merkel, Wolfgang/Puhle, Hans-Jürgen (1999): Von der Diktatur zur Demokratie, Opladen.

Nohlen, Dieter/Kasapovic, Mirjana (1996): Wahlsysteme und Systemwechsel in Osteuropa, Opladen.

Offe, Claus (1994): Der Tunnel am Ende des Lichts. Erkundungen der politischen Transformation im neuen Osten, Frankfurt am Main/New York.

Olson, David M./Norton, Philip (1996): The New Parliaments of Central and Eastern Europe, London.

Olson, David M. (1998): Party Formation and Party System. Consolidation in the New Democracies of Central Europe, in: Political Studies 48 (1998) Special Issue, S. 432-464.

Plasser, Fritz/Ulram, Peter/Waldrauch, Harald (1997): Politischer Kulturwandel in Ost-Mitteleuropa, Opladen.

Pradetto, August (Hrsg.) (1994): Die Rekonstruktion Ostmitteleuropas, Opladen.

Przeworski, Adam (1995): Democracy and the market: political and economic reforms in Eastern Europe and Latin America, Cambridge.

Segert, Dieter/Machos, Csilla (Hrsg) (1995): Parteien in Osteuropa: Kontext und Akteure, Opladen.

Segert, Dieter/Stöss, Richard/Niedermayer, Oskar (Hrsg.) (1996): Parteiensysteme in postkommunistischen Gesellschaften Osteuropas, Opladen.

Weiß, Hilde/Reinprecht, Christoph (1998): Demokratischer Patriotismus oder ethnischer Nationalismus in Ost-Mitteleuropa? Wien.
Widmaier, Brigitta/Potratz, Wolfgang: (ed.) (1999): Frameworks for Industrial Policy in Central and Eastern Europe, Aldershot.
Wollmann, Hellmut/Wiesenthal, Helmut/Bönker, Frank (Hrsg.) (1995): Transformation sozialistischer Gesellschaften, Leviathan-Sonderheft 15, Opladen 1995.

3. Länderspezifische Analysen

3.1 Tschechien

Brokl, Lubomir/Mansfeldová, Zdenka (1995): Zerfall der Tschechoslowakei – strukturelle Ursachen und Parteihandeln, in: Segert, D./Machos, C.: Parteien in Osteuropa, Opladen, S. 273-311.
Economist Intelligence Unit (1998): Czech Republic. EIU Country Report, London [u.a.].
Larischová, Kristina (1998): Mythos oder Misere? Das „Tschechische Modell" der Transformation, in: Internationale Politik 53 (1998) Nr. 6, S. 8-14.
Olson, David M. (1997): Democratization and political participation. The experience of the Czech Republic, in: Dawisha K./Parrott, B. (ed.): The Consolidation of Democracy in East Central Europe, Cambridge, S. 150-196.
Reschová, Jana/Syllová, Jinriška (1996²): The Legislature of the Czech Republic, in: Olson, D. M./Norton, P.: The new parliaments of Central and Eastern Europe, London, S. 82-107.
Slapnicka, Helmut (1994): Die Verfassungsordnung der Tschechischen Republik, Osteuropa-Recht 40 (1994) Nr. 1, S. 28-63.
Stanger, Allison K.(1996): Czechoslovakia's Dissolution as an Unintended Consequence of the Velvet Constitutional Revolution, in: European Constitutional Review 5 (1996) Nr. 1, S. 40-46.
Vlachová, Klára (1997): Czech Political Parties and their Voters. An Analysis of Voting Patterns in the Czech Republic, in: Czech Sociological Review 5 (1997) Nr. 1, S. 39-56.
Vodička, Karel (1996): Das politische System Tschechiens, Münster.

Vodička, Karel (1997): Das Parteiensystem Tschechiens, in: Segert, D./Stöss, R./Niedermayer, O. (Hsg.): Parteiensysteme in postkommunistischen Gesellschaften Osteuropas, Opladen, S. 90-134.

3.2 Slowakei

Abrahám, Samuel (1995): Early Elections in Slovakia: A State of Deadlock, in: Government and Opposition 30 (1995) Nr. 2, S. 86-100.

Bútora, Martin/Skladony, Thomas W. (Hrsg.) (1998): Slovakia 1996-1997. A Global Report on the State of Society, Bratislava.

Carpenter, Michael (1997): Slovakia and the Triumph of Nationalist Populism, in: Communist and Post-communist Studies 30 (1997) Nr. 2, S. 205-220.

EIU Country Report (1998): Country Profil 1998 Slovakia, London [u.a.]

Juchler, Jakob (1996): Ungleiche Brüder? Die Reformwege Tschechiens und der Slowakei, in: Wirtschaft und Gesellschaft 22 (1996) Nr. 2, S. 231-261.

Malová, Darina/Šivakova, Danica (1996): The National Council of the Slovak Republic: Between Democratic Transition and National State-Building, in: Olson, D. M./Norton, P. (Hrsg.) (1996): The new Parliaments of Central and Eastern Europe, London, S. 108-132.

Schneider, Eleonora (1997): Quo Vadis, Slowakei? Von der eingeleiteten Demokratie zum Autoritarismus? Berichte des BIOst Nr. 36/1997.

Slapnicka, Helmut (1993): Die Verfassung der Slowakischen Republik, in: Osteuropa. Recht 39 (1993) Nr. 3, S. 157-195.

Slovak Political Science Association (ed.) (1994): The Slovak Path of Transition to Democracy, Bratislava.

Szomolányi, Soňa/Meseznikov, Grigorij (1996): Das Parteiensystem der Slowakei, in: Segert, D./Stöss, R./Niedermayer, O.: Parteiensysteme in postkommunistischen Gesellschaften Osteuropas, Opladen, S. 135-156.

Wolchik, Sharon (1997): Democratization and political participation in Slovakia, in: Dawisha K./Parrott, B. (ed.): The Consolidation of Democracy in East Central Europe, Cambridge, S. 197-244.

3.3 Ungarn

Àgh, Attila: The Hungarian Party System and Party Theory in the Transition of Central Europe, in: Theoretical Politics 6 (1994) Nr. 2, S. 217-238.
Àgh, Attila (1995): Partial Consolidation of the East-Central European Parties: The Case of the Hungarian Socialist Party, in: Party Politics 1 (1995) Nr. 4, S. 490-514.
Àgh, Attila/Kurtán, Sándor (ed.) (1995): Democratization and Europeanization in Hungary: The First Parliament (1990-1994), Budapest.
Àgh, Attila (1997): Parliaments as policy-making bodies in East Central Europe: The Case of Hungary, in: International Political Science Review 18 (1997) Nr. 4, S. 417-432.
Dieringer, Jürgen (1998): Die ungarischen Parlamentswahlen 1998, in: Zeitschrift für Parlamentsfragen 29 (1998) Nr. 4, S. 648-659.
Galgoczi, Bela/Reti, Tamas (1995): Länderstudie Ungarn, in: Lecher, W./Optenhögel, U. (Hrsg.): Wirtschaft, Gesellschaft und Gewerkschaften in Mittel- und Osteuropa, Köln.
Hiller, Kinga: Neue Verfassung für Ungarn? In: Recht in Ost und West 42 (1998) Nr. 2, S. 74-76.
Machos, Csilla (1995): Ungarn – stabile Mehrheiten und untergründiger Wandel, in: Segert, D./Machos, C. (Hrsg.): Parteien in Osteuropa, Opladen, S. 63-103.
Pickel, Susanne/Pickel, Gert (1998): Elitenwandel in Osteuropa. Einstellungsunterschiede zwischen Elite und Bevölkerung am Beispiel Ungarns, in: APuZ 48 (1998) Nr. B 8, S. 3-9.
Szabó, Máte (1992): Probleme der Demokratisierung in Ungarn, in: ApuZ 42 (1992) Nr. B 6, S. 36-49.
Szabó, Máte(1998): Die Zivilgesellschaft in Ungarn vor und nach der Wende, in: APuZ 42 (1998) Nr. B 6-7, S. 21-28.
Várkonyi, Balázs/Liebmann, Katalin (1993): Ungarn. Eine kleine politische Landeskunde, Bonn.

3.4 Polen

Bingen, Dieter (1998): Die Republik Polen. Eine kleine politische Landeskunde, Landsberg.
Bos, Ellen (1995): Polens Balanceakt zwischen „großem Durcheinander" und demokratischer Konsolidierung, in: Mommsen, Margareta u.a. (Hrsg.):

Demokratie-Experimente im Postkommunismus. Politischer und institutioneller Wandel in Osteuropa, Münster, S. 13-48.
Burmeister, Holger (1995): Polen – Parteienvielfalt und Partizipationsschwäche, in: Segert, Dieter/Machos, Csilla: Parteien in Osteuropa. Kontext und Akteure, Opladen, S. 104-132.
Die Verfassung der Republik Polen, in: Osteuropa Recht 43 (1997) Nr. 2-3, S. 222-264 (eingeleitet von Tanja Diemer-Benedict).
Franzke, Jochen (Hrsg.) (1998): Polen. Staat und Gesellschaft im Wandel, Berlin.
Jablonski, Andrzej W./Meyer, Gerd (Hrsg.) (1996): The Political Culture of Poland, Wrocław.
Mackow, Jerzy (1998): Verfassungsnorm und -praxis in der polnischen Verfassungsgebung 1989 bis 1997: das Ende einer Asymmetrie, in: Zeitschrift für Parlamentsfragen 29 (1998) Nr. 4, S. 660-675.
Penger, Helmut: Das neue Regierungssystem der Republik Polen im verfassungsrechtlichen Wandel – Rückblick und Vergleich, in: Osteuropa 48 (1998) Nr. 10, S. 157-168.
Ziemer, Klaus (1996): Das Parteiensystem Polens, in: Seger, D./Stöss, R./ Niedermayer, O. (Hrsg.): Parteiensysteme in Postkommunistischen Ge-sellschaften Osteuropas, Opladen, S. 39-89.

3.5 Russland

Beichelt, Timm (1996): Konsolidierungschancen des russischen Regierungssystems, in: Osteuropa 46 (1996) Nr. 6, S. 597-610.
Bos, Ellen (1996): Verfassungsgebungsprozess und Regierungssystem in Russland, in: Merkel, W./Sandschneider, E./Segert, D. (Hrsg.): Systemwechsel 2. Die Institutionalisierung der Demokratie, Opladen, S. 180-211.
Breska, Eric von (1995): Doppelherrschaft und Verfassungskrieg in Russland, in: Mommsen, Margareta u.a. (Hrsg.): Demokratie-Experimente im Postkommunismus. Politischer und institutioneller Wandel in Osteuropa, Münster 1995, S. 49-76.
Brie, Michael (1996): Russland: Das Entstehen einer „delegierten Demokratie", in: Merkel, W./Sandschneider, E./Segert, D. (Hrsg.): Systemwechsel 2. Die Institutionalisierung der Demokratie, Opladen, S. 143-177.
Der Wortlaut der russischen Verfassung, in: Osteuropas Recht, 40 (1994) Nr. 3, S. 296-325 (mit einleitenden Bemerkungen von Dietrich Frenzke).

Gorschkow, Michail K. (Hrsg.) (1999): Russische Identität 1998: Werte, gesellschaftliche Vorstellungen und politische Identifikationen im postsowjetischen Russland. Eine Studie des RUFI, Köln. (Bundesinstitut für ostwissenschaftliche und internationale Studien, Sonderveröffentlichung Januar 1999).

Heinemann-Gründer, Andreas (1998): Integration durch Asymmetrie? Regionale Verfassungen und Statuten in Russland, in: Osteuropa 48 (1998) Nr. 7, S. 672-686.

Lejbo, Jurij L. (1997): Semipräsidialrepublik in Russland: Theorie und Praxis, in: Osteuropa Recht 43 (1997) Nr. 1, S. 33-44.

Schweisfurth, Theodor (1994): Die Verfassung Russlands vom 12. Dezember 1993. Entstehungsgeschichte und Grundzüge, in: Europäische Grundrechte-Zeitschrift, 21 (1994) Nr. 19-20, S. 473-491.

Segbers, Klaus (1997): Transformation in Russland: eine neoinstitutionalistische Interpretation, in: Österreichische Zeitschrift für Politikwissenschaft 7 (1997) Nr. 3, S. 257-277.

Steinsdorff, Silvia von (1993): Die Verfassungsgenese der Zweiten Republik und der Fünften Französischen Republik im Vergleich, in: Zeitschrift für Parlamentsfragen 24 (1993) Nr. 3, S. 486-504.

Steinsdorff, Silvia von (1999): Kalkulierter Konflikt und begrenzte Kooperation. Zum Verhältnis von Präsident, Regierung und Parlament in Russland, in: Osteuropa 49 (1999) Nr. 1, S. 16-34.

Àgh, Attila (1997): Parliaments as policy-making bodies in East Central Europe: The Case of Hungary, in: International Political Science Review 18 (1997) Nr. 4, S. 417-432.

4. Europäische Union und NATO

Bauer, Patricia (1998): Die Union vor der Osterweiterung. Die Transformationsstaaten – von der Startlinie ins Abseits? In: Österreichische Zeitschrift für Politikwissenschaft 27 (1998) Nr. 4, S. 363-377.

Donges, Jürgen B./Ekhoff, Johann/Möschel, Wernhard u.a. (1998): Osterweiterung der Europäischen Union. Als Chance zur Reform begreifen, Bad Homburg.

SPRINGER NATURE

GPSR Compliance

The European Union's (EU) General Product Safety Regulation (GPSR) is a set of rules that requires consumer products to be safe and our obligations to ensure this.

If you have any concerns about our products, you can contact us on ProductSafety@springernature.com

In case Publisher is established outside the EU, the EU authorized representative is:

Springer Nature Customer Service Center GmbH
Europaplatz 3
69115 Heidelberg, Germany

Kolibri 360 GmbH
Ferdinand-Jühlke-Straße 7
99095 Erfurt, Deutschland
produktsicherheit@kolibri360.de